新时代大学生红色文化教育亲和力研究

董树军　著

吉林大学出版社

·长春·

图书在版编目（CIP）数据

新时代大学生红色文化教育亲和力研究 / 董树军著. ——长春：吉林大学出版社，2023.3
 ISBN 978-7-5768-1660-0

Ⅰ. ①新… Ⅱ. ①董… Ⅲ. ①大学生 – 革命传统教育 – 研究 – 中国 Ⅳ. ① G641.2

中国国家版本馆 CIP 数据核字 (2023) 第 088950 号

书　　名　新时代大学生红色文化教育亲和力研究
　　　　　XINSHIDAI DAXUESHENG HONGSE WENHUA JIAOYU QINHELI YANJIU

作　　者　董树军
策划编辑　矫正
责任编辑　李潇潇
责任校对　陈曦
装帧设计　久利图文
出版发行　吉林大学出版社
社　　址　长春市人民大街 4059 号
邮政编码　130021
发行电话　0431-89580028/29/21
网　　址　http://www.jlup.com.cn
电子邮箱　jldxcbs@sina.com
印　　刷　天津和萱印刷有限公司
开　　本　787mm×1092mm　　1/16
印　　张　13
字　　数　200 千字
版　　次　2023 年 3 月　　第 1 版
印　　次　2023 年 3 月　　第 1 次
书　　号　ISBN 978-7-5768-1660-0
定　　价　68.00 元

版权所有　　翻印必究

前　言

党的十九大作出了中国特色社会主义进入新时代的重大政治判断，这为我们党制定大政方针提供了根本遵循，也对高校思想政治工作提出了更高要求。习近平在全国高校思想政治工作会议上明确要求"提升思想政治教育亲和力和针对性，满足学生成长发展需求和期待"[①]，其中亲和力是高校思想政治教育对新时代大学生亲近感、接受性和吸引力的重要表征，也是高校思想政治教育思想性、理论性和针对性得以发挥铸魂育人实效的基础前提。

红色文化是书写中国人民爱国主义、艰苦奋斗精神的文化，是先进文化一个的重要组成部分，在中华民族发展史上具有无可替代的作用。中国特色社会主义进入新时代以来，党中央反复强调要传承红色文化，坚定理想信念，用红色精神点燃信仰之火。加强大学生红色文化教育，对于坚定大学生文化自信，抵制历史虚无主义，传承红色文化基因，守好意识形态阵地，强化大学生责任使命意识，激励当代青年奋发有为具有重大意义。

新时代大学生红色文化教育亲和力，简单讲就是新时代条件下，大学生群体对红色文化教育产生的认同感、亲近感和悦纳感等情感力量，内含大学生对红色文化理论知识、精神价值及道德品质的新期待。随着红色文化教育与大学生融合程度的加深，高校在增强红色文化教育亲和力过程中取得了一定的成效，但也存在红色文化教育主体与教育对象存有情感隔阂、红色文化教材内容体系的系统性和科学性不强、红色文化教育实践活动吸引力不足及红色文化教育环境有待改善等问题，都是今后高校提升红色文化教育亲和力须关注的重点问题。

[①] 习近平在全国高校思想政治工作会议上强调：把思想政治工作贯穿教育教学全过程 开创我国高等教育事业发展新局面 [N]. 人民日报，2016-12-09.

本书以构建和提升大学生红色文化教育亲和力为研究目标，设置七个章节进行论述。第一章从红色文化的内涵与特征、红色文化的思想政治教育价值和红色文化与新时代大学生思想政治教育三个方面对新时代大学生红色文化教育进行概述；第二章从亲和力与思想政治教育亲和力、新时代大学生红色文化教育亲和力的构成要素与生成机理、新时代大学生红色文化教育亲和力的重要特征等方面对新时代大学生红色文化教育亲和力进行简要概述；第三章重点阐述马克思、恩格斯关于思想政治工作亲和力的论述和中国共产党主要领导人关于思想政治工作亲和力的论述，为红色文化教育打下了坚实的理论基础，并详细阐述了新时代大学生红色文化教育亲和力构建的价值意蕴；第四章通过《大学生红色文化教育亲和力现状调查》问卷，深入剖析当前红色文化教育亲和力现状、存在的问题及原因；第五章除了探讨红色文化教育亲和力构建原则以外，也试图对红色文化教育亲和力评价工作进行较为深入的剖析，通过对红色文化教育亲和力进行评价，判断红色文化教育是否实现了应有的价值；第六章从红色文化教育亲和力的构成六要素——红色文化教育目标、教育者、教育对象、教育内容、教育方法、教育环境出发，探讨构建大学生红色文化教育亲和力也应当注重增强各教育要素亲和力，以此增强红色文化教育对大学生的吸引力、凝聚力和亲近感；第七章从做好物质保障、健全制度保障、加强人才队伍建设和推进"三全育人"工作机制四个维度探讨新时代大学生红色文化教育亲和力构建的保障机制，以期有效提升大学生红色文化教育亲和力。

构建和提升大学生红色文化教育亲和力作为一个新的研究课题，将在增强红色文化教育实效性，实现思想政治教育目标任务，传承和弘扬红色文化精神等方面体现重要的现实指导意义。目前来说，学界对于红色文化教育的研究大多数没有与新时代背景相结合，以新时代大学生红色文化教育亲和力研究为选题内容而开展的研究还比较少，缺乏一定的现实借鉴。本书在吸收、借鉴现有研究成果基础之上，以新时代大学生红色文化教育亲和力研究为主题，突出了研究内容的现实性与实用性，提出构建大学生红色文化教育亲和力现实路径和保障机制，具有一定的应用价值和推广价值。

由于笔者研究水平和写作能力有限，本书尚存在许多不足，敬请学界同仁批评指正。

目 录

第一章 新时代大学生红色文化教育概述 …………………… 1
　一、红色文化的内涵与特征 ………………………………… 1
　二、红色文化的思想政治教育价值 ………………………… 12
　三、红色文化与新时代大学生思想政治教育 ……………… 26

第二章 新时代大学生红色文化教育亲和力概述 …………… 35
　一、亲和力与思想政治教育亲和力 ………………………… 35
　二、新时代大学生红色文化教育亲和力的构成要素与生成机理 … 45
　三、新时代大学生红色文化教育亲和力的重要特征 ……… 54

**第三章 新时代大学生红色文化教育亲和力构建的
　　　　 理论基础与价值意蕴** …………………………………… 58
　一、新时代大学生红色文化教育亲和力构建的理论基础 … 59
　二、新时代大学生红色文化教育亲和力构建的价值意蕴 … 83

第四章 新时代大学生红色文化教育亲和力的现实审视 …… 97
　一、新时代大学生红色文化教育亲和力现状调查 ………… 97
　二、新时代大学生红色文化教育亲和力取得的成效和存在的问题 … 101
　三、新时代大学生红色文化教育亲和力存在问题的原因 … 113

**第五章 新时代大学生红色文化教育亲和力构建的
　　　　 基本原则与成效评价** …………………………………… 129
　一、新时代大学生红色文化教育亲和力构建的基本原则 … 129

二、新时代大学生红色文化教育亲和力构建的成效评价 ………… 136

第六章　新时代大学生红色文化教育亲和力构建的现实路径 ………… 157
　　一、新时代大学生红色文化教育目标亲和力构建 ………… 157
　　二、新时代大学生红色文化教育主客体亲和力构建 ………… 162
　　三、新时代大学生红色文化教育内容亲和力构建 ………… 170
　　四、新时代大学生红色文化教育方法亲和力构建 ………… 173
　　五、新时代大学生红色文化教育环境亲和力构建 ………… 178

第七章　新时代大学生红色文化教育亲和力构建的保障机制 ………… 182
　　一、做好物质保障 ………… 182
　　二、健全制度保障 ………… 189
　　三、加强人才队伍建设 ………… 192
　　四、推进"三全育人"工作机制 ………… 195

参考文献 ………… 200

第一章　新时代大学生红色文化教育概述

在马克思主义指导下，中国共产党领导中国人民在革命战争时期为实现国家独立、民族解放和人民幸福而铸就了以马克思主义为指导的红色文化，并在社会主义建设时期特别是改革开放以来不断延伸和发展。中国特色社会主义进入新时代的今天，红色文化的创新发展焕发出蓬勃的生机与活力。习近平强调，要把红色资源利用好、把红色传统发扬好、把红色基因传承好。① 红色文化融入大学生思想政治教育作为新时代加强和改进大学生思想政治教育的重要抓手就是要帮助大学生通过思想政治教育立德树人，要对红色文化中蕴含的红色资源运用好、发扬好和传承好，只有这样才能在根本上促进大学生思想政治教育落到实处，也可以更好地进行红色文化的传承和发展。

本章从红色文化的内涵与特征、红色文化的思想政治教育价值和红色文化与新时代大学生思想政治教育三个方面对新时代大学生红色文化教育进行概述。

一、红色文化的内涵与特征

（一）红色文化的内涵

1. 红色文化的概念

学界在对红色文化的内涵界定上，还没有形成一个统一的界定，观点不一，而且随着时代的发展红色文化内涵的界定逐渐更为广泛和深入。目前，学界对红色文化的概念界定主要有以下几种：第一种，先进文化说，

---

① 习近平. 贯彻全军政治工作会议精神　扎实推进依法治军从严治军[N]. 人民日报，2014-12-16.

主要从红色文化的性质角度界定，认为红色文化是由中国共产党带领人民在新民主主义革命时期，由中国共产党人、先进知识分子和人民群众创造的先进文化，它具有中国特色，强调红色文化是一种先进文化。第二种，文化资源说，主要是从资源学的角度界定红色文化，认为红色文化是中国共产党带领中国人民在新民主主义时期和社会主义建设时期创造的，并且可以为我们今天所创造和利用，能够满足人们需要的各种精神及其物质载体的总和，认为红色文化是一种具有重要使用价值的文化资源。第三种，革命文化说，主要是将红色文化的内涵界定为革命文化，认为红色文化是人民群众在中国共产党领导下进行中国革命和建设过程中缔造的革命文化。第四种，特色文化说，主要是将红色文化的内涵界定为继承了以爱国主义为核心的中华民族精神，是中国共产党把马克思主义和中华优秀传统文化相结合而产生的一种新型文化。从上述几种对红色文化的概念界定来看，这些对红色文化内涵的界定突出了红色文化的效用性和资源性，而忽略了红色文化本身丰富精神内涵，如认为红色文化是革命文化、源于新民主主义革命时期的观点，对红色文化的内涵界定过小，因为红色文化的发展并不止步于革命时期；突出红色文化和中国优秀传统文化的普遍性的观点，则忽略了红色文化的特殊性。

基于以上对红色文化的概念梳理，笔者认为，红色文化的内涵是指中国共产党在以马克思主义理论为指导思想的基础上，在新民主主义革命时期、社会主义建设时期和改革开放时期，在中华优秀传统文化为文化根基的基础上，为实现民族独立、国家富强以及人民幸福的过程中产生的具有中国特色的文化形态，是中国特色社会主义文化的重要组成部分。除此之外，红色文化的内涵还可以从物质层面、制度层面以及精神层面这三个方面来概括：物质层面包括重大革命事件发生地、革命遗址、革命历史遗留物等，具体如重要会议会址、名人故居、博物馆、纪念馆、红色文艺作品、红色家书等；精神层面主要指红色精神中所蕴含的良好作风、优秀品格等，具体包括红船精神、井冈山精神、延安精神、西柏坡精神抗美援朝精神、大庆精神、"两弹一星"精神、抗洪精神、抗震救灾精神、抗疫精神等；制度层面主要指党在新民主主义革命时期、社会主义建设时期以及改革开放时期制定的路线、理论、方针、纲领等。红色文化见证了中国共产党在各个历史时期艰苦奋斗的历程，不论是在过去、现在或者是未来，都是实现中华民族伟大复兴的强大精神动力，它以特定的文化历程表现出来，体现了社会主义、共产主义方向的文明形态。

2. 红色文化的构成

红色文化是党和人民宝贵的精神财富，分析其构成有利于我们更深刻和全面地认识红色文化。红色文化又是一种独特的文化形式，我们可以借鉴文化学中文化结构的相关理论来深入地认识其构成。

对于文化的结构划分问题，学界到目前为止还没有达成统一的见解。通过整理和研究，目前对于文化的结构划分大概有以下两种意见。第一种认为应将文化的结构划分为三个层面，即物质文化、制度文化和精神文化。第二种认为应将文化的结构划分为四个层次，即物态文化、心态文化、制度文化和行为文化四层次说和物质文化、精神文化、制度文化和信息文化四层次说。无论是文化"三层次说"还是"四层次说"都有其内在的道理。笔者在对以上理论全面分析及借鉴的基础上，认为红色文化是由红色物态文化、红色精神文化、红色制度文化和红色行为文化四部分构成。

（1）红色物态文化

红色物态文化，顾名思义，就是物质化了的红色文化，即以一种物质实体作为红色文化的外在载体和表现形式。它蕴含着红色文化的精髓，承载着大量优秀的革命传统。

红色物态文化主要包括三种类型。第一种是遗址遗迹和纪念场所类，包括展现中国人民浴血奋战的遗址和艰苦奋斗的革命老区所在根据地，例如平型关大捷遗址；也包括众多的名人故居，如刘少奇故居；还包括散布在全国各地的纪念馆、博物馆以及烈士陵园。第二种是优秀红色文学作品，包括小说，如《红岩》；戏曲，如《智取威虎山》；故事影片，《红色娘子军》以及包含诗歌、歌曲、文章等在内的文学。第三种是红色文化影响下广大民众的衣食住行，如代表着积极上进的红五角星和红军装；艰苦革命年代的菜粥和南瓜汤；踏遍祖国大地，带领我们走向胜利的草鞋等。

红色物态文化是红色文化的显性载体，是中华民族争取民族独立解放、实现国家富强的最直接的见证。

（2）红色精神文化

红色精神文化是指中国共产党领导中国人民在新民主主义革命、社会主义建设和改革开放的伟大实践过程中创建的道德规范体系和科学文化知识。

红色精神文化的内涵随着时代的发展而不断丰富、发展。新民主主义革命时期，表现为井冈山精神、长征精神、延安精神、西柏坡精神等；社会主义建设初期，表现为大庆精神、焦裕禄精神、"两弹一星"精神等；改革开放时期，表现为创新精神、开放精神、抗震救灾精神等。不仅如此，红色精神文化还表现为个人利益服从集体和国家利益及批评和自我批评的思维方式，表现为大公无私、舍身忘己、自力更生的价值观念，表现为实现国家富强和人民幸福团结奋进的精神追求。

红色精神文化体现着红色文化的精髓，是当今社会发展进步的迫切需要，是保证中华民族繁荣富强，实现中国梦的强大精神动力。

（3）红色制度文化

红色制度文化是指中国共产党带领人民在新民主主义革命、社会主义建设和改革开放时期建立起来的，处理个人与个人、个人与群体、群体与群体之间关系的各类准则、规范和原则。红色制度文化与其他一般性的制度相比，最主要的区别在于指导思想的不同。红色制度文化是在科学的马克思主义理论指导下构建的，无处不体现马克思主义的原则、立场和观点。例如，在社会主义建设时期，建立了国营经济、私人资本主义经济、合作社经济的经济制度及反映经济制度的上层建筑——政治制度；废除了婚姻包办和买卖的婚姻制度，建立起了平等自由的婚姻制度；建立了体现法律面前人人平等的法律体系；还建立了禁止人口买卖和坚持人身自由的人口制度。现如今，红色文化最明显的体现在中国特色社会主义各类制度上。

红色制度文化是中国共产党意志和智慧的集中体现，是国家繁荣、健康发展的重要保障，有助于中华民族的伟大复兴。

（4）红色行为文化

行为文化是由人类在长久社会实践的基础上约定俗成的习惯性定势。行为文化鲜明地体现在民风和民俗中。红色行为文化是指广大人民群众在红色思想文化观念影响下表现出来的日常生活和行为习惯。其一，表现在红色节庆日之中，例如，建党纪念日、建军纪念日等。在这些节庆日当中，党的执政观念、文化理念在人民头脑中不断强化并走向常态，并在潜移默化中成为群众日常生活中的一部分。其二，表现在红色文化影响下的民风习俗，如拥军、爱军、参军的热情。

3. 红色文化的精神内核

红色文化将中华民族优秀传统文化、马克思主义和革命精神融为一体，展现出独特的具有时代特征的红色精神，如长征精神"就是把全国人民和中华民族的根本利益看得高于一切，坚定革命的理想和信念，坚信正义事业必然胜利的精神"[1]。井冈山精神、长征精神、西柏坡精神以及延安精神等革命精神是在新民主主义革命时期形成的，抗美援朝精神、雷锋精神、焦裕禄精神、大庆精神及"两弹一星"精神等是在社会主义革命及建设时期形成的，抗洪精神、载人航天精神、抗击非典精神等是在改革开放以来中国特色社会主义建设时期形成的。其中，井冈山精神源于建立井冈山革命根据地的伟大实践中，它是红色革命精神的首创精神，集中体现的是密切联系人民群众和一切从实际出发、实事求是的红色革命精神；长征精神最显著的是无坚不摧的革命英雄主义精神和顾全大局的集体主义精神；延安精神是新民主主义革命时期在延安贫穷、恶劣、艰苦的环境中，展现出来的革命者的坚定理想信念以及在艰苦的环境中自力更生的精神；西柏坡精神蕴含的是以"两个务必"为核心、内容的艰苦奋斗的工作作风、吃苦在前享乐在后的奉献精神、戒骄戒躁的严谨态度、勇于开拓进取的奋斗意志。这些革命精神正是红色文化的精神内核，是社会主义文化建设的精神源泉，是社会主义核心价值观所倡导的。我们可以从这些具体的革命精神中进一步剖析出红色文化的以下精神内核。

（1）爱国主义和集体主义精神

在新民主主义革命时期，中国共产党坚持团结一切可以团结的力量，联合农民、工人、小资产阶级等所有中间阶级，建立无产阶级领导、工农联合的革命统一战线，团结一致，共同反抗帝国主义和封建主义的剥削与压迫。当中华民族处于水深火热之中，当中华民族危在旦夕之时，无数革

---

[1] 江泽民. 江泽民文选（第一卷）[M]. 北京：人民出版社，2006：590.

命先烈为了中华民族的独立与解放，浴血奋战，用生命换来民族的觉醒和国家的安定。红色文化孕育在革命战争的土壤当中，以真实的历史依据以及无数革命烈士的英雄事迹，呈现出敢于奉献、不畏艰辛、顽强不屈的爱国主义精神。当日本帝国主义侵略中国时，他们认为中国只是一个地理概念，认为中国人只具备乡土观念，没有统一的国家民族观念，不可能团结一致对外。然而当全面抗战开始时，中国呈现了前所未有的民族觉醒和团结一致、抵抗外敌的社会进步现象，这种万众一心的集体主义精神正是抗战最终能够取得胜利的精神支撑和保障。在社会主义革命和建设时期，为实现对农业、手工业和资本主义工商业的三大社会主义改造，中国共产党领导广大人民群众，将分散的个体经济组织起来，相互团结协作，开展互助合作运动，走集体化社会主义农业建设道路；将以私有制为基础的个体手工业，通过合作小组、供销合作社再到生产合作社先后三条合作化的道路，改造为社会主义集体所有制手工业。伴随着资本主义工商业改造的完成，我国进入社会主义初级阶段。"三大改造"之所得以顺利完成，离不开爱国主义精神和集体主义精神在其中的推动作用。

（2）坚定的理想信念

崇高的理想信念是实现目标的精神支持，是激励人民勇往直前的不竭动力。中国共产党人的坚定理想信念是红色文化得以形成和不断发展的内在动力和精神支柱。新民主主义革命时期，无论是在大革命时期、土地革命时期还是在抗日战争时期和解放战争时期，中国共产党坚定"必须推翻那些使人成为被侮辱、被奴役、被遗弃和被蔑视的东西的一切关系"[①]，始终把实现共产主义作为一切革命和战争的最高理想和最终奋斗目标。革命先烈以不屈的精神和坚定的共产主义信念，经历了长期而艰苦的奋战，用生命和鲜血谱写了无数感人的历史篇章，最后取得了革命的胜利，迎来了中华人民共和国的成立。在社会主义革命时期，中国共产党领导广大人民群众以社会主义必胜的信念，经受了各种曲折和考验，克服了重重难关，建设社会主义新中国；在全面建设时期，坚持为了共产主义理想而不断进行反思、开展批评和自我批评，克服各种困难和挫折，在经济和文化教育

[①] 中共中央马克思恩格斯列宁斯大林著作编译局编译. 马克思恩格斯选集（第一卷）[M]. 北京：人民出版社，1995：10.

方面取得了许多成就和一定发展，为社会主义现代化的发展奠定了初步基础；在改革开放时期，坚持共产主义信念，明确发展方向，与时俱进，解放思想，开辟了中国特色社会主义道路，建立了社会主义市场经济体制。

（3）艰苦奋斗精神

艰苦奋斗是中华民族的传统美德之一，是中国共产党领导中国人民取得革命胜利的精神武器。新民主主义革命时期，面对经济条件严重落后、斗争环境极其恶劣的严峻形势，革命先烈不怕苦不怕累，为了革命克服千难万险，用踏踏实实、真真切切的行动谱写着艰苦奋斗的历史篇章，并将艰苦奋斗精神潜移默化地融入红色文化中。井冈山根据地是中国第一个红色根据地，是中国革命的摇篮。井冈山精神是艰苦奋斗精神的精神之源。"红米饭，南瓜汤，秋茄子，味道香，餐餐吃得精打光。干稻草，软又黄，金丝被儿盖身上，不怕北风和大雪，暖暖和和入梦乡。"这首歌谣便是革命先烈在开辟农村包围城市、武装夺取政权的革命斗争中，面对白色恐怖和疯狂的"围剿"，在物资严重短缺的艰苦生活环境中，为了革命事业，以积极向上的精神状态，顽强斗争，突破重重封锁，巩固了革命根据地。长征精神更是艰苦奋斗精神的典范与楷模。在长征途中由于带的干粮远远不够，树皮、草根甚至腰带、棉花都成为战士们的食物。战士们不仅要忍受饥肠辘辘，而且要经受暴雨寒风大雪之苦。战士们冒着随时被吞噬的危险趟过一片片茫茫无际的沼泽地，忍受刺骨的寒冷翻过一座座积雪及腰的大雪山，历经生死考验，克服常人无法忍受的艰辛，以顽强的斗志，艰苦奋斗的精神，走完两万五千里长征路，粉碎了敌人的"围剿"，开启了中国革命的新篇章。艰苦奋斗精神不仅仅体现在井冈山精神和长征精神，之后的延安精神、西柏坡精神、雷锋精神、"两弹一星"精神、焦裕禄精神等都是艰苦奋斗精神的真实写照和延续，是红色精神的重要组成部分。

（4）求真务实精神

实践是检验真理的唯一标准。在红色文化形成的革命实践道路上，中国共产党带领广大党员真抓实干，对于每一次会议、每一次方针政策的制定、每一次行动、每一次革命和改革都是认真对待、认真落实，求客观实际之真，务执政为民之实。首先，尊重和把握客观规律，从实际出发，坚持真理。无论是在新民主主义革命时期、社会主义革命和建设时期，还是在改革开放以来的中国特色社会主义建设时期，中国共产党都从不同时期的实际情况出发，遵循客观规律，以马克思主义理论为指导，制定切实可行的方针政策，在革命道路上不断探索前行。其次，坚持走群众路线，从群众中来到群众中去，从人民群众的切身利益出发，办民之所想、解民之所忧，为人民群众谋实事。中国共产党从诞生之日起就坚持为人民服务。群众路线最早是在土地革命时期提出的。在土地革命时期，为满足广大农民群众对土地的需求，中国共产党进行大刀阔斧的土地革命。广泛开展对土地和人口的调查，丈量土地，明确土地面积，进行合理分配。积极发动广大群众清理地主等剥削阶级的财产，消灭地主阶级，推翻封建半封建的土地所有制，从政治经济上切实为广大农民务实，实抓实干，帮助农民翻身作主。群众路线又是在中国共产党领导的社会主义革命、改革及建设中不断践行和发展的。

（5）开拓创新精神

红色文化的产生和发展离不开中国共产党与时俱进的开拓创新精神。从新民主主义革命到改革开放，是中国共产党领导人民不断开拓创新的过程。中国共产党面对一次又一次城市武装斗争和革命的失败，认识到失败之所在，于是根据敌我的实力分布以及客观的国情和革命发展趋势，果断放弃城市中心，独辟蹊径，开拓创新地走出一条农村包围城市、武装夺取政权的道路，在无声无息中发展力量，蓄势待发，给敌人致命的一击。社会主义制度确立以后，中国共产党开始不断地在实践中探索适合中国的道路，借鉴他国经验，结合我国实际国情，克服重重曲折，在失误中吸取经验教训，突破计划经济的束缚，通过改革开放的创举，进行制度和理论的创新，形成了马克思主义中国化的第二次历史性飞跃，开辟了中国特色社会主义道路。创新精神是推动红色文化形成和发展的不竭动力，是创新精神使得红色文化在中华传统文化的土壤中生根，是创新精神使得红色文化具有鲜明的文化特色，是创新精神使得红色文化在革命的进程中发展成优秀的先进文化。

（二）红色文化的特征

从红色文化概念、构成与精神内核出发，可以概括出红色文化的主要特征为：党性与人民性的统一，理论的科学性与实践的革命性的统一，民族性与世界性的统一三大主要特征。

1. 党性与人民性的统一

"统治阶级的思想在每一时代都是占统治地位的思想。"[①] 在以马克思主义为指导的中国共产党诞生之前，文化历来是统治者控制的意识形态，有着鲜明的统治阶级性质，所以历史上的文化所体现的并不是人民真正的思想自由，而是历代统治阶级强加于人民的一种精神形式。在红色文化产生之前，不论是落后的封建文化还是西方资本主义文化体现的都是政治上占主动地位的少数统治阶级利益的、少数人的文化。红色文化的产生，第一次实现了党性与人民性的统一。红色文化的领导者——中国共产党是唯一没有私利的政党。马克思指出，共产党是无产阶级的政党，他们没有任何同无产阶级的利益不同的利益；共产党人的最终目的，是使无产阶级形成为阶级，推翻资产阶级的统治，由无产阶级建立政权；其最终奋斗目标是消灭私有制，最终实现共产主义。中国共产党从诞生之日起就与最广大人民的利益高度一致，是为民族、为人民谋利益的政党，它本身决无私利可图。在旧中国，广大人民群众最迫切的要求就是推翻帝国主义、封建主义和官僚资本主义的统治和压迫，获得民族独立和人民解放。在这一背景下，中国共产党将马克思主义与中华优秀传统文化结合起来，通过不断的革命实践形成了红色文化，成为新民主主义革命和社会主义建设时期最为重要的文化创造，影响和塑造了几代人的精神理念与价值追求。长期以来，中国人民愈益坚定这样的信念：跟着共产党，就是选择了希望，选择了光明，选择了未来。历史发展到今天，中国共产党人依然秉持着为民族谋复兴，为人民谋幸福的宗旨理念，始终与人民同呼吸、共命运。红色文化正是在这样一个没有任何私利，一切服务于人民，一切为了人民的政党的带领下产生，体现了政党的无产阶级性质与人民性统一的先进文化。

2. 科学的理论性与革命的实践性的统一

红色文化的科学性与革命性的统一体现在马克思主义科学指导下，符合社会发展的规律，担负着社会反帝反封建的历史使命，满足了民族解放

---

① 中共中央马克思恩格斯列宁斯大林著作编译局编译. 马克思恩格斯选集（第一卷）[M]. 北京：人民出版社，1995：98.

的革命需要，同时也体现在指导中国革命、建设与改革开放所取得的成就中。毛泽东在《实践论》中就宣称："马克思主义看重理论，正是，也仅仅是，因为它能够指导行动。如果有了正确的理论，只是把它空谈一阵，束之高阁，并无实行，那么，这种理论再好也是没有意义的。"[①] 红色文化的产生与发展就是中国共产党人在对抗强权、革命的过程中不断形成的文化形态，它显著区别于以往的任何一种文化，从产生的第一天开始就具有彻底的革命性，并在革命的过程中不断自我革命，最终使自己能够为实践服务，能够胜任重建新社会的需要，是能够被历史与事实证明的先进实践。实践是检验真理的唯一标准，中国共产党领导的革命实践与建设成果是正面进步、积极向上的，红色文化是中国共产党带领中国人民革命与实践的价值凝聚，在不同的时期有着不同的内涵体现，具有鲜活长久的文化生命力，是主动进行文化创新，适应文化需求的文化体系，是一种正能量的弘扬，在这种正能量的凝聚了一代代中国共产党人产生的精神价值，具有科学的革命性。

3. 民族性与世界性的统一

文化是与人类活动相伴的历史概念，它既具有本土化的特征，也在发展的过程中，不可避免地与外来文化相融合。红色文化的民族性与世界性相统一的特征体现在红色文化产生发展的全过程以及红色文化的价值旨归中。

从红色文化产生的角度上看，红色文化是民族性与世界性的统一。首先，中华优秀传统文化是红色文化产生的根基与源头活水，红色文化的民族性就在于它的产生是建立在中华民族几千年优秀传统文化的基础上，其中蕴含的红色精神正是对以爱国主义为核心的自强不息、勤劳勇敢、艰苦奋斗的民族精神的传承与发展。其次，红色文化根植于中华大地上，从内容上反映出中华民族在政治、经济发展变化的过程中产生的革命精神，从形式上正是不忘本来、坚守中华民族特色，才不断满足了中国自身革命需要，有利于表达中国革命的现实诉求。最后，红色文化的世界性体现在马克思主义作为红色文化的指导思想致力于世界无产阶级的解放与人的全面发展，红色文化从产生之日起就凝聚在世界共产主义革命和解放过程中。毛泽东在《新民主主义论》中指出，在"'五四'以后，中国的新文化，

---

① 毛泽东选集（第一卷）[M]. 北京：人民出版社，1991：292.

却是新民主主义性质的文化，属于世界无产阶级的社会主义的文化革命的一部分"[①]。马克思主义与十月革命的成功经验给红色文化的产生提供了思想引领与实践出路。

从红色文化发展的角度看，红色文化是民族性与世界性的统一。红色文化的具体发生发展是民族性的产物，是基于马克思主义理论与中华民族固有传统文化双向选择并不断调和的结果。经由马克思主义与中国具体实践的有机结合，红色文化在不同的地域、不同时间产生了一脉相承但是又各具特色的红色精神。红色文化的世界性体现在人类进入资本主义社会以后，现代化进程的加速打破了过去民族与民族、地方与地方之间"鸡犬之声相闻，民至老死，不相往来"（《道德经》）的自给自足和闭关自守的状态，各民族与地区之间的互相往来与相互依赖的程度逐渐提升。鸦片战争后，中国国门被迫打开，各种社会思潮纷纷涌入，为中国人民在开眼看世界的过程中提供了充分的比较和选择空间，从世界范围内选取新文化，植入新文化成为必然的选择。马克思主义是历史和人民的选择，符合当时中国国情，拯救了中国人民。红色文化是在马克思主义指导下批判与借鉴外来文化中的优秀成分、博采众长的产物。

从红色文化的价值旨归上看，红色文化是民族性与世界性的统一。中华民族最深层的精神追求与最终目标与共产主义社会中实现人类社会的解放与人类最大程度的自由具有一致性。在谈到马克思主义的根本特征时，邓小平指出："马克思主义的另一个名词就是共产主义。我们多年奋斗就是为了共产主义，我们的信念理想就是要搞共产主义。"[②] 这是红色文化在产生发展的过程中始终遵循的目标，充分体现了红色文化具有从民族走向世界的开放性特征。

文化是民族生存和发展的决定力量，是一个国家与民族的灵魂，更是凝聚民族精神的纽带。习近平指出："只有充满自信的文明，才会在保持自己民族特色的同时包容、借鉴、吸收各种不同文明。"[③] 红色文化的未来发展也要坚持民族性与世界性相结合的原则，"加强中外人文交流，以我

[①] 毛泽东选集（第二卷）[M]. 北京：人民出版社，1991：698.
[②] 邓小平. 邓小平文选（第三卷）[M]. 北京：人民出版社，1993：137.
[③] 习近平. 论党的宣传思想工作 [M]. 北京：中央文献出版社，2020：406.

为主、兼收并蓄"①。讲好红色故事，既能够将真实、立体、全面的中国展现给全世界，提高国家文化软实力，同时也能为世界文化发展作出杰出贡献。

二、红色文化的思想政治教育价值

（一）红色文化的思想政治教育价值

红色文化以作为实践主体的人民群众为逻辑起点，以为人民服务为价值取向，与思想政治教育所蕴含的以人民为中心的价值取向相统一，具有物质承载价值、精神涵育价值和制度保障价值。

1. 物质承载价值

物质文化即有形文化，是指"人类在社会历史发展过程中所创造的物质成果及其所体现的意义"②，但"物质文化绝不是物质，而是能够以物质为载体传承下来的文化……物质文化以物传，非物质文化以人传"③。红色文化以物质为载体，以红色精神为核心，通过红色物质文化遗产、革命文物、红色文化资源中的物质成分等现实形态呈现出来。红色文化的物质呈现一方面是历史的，是需要开发利用和保护传承的，另一方面也是现实的，是在新时代党领导人民进行伟大实践中不断生成的。作为红色文化的物质呈现，红色物质文化资源具有相当的思想政治教育价值意义。文化资源在文化历史的"卡尺"下生成与累积，有遗址踪迹、历史文物和重要文艺作品，它既包括文化遗产，又包括新生成的文化资源，二者共同承载着宝贵的红色文化内容。

2. 精神涵育价值

所谓精神文化，是指属于精神、思想、观念范畴的文化，是代表一定民族的特点，反映其理论思维水平的思维方式、价值取向、伦理观念、心理状态、理想人格、审美情趣等精神成果的总和。红色精神文化坚持以"红色"为底色，蕴含着共产主义的理想信念、为人民服务的宗旨以及爱国主

---

① 习近平. 决胜全面建成小康社会 夺取新时代中国特色社会主义伟大胜利——在中国共产党第十九次全国代表大会上的报告 [N]. 人民日报，2017-10-28.
② 夏征农. 大辞海 [M]. 上海：上海辞书出版社，2009：562.
③ 陈先达. 马克思主义和中国传统文化 [M]. 北京：人民出版社，2015：71.

义情操等内容，通过具体的精神内容呈现出来，例如红船精神、西柏坡精神、雷锋精神等，均具备宝贵的涵育价值。首先，红色精神文化引导人们坚决拥护中国共产党的领导。红色文化是中国共产党领导人民进行实践的产物。用红色文化教育人民，宣扬马克思主义的科学理论，使其坚定理想信念，其实质是以社会主义意识形态教育人民，使其自觉拥护党的领导并满足自身发展的文化需要。其次，红色精神文化能通过显性与隐性教育相结合的方式帮助人们坚定社会主义理想信念、积极投身实现伟大梦想的实践。红色文化的发展道路可以说是一条人民追求美好生活的奋斗之路。用红色文化中的鲜活事例教育引导人，将使得榜样示范更加具有可信度和说服力，精神激励和感染教育的效果也更加显著。

3. 制度保障价值

制度以规则来对社会结构进行规范，在不同的时间和空间之中具有不同的具体呈现，例如政策、规章、纪律、法律等，包括成文的、公开的强制规范和不成文的、非强制性的规范。制度安排和政策设计所依据的理念代表着文化深层次的制度理性，可以说，制度文化是制度的文化形态。在这里需要明晰的是，"行为文化是规范个体行为的方式，这些共同的行为方式通常体现为各种制度"，所以"行为文化又被称为制度文化"[1]。制度文化本身是文明与野蛮的综合体，被赋予"红色"底色之后，则在文化"是"与"非"、"好"与"坏"的二重价值判断中与野蛮划清了界限，进入制度文明的范畴。党带领人民群众在革命、建设和改革的伟大进程中形成的一系列路线、方针、政策、守则等为维护党内秩序、强化社会治理发挥了重要的制度保障作用。

（二）红色文化的思想政治教育价值呈现

1. 红色物质文化的思想政治教育价值

党的十八以来，我国思想文化领域的建设不断取得新的成就，红色文化资源的开发利用受到高度重视，红色物质文化与思想政治教育进一步融合，为思想政治教育取得育人实效起到了卓有成效的推动作用。

---

[1] 马克思主义哲学编写组. 马克思主义哲学[M]. 北京：高等教育出版社，2009：242.

（1）为创新思想政治教育方式、手段提供支持

物化的红色文化正是连接思想政治教育主客体的纽带，是宝贵的物质载体。以物质为载体的红色文化可以使抽象的理论说教更加具体，有助于加强思想政治教育实践的直观性、现实性，通过在教育方式和手段上提供多样的支持来提升教育的针对性和亲和力。

一方面，传统物质载体的红色物质文化对创新思想政治教育方式、手段的支持。传统物质载体是历史上长期存在并持续至今，仍承载一定信息的物质实体，并根据其承载信息的不同特征而有所区分，例如固定性物质载体与非固定性物质载体；典型性物质载体和一般性物质载体；单个载体和聚合载体等类别。回溯中国共产党的思想政治教育史，在早期萌芽到正式创立时期，译著、书刊、报纸等刊物是传播马克思主义的主要载体。五四运动前后出版的刊物数不胜数，数量之多，分布之广，可谓前所未有；在革命战争中的尝试、探索和完善时期，革命歌曲、革命标语口号、布告、画片、传单、小册子等宣传品最符合现实需求，宣传队通过这些载体，加以开展形式多样的联欢会、提灯会、祝捷会进行讲演宣传，对鼓舞士气、团结兵民、瓦解敌军起到了显著成效。历史上进行思想政治教育活动的场所、物品组成了宝贵的红色旧址、纪念馆并发展为红色教育基地；在革命的峥嵘岁月中发生的物质性事实，如开诉苦会、吃忆苦饭、办会议、对比展览等成为思想教育素材；涌现的典型人物、英雄事迹、先进事例作为思想行为的物化，成为当今人们学习的楷模，时刻彰显榜样的力量。传统物质载体资源在新的时代仍然受到高度重视，它为思想政治教育方式、手段的创新提供了源源不断的给养。比如，红色故事的讲述在历史记忆、在场体验、情感架构和价值导向上与思想政治教育有着显著的契合，把红色故事讲好，把中国故事呈现好，是拉近时空距离，增强受教育者代入感，提升理论灌输成效的"秘方"。

另一方面，现代物质载体的红色物质文化对创新思想政治教育方式、手段的支持。当下，网络信息技术不断推陈出新，云计算、大数据、后台等新生事物在不知不觉间渗入了人们的日常生活，数字媒体时代已经到来。新媒体环境下，万物皆可"媒"。红色物质文化的呈现方式在向数字载体、智能网络载体飞跃。互联网结合各类终端为人们提供海量信息服务，数字

媒体、触摸媒体让曾桎梏于传统物质载体的红色文化触手可及。红色物质文化的这一历史性飞跃为网络思想政治教育增添了一抹靓丽的色彩。

其一，运用 VR 与 AR 技术可以为受众提供身临其境的文化沉浸体验以及超越现实的感官体验。VR 即虚拟现实技术，是以交互的形式构建三维动态视景。一些革命纪念馆、红色博物馆将红色物质文化资源制作成 VR 产品用来优化受众的参观体验，或投放于互联网上，让人们在任何时间、不同地点都能感受红色文化的魅力。例如在 VR 的体验馆中，观众可以置身于"松毛岭保卫战"中感受革命战争年代的伟大精神。此外，如"井冈山 AR 红色文化体验馆"就充分利用了该技术，并且配合讲解员的解说从而实现良好的传播效果。其二，依托于"三微一端"媒介的红色文化传播。近年来，自媒体浪潮高涨，人人皆可发声，网络环境中鱼龙混杂，网络安全、网络意识形态领导权的巩固等工作亟待推进。"三微一端"建设的大军同样不乏一些机关单位的官方账号，他们通过学习强国 App、相关微博大 V 账号、贴吧、红色网站、微信公众号等途径传播红色文化，如《红色家书背后的故事》系列音频的连载，从而引领正确的价值观，营造向上向善的社会风气。

（2）为思想政治教育过程增强体验性和真实感

近年来，各地区、各高校根据所在地区特色，结合有效红色资源，通过角色化演绎、故事化表达、场景化呈现等创新方式持续深入推进思政课课堂革命，致力于打造有深度、有温度、有情怀的思政课。一堂堂既有体验性又有真实感，既有意思又有意义的思政课遍地开花。

红色物质文化让思政课堂"活"了起来，具体体现在以下几个方面。其一，思政"明星"课堂。新冠肺炎疫情爆发以来，无数不怕牺牲、无私无畏的先进典型挺身而出，为人们提供了鲜活的学习典范。一些高校依托自身优势资源邀请疫情防控中表现突出的"明星"工作者通过互联网为学生们带来一堂堂特殊的思政课。天津市第一批支援湖北医疗队的副领队林春光通过"云课堂"为孩子们讲述抗疫前线的感人故事；江苏省支援武汉第一医疗梯队"95 后"男护士吴罡向学生们讲述他的抗疫故事，感动了课堂里的每一个人。这些抗疫"明星"是红色文化教育的"活教材"。各大高校充分利用这些红色资源，让他们走进学生的课堂，既活跃了课堂氛围，又为学生树立了学习榜样，把握住了榜样教育的时效性与实效性。其二，"空中"思政课。高校思政课搬进了"网络直播间"，昔日教室里的教授、老师摇身一变成为网红主播，让万人同上一堂思政课成为现实，如辽宁省就有120万大学生"云端"同上思政课的实例。此外，方舱医院"云端"思政课、"面对面新时空"微课、"新华思政"系列直播课面向社会思政大课堂，不断激发青年群体共鸣，让思政课从"云上"走进心底。其三，"行走"的思政课堂。近年来，红色旅游景点在我国各地争相亮相。许多高校组织学生开展思想政治教育社会实践活动，绘制红色文化基因图谱，鼓励学生用双脚丈量红色大地，在实践中学有所思、学有所悟。如上海师范大学马院学子"重走长征路"江西三下乡社会实践活动中，学生们结队从上海到瑞金，途径于都，走过南昌，去过旧址群，到过纪念馆，既倾耳聆听红色故事，又亲口讲述红色故事，重温了先辈们的苦难光辉，收获了良好的学习成效。其四，"串"起来的思政教学。如浙江理工大学开设"红色文化讲习馆"，不仅在馆内展示红色物质文化资源，梳理红色文化发展的脉络体系，还为学生提供教学和研习的空间，为红色文化的研究和实践提供了良好的舞台、平台，拓展了教学空间，让研究有了所依赖的外部实体。此类红色教育基地的出现是红色物质文化在新时代的现实呈现，它巧妙地将红色文化资源串珠成链，作为传统课堂教学的重要补充，给学生们带来沉浸式的学习体验，让思政教学更加高效。

（3）为思想政治教育对象提供审美价值导向

作为推进国家、民族灵魂工程的重要组成力量，红色物质文化在文艺审美领域的价值导向作用不容忽视。

第一，审美关系的构成取决于审美客体对象的性质和审美主体的本质力量的适应性。审美关系中，客体对主体需要的满足，充当评价客体审美价值的"度量衡"。一方面，红色物质文化作为主观与客观的统一，在"器"的物质属性层面表现为以马克思主义科学真理为指导的党带领人民进行的伟大实践的物化，在推进共产主义事业的任何时代都是先进的，具有"美"的价值。另一方面，主体的审美需要取决于现实的客观条件。随着生产力的发展，人类在征服自然的进程中把握认知的"真"，实现功利的"善"，也产生了对愉悦的"美"的追求。这一追求往往是具有超前性的，在实践中创造真善美理想世界的构想,就是审美理想与现实的科学统一。先进的知识分子在审美活动中生产出艺术对象,而"艺术对象创造出懂得艺术和具有审美能力的大众,——任何其他产品也都是这样。因此,生产不仅为主体生产对象,而且也为对象生产主体"[1]。在红色物质文化育人的过程中,物质性的艺术形象为教育倾向的流露提供了无比自然的场面和情节。在这一隐性环境下,优秀的社会主义文化文艺作品中蕴含着鲜明的核心价值导向,将文化的思想性和作品的艺术性完美融合,从而促进知、情、意、信、行的转换。"文艺在培育和弘扬社会主义核心价值观方面具有独特作用"[2],具有教育导向价值的价值观念寓于红色文艺作品之中,通过外在美的引入和内在美的升华,给予真善美的引导,提升人们自身审美能力,也塑造懂得审美的受众,在潜移默化中发挥其导向作用。

第二,新时代红色物质文化的呈现形式丰富多样,在文艺审美领域更是异彩纷呈,按所依托的载体类型,可分为传统载体和现代载体、场馆类载体和器物类载体、固定类载体和流动类载体、官方展示类载体和民间收藏类载体等;按社会生活领域,可分为军营红色物质文化、家庭红色物质文化、村镇红色物质文化、社区红色物质文化以及校园红色物质文化等;按文化生成时代,可分为革命战争年代的红色物质文化与和平建设年代的红色物质文化;亦可按照多个具体时期进行细分。不论是红色遗址、红色博物馆、红色文化公园等系统性、规模化的红色文化教育基地,还是红色家书、红色书籍、红色手迹、红色地图、红色文化基因图谱、红色服饰、红色雕塑、红色纪念碑等红色物质文化的个体体现,都体现着人民性的精神内核。党与人民既是生产者也是"消费者"。红色物质文化的生产者在生产活动中享受了个人的生命表现,感受到个人的乐趣,完成了个性的对象化。作为"消费者",主体认识到和感受到生产者是自己本质的补充,是自己不可分割的一部分,从而使生产者的本质得以证实。红色物质文化审美价值导向的内在机理正在于此。比如,"一口行军锅""一双绣球草鞋""一张拿去架浮桥的棺材板"并非金银珠宝,也不是精雕细琢的艺术珍品,它

---

[1] 中共中央马克思恩格斯列宁斯大林著作编译局编译. 马克思恩格斯选集(第二卷)[M]. 北京:人民出版社,2012:692.
[2] 习近平. 在文艺工作座谈会上的讲话[M]. 北京:人民出版社,2015:22.

们看似普通却被当作国家文物陈列在中央红军出发纪念馆里，胜过珍宝。如此种种，对于它们的"主人"来说，是自我本质的物化，是最好的革命情感寄托。对参观者、思想政治教育受教育者而言，这些"珍宝"的美并不仅仅在于其外在，而是更多地取决于其内在，取决于它背后的红色历史。它们印证着革命先辈、爱国志士与人民群众一道灌注的美好情感和理想信念，具有生动的思想政治教育意义。

2. 红色精神文化的思想政治教育价值

新时代的红色精神如雨后春笋般在广袤的时代精神与民族精神之林中竞相萌发，如新时代的北斗精神、抗疫精神、脱贫攻坚精神等，构成了中华民族的精神血脉，滋养着党的初心，淬炼着民族的灵魂，辉映着民族复兴的伟大梦想，是思想政治教育铸魂育人的核心所在。

（1）为抵制历史虚无主义、增强文化自信鼓足底气

究其根本，历史虚无主义就是妄图用个体叙事来替代整体历史的宏大叙事，妄图颠覆中国共产党的领导，抹掉中国近现代历史的红色底色。中国共产党和中国人民共同铸造的红色历史大厦并非凭空臆造，也非空中楼阁。根本固者，华实必茂；源流深者，光澜必章。在红色文化坚实根基的稳定下，"虚无"的歪风注定徒劳无功。

首先，红色精神文化之"盐"融入"不忘初心、牢记使命"教育之"汤"。"党的初心和使命是党的性质宗旨、理想信念、奋斗目标的集中体现"[1]，是红色精神文化的源头活水，也是红色精神文化的直接表达。为贯彻落实党的十九大报告中的重要指示精神，全党开展"不忘初心、牢记使命"主题教育，从 2019 年 5 月底开始，于 2020 年 1 月基本结束。"这次主题教育是新时代深化党的自我革命、推动全面从严治党向纵深发展的生动实践，促进了全党思想上的统一、政治上的团结、行动上的一致"[2]。红色精神文化融于其中，发挥了重要的精神动力、价值引领和道德教化作用。其次，红色精神文化之"根"扎进"四史"学习教育之"土"。"四史"包括党史、新中国史、改革开放史、社会主义发展史，是宝贵的历史财富，是筑

---

[1] 习近平. 论中国共产党历史 [M]. 北京：中央文献出版社，2020：8.

[2] 习近平在"不忘初心、牢记使命"主题教育总结大会上强调：以主题教育为新的起点　持续推动全党不忘初心牢记使命 [N]. 人民日报，2020-01-09.

牢不忘初心、牢记使命思想根基的根本遵循。伟大的历史无不沉淀为精神，精神又无不是历史的。只有以史为师才能汲取到宝贵历史精神给养，并转化为推动个人和社会发展的强大物质力量。历史教育是党内思想政治教育的重要一环，始终是党继往开来的重要依托。新时代，党内、各大高校以及社会各界积极响应党中央号召，"四史"学习蔚然成风。

（2）为传承红色基因、坚定理想信念提供依托

"红色基因"一词最早出现在军队工作的相关论述中。近年来相关研究趋向于将红色基因归为精神文化层面的一种文化现象，但红色基因并不等同于红色精神文化中的某一具体内容，而是存在于所有红色精神文化中具有遗传价值的内核元素，比如为人民服务的宗旨和实事求是的作风等。传承，是红色基因存在的现实意义，它依托于红色精神文化的生命体，不断实现创新性发展，形成了北斗精神、抗疫精神等一系列新时代红色精神，不断赓续中华民族的精神谱系。

其一，抗疫精神的基因传承。2020年是不平凡的一年，在以习近平同志为核心的党中央的坚强领导下，我们取得了抗击新冠肺炎疫情的基本胜利。在这"硝烟四起"、号角嘹亮的战场上，我国的无数一线志愿者、医务人员、公安干警等等塑造了国际抗疫史上的一个又一个奇迹，铸就了"生命至上、举国同心、舍生忘死、尊重科学、命运与共的伟大抗疫精神"[1]。"抗疫精神既弘扬了红色革命精神，又展现了疫情防控特质，既升华了爱国主义精神，又彰显了新时代价值导向。"[2]中国共产党人接续传承的红色基因在疫情防控的伟大实践中焕发光彩，向世人展示了中国特色社会主义的制度优势以及道路的科学性。

其二，新时代北斗精神的基因传承。新时代北斗精神并非横空出世而是红色基因在科学技术领域的新时代呈现，其中蕴含了"两弹一星"精神的因素，是老一辈科学家的精神品质再生。20多年来，我国北斗导航在以范本尧、谢军、杨慧、迟军、王平、陈忠贵为代表的北斗人的带领下自力更生，不断攻克关键技术，刷新中国速度，实现"三步走"战略，孕育了自主创新、

---

[1] 习近平在全国抗击新冠肺炎疫情表彰大会上的讲话[N]. 人民日报，2020-09-09.
[2] 石书臣，韩笑. 抗疫精神：新时代中国精神的生动体现[J]. 学校党建与思想教育，2020（15）：9.

开放融合、万众一心、追求卓越的新时代北斗精神。当前，北斗全球卫星导航系统逐渐深入人们的日常生活，在技术上为老百姓提供了更加优质的服务，被人们啧啧赞叹。在新时代北斗精神的引领推动下，广大科研工作者继续在科技强国的道路上劈波斩浪，铸就新的科技辉煌，也助燃了亿万群众心中走向美好生活，实现民族复兴的希望之火。

（3）为走好新时代长征路、实现中国梦凝心聚力

精神文化所内涵的思想觉悟、情感意志、道德观念等精神因素都是推进人们实践活动的重要力量。伟大长征精神是红色精神文化中极具代表性的内容之一，它依托于红军二万五千里长征的革命史实，彰显了人类战争史的一大奇迹。更重要的是，它是中国危机四伏、濒临崩溃的时刻展现出的伟大复兴曙光，不仅具有革命的历史意义，也深深激励着饱受磨难的中国人走向更加光明的未来。人无精神不立，国无精神不强。不论是个体、群体还是整个社会都能从中汲取丰厚的精神滋养。

"长征精神的动力性特质是长征精神指引社会主义核心价值观培育和践行成为可能的核心要素。"[1] 其一，理智动力，它有助于人们认识到作为主体的存在力量，由自发走向自觉，并从理论自觉走向行动自觉。长征中召开的遵义会议中打破了内部错误思想和军事路线的干扰，没有盲从共产国际的指示，而是根据实际情况分析革命规律，确定灵活的军事方针，最终化解危机，为之后走向胜利提供了保证。其中体现的自主意识、理性精神与红军解决张国焘分裂问题、人民利益维护问题、民族问题等过程中彰显的自觉意识以及坚定共产主义崇高信仰的自由意识，共同诠释了长征精神的理智动力。其二，情感动力。长征中，年仅12岁的小红军姜福义被刘克先营长特别批准拉着马尾巴前进；女红军三人共用一床棉被但还执意剪下半条送给贫苦的老百姓；用"金色的鱼钩"得来丰盛的"鱼汤宴"带给战士们莫大的鼓舞和活下去的勇气。这些患难与共、团结互助的高尚情怀，军民鱼水之情以及乐观主义情感，是生动的情感素材，是动之以情，拉近情感距离，引发情感共鸣，促进核心价值观传播的重要内容。其三，意志动力。走完二万五千里长征实属不易，不仅仅有险恶的自然环境，还有敌

---

[1] 黄冬霞，吴满意，米华全. 长征精神：培育和践行社会主义核心价值观的强大动力[J]. 广西社会科学，2017（01）：11.

人疯狂的追击，而且在生活上缺吃少穿、缺衣少药。如果没有强大的革命理想和信念、爱国爱党、不畏牺牲的强大意志力作为支撑，红军不可能坚持到最后的胜利。"为苏维埃新中国流尽最后一滴血"是无数红军战士用鲜活的生命践行的诺言，其中蕴含的顽强革命意志动力足矣吾辈受用一生。此外，以长征精神为代表的红色精神文化也对人满足物质需要的活动起着推动作用。我国以"长征"命名的系列运载火箭正是承载着伟大长征精神将我国航天事业推向世界前列。这一系列历史性的突破为我国的载人航天工程以及月球探测工程等重大工程打下了坚实的基础。从长征路到飞天路，贯穿始终的是长征精神的宝贵基因，新焕发的是自强奉献的航天精神，它们都在共和国的历史上留下了浓墨重彩的一笔。

3. 红色制度文化的思想政治教育价值

红色制度文化是党的理论、纲领、政策等的凝结，它被人们广泛认同并自觉遵守，既为提高全社会文明程度提供了宝贵的治理价值，为全面从严治党、反腐倡廉提供有力抓手，也为新时代强军兴军提供了坚强保证。

（1）为提高全社会文明程度提供治理价值

习近平强调："要提高人民思想觉悟、道德水准、文明素养，提高全社会文明程度。"[①] 实现国家的文明先进，是印证民族复兴的重要标识，也是中国共产党矢志不渝的前进方向和奋斗目标。红色制度文化可对人们的行为进行规范导向，对社会秩序的运行进行约束保障以及对人们的思想进行道德教化，其发挥出的治理效能对于提高全社会文明程度，进而提升社会文明水平有着重要的时代价值。

第一，在公民素质（主体文明）方面，红色制度文化主要作用于提高公民思想道德素质和增强公民的法治观念和规则意识。首先，关于提高公民思想道德素质。红色制度文化与我国道德教育联系紧密，其中非正式、非强制性的规范如红色家风、革命道德、军人优良作风以及民间拥军爱党的地方风俗等都发挥着制度文化的文化育人优势，潜移默化地引导着人们价值观念的形成，无声无息地入脑、入心，形成自律意识。例如，革命战争年代，红军的一床被子分两半也要给群众避寒，而群众拿出自己的棺材

---

① 习近平. 决胜全面建成小康社会 夺取新时代中国特色社会主义伟大胜利——在中国共产党第十九次全国代表大会上的报告 [N]. 人民日报，2017-10-28.

板去架浮桥。如今的和平建设年代，在威胁人民财产安全和生命健康的自然灾害和病毒疫情面前，党和广大群众仍然延续着血肉之情。群众给抗洪抢险前线的解放军和武警官兵送食品、自家饭菜以及生活物资，给奋战在疫情防控一线的工作者、志愿者送去紧缺的护目镜、口罩等物资，这些数不清的感人事例无不证明"军爱民、民拥军"早已成为了人们心中无形的道德规范。其次，关于增强公民的法治观念和规则意识。我国公民在法治观念和规则意识上还存在一些较为突出的问题，如重权力本位、轻权利本位，依法办事自觉性不高，参与法治建设的积极性有待提高以及法律工具主义思想较重等。党的十八大以来，党中央出台了一系列政策法规不断推进我国法治建设。当下已实施的《中华人民共和国民法典》成为我国法治建设进程的又一里程碑，为解决公民法治观念的现存问题，强化规则意识增添了强劲动力。

第二，在社会风尚（观念文明）方面，红色制度文化主要助力于形成扶正祛邪、扬善惩恶的社会风气。我国社会风气的形成与发展实质上是人民大众生存方式、生活方式及其价值取向的生动体现，也是在我国悠久的文化历史中所酿造的醇厚佳酿。良善的社会风尚的形成依托于中国共产党综合运用教育、法律等手段对优秀传统文化的继承弘扬，例如，针对维护社会正义的《关于开展扫黑除恶专项斗争的通知》，又如关于推进教学成效的《中小学教师教育惩戒规则》，等等。

第三，在公共文明（秩序文明）方面，红色制度文化主要侧重于倡导人民遵守公共秩序。公共秩序关乎人民群众的现实生活体验，是群众在平凡生活中产生幸福感的重要依托。一个文明的社会，必定是一个秩序井然的社会，是民众广泛地自觉遵守和维护秩序的社会。多年来，我国维护公共秩序方面的法律法规不断完善，国家治理能力与治理体系不断得到强化与优化。如在维护公共场所秩序方面，有《中华人民共和国治安管理处罚法》《中华人民共和国民法通则》等；在维护交通秩序方面，有《中华人民共和国道路交通安全法》《道路交通事故处理程序规定》《中华人民共和国公路法》等；在维护网络秩序方面，有《中华人民共和国电信条例》《互联网信息服务管理办法》《规范互联网信息服务市场秩序若干规定》等立法规范；在维护防疫秩序方面，有《中华人民共和国传染病防治法》等相关法律以及各地方疫情防控地相关规定。这些推进公共文明进程的法律法规、制度要求融于思想政治教育实践中，不断强化着人们的制度文化意识，规范着人们的社会行为。

（2）为全面从严治党、反腐倡廉提供有力抓手

红色制度文化蕴含制度和文化两方面的育人优势，但并非互相孤立，而是相互促进、优势互补，对于党内思想政治教育实践有着重要价值，包括党内法规制度建设的经验价值和日常约束引领的长效价值。

首先，关于党内法规制度建设。中国共产党自成立以来，对于管党治党的脚步从未停歇，在不同历史时期根据党内外实际，制定颁布了一系列党规党法，积累了丰富的治党经验，形成了优良的党内传统，孕育了日久而弥新的红色制度文化。例如《中国共产党第一个纲领》就是党以党章为参照，着手完善党内法规制度体系过程中的开山之作。在新民主主义革命时期，中国共产党管党治党理论逐步形成，期间涵盖了一些基本规范的逐步确立；此后至改革开放前，又经历了一段曲折发展的历史阶段，而改革开放后，从严治党不断得到创新提高；在新时代，从严治党在"四个全面"战略布局中实现了飞跃和成熟。经验是实践的理论概括，而制度是经验的凝结抽象。中国共产党在每一个新的历史时期进行的制度探索无不基于前期的宝贵执政经验总结。在这整个历史演进脉络和实践检验中，革命精神、红色精神提供了核心动力，而从思想、政治和制度建设各方面来看，强化政治建设是提纲挈领的关键一环。党的十八大以来，以习近平同志为核心的党中央汲取从严治党基本经验，将政治建设放在首位，并将思想建设与制度建设相结合，相继印发了《中国共产党党内法规制定条例》《中国共产党廉洁自律准则》《关于新形势下党内政治生活的若干准则》《中央党内法规制定工作第二个五年规划（2018—2022年）》等，将党内法规制度建设推向了新的历史高度。

其次，红色制度文化在日常约束引领方面的长效价值。在党内政治生活的动态环境中，党内法规制度在自我革新中不断增强系统性和针对性，同时也在不断提高环境适应性，应对不同环境、不同时期的党内问题。面对一些党内不良现象，还需要制度与文化的双向发力。例如，党内一些领导干部在工作中不敢为、不愿为、不会为，虽然没有实际的贪污腐败行为，

但这也损害了群众的利益和政府的公信力。所以，不作为，也是一种腐败。有学者提出完善选拔任用机制、健全政绩考核体系、构建无缝监督链条等有力措施，这有助于进一步扎紧制度的牢笼。与此同时，"从严治党靠教育，也靠制度，二者一柔一刚，要同向发力、同时发力。"[①] 完善不能腐的制度是制度体系建设层面的要求，而要构建不想腐的"堤坝"，不仅需要制度的支撑，还需要文化的沁润。红色制度文化的沁润效果表现在将党规党纪通过思想政治教育文化载体渗透到各级党组织和广大党员心中，做到刚性制度的柔性内化，既行为反腐又文化反腐，从而形成刚柔并济的反腐败斗争压倒性态势。《关于加强廉政文化建设的意见》印发后，全国各地反响热烈并积极行动。有些地方积极建设廉政教育基地，建设廉政广场、公园等公共场所，同时开展各式各类的文化教育活动，宣传廉政制度的红色标语。此外，一系列反腐题材的影视作品如雨后春笋般涌现。如专题片《巡视利剑》、电视剧《人民的名义》等均得到了社会上的广泛好评，让反腐的制度，倡廉的党风深入党员干部心中，也浸润了千家万户寻常百姓的心田。

（3）为新时代强军兴军提供坚强保证

没有山一般的制度、铁一般的纪律，就没有严正的军风，更不会有铿锵的军魂。红色制度文化在革命的沃土之上繁衍生息，同时也反过来哺育着人民军队，通过思想政治工作的"生命之线"推进军队制度建设，涵育军人道德。

首先，红色制度文化是党对军队绝对领导的"强心剂"。从南昌起义之发端，到三湾改编之奠基，再到古田会议之定型，党对军队的绝对领导的根本原则和制度始终是我军的军魂和"命根子"，始终是人民军队区别一切旧军队的政治特质和根本优势，此后历经近百年风霜仍熠熠生辉，无可撼动，这是我军党的建设制度的本质内容，也是红色制度文化在军队意义上的根本优势所在。军事政策制度决定着军队成员的职务、地位、权利、义务、权力等，在军事关系的调和上，在军事实践的过程中，以及在军事发展的保障上都具有不可忽视的价值意义。如果偏离了党的领导这一根本准星，军事政策制度体系建设工作、军队的思想政治工作及其他一切工作

[①] 习近平. 在党的群众路线教育实践活动总结大会上的讲话[M]. 北京：人民出版社，2014：16.

都将走上邪路。2018年6月29日，中共中央政治局审议《中国共产党军队党的建设条例》，同年8月1日施行《军队实施党内监督的规定》《军队实施党的问责工作规定》，这些条例规定的接连出台，在政治建设上对管党治党发挥了强化的作用，在军队正风肃纪的过程中起到了强力的推动作用。归根结底，必须注重军队党的建设制度的完善，在政治上、思想上、组织上、作风上、纪律上不断强化制度保证，以政治建军筑牢立军之本，不断推进改革强军、科技兴军、依法治军的事业进程。

其次，红色制度文化涵育军人道德。制度，特别是正式的、强制性的制度侧重于在人的行为层面给予外在的强制，而道德则更加注重在人的精神层面形成内在的自觉。但制度本身又蕴含着一定的道德规范，良好的制度具有合道德性，能够获得广泛的道德认同。道德与制度相互依赖，互为补充，共同在思想政治教育过程中发挥着各自独特的作用。不论是"四有"（即有灵魂、有本事、有血性、有品德[①]）新一代革命军人的培养目标，还是"四个铁一般"（即铁一般信仰、铁一般信念、铁一般纪律、铁一般担当[②]）部队的建设要求，道德和纪律始终贯穿于其中，是不可分割的重要内容。不同于普通社会成员，军人保家卫国、冲锋陷阵、戍守边疆的光荣使命和特殊身份使其在思想上具备更高的政治觉悟，在纪律规定面前更加严格遵守，在道德品质上更加高尚无私，以及在其他方面都具有更高、更严的要求，这就需要在军人道德的培育过程中融入军队的、刚性的制度要求来提升道德教育成效。《中国人民解放军纪律条令（试行）》《军队安全管理条例》等军队法规制度相继颁布实行，在军队思想政治教育实践中发挥着重要的规范育人、管理育人优势，起到独特的规范导向、激励引领、约束保障和整合凝聚功能，在以文化人和以文育人的过程中不断增强制度文化育人效能。

[①] 习近平. 在纪念红军长征胜利80周年大会上的讲话(2016年10月21日)[M]. 北京: 人民出版社，2016: 18.

[②] 习近平. 在纪念红军长征胜利80周年大会上的讲话(2016年10月21日)[M]. 北京: 人民出版社，2016: 18.

三、红色文化与新时代大学生思想政治教育

(一) 大学生思想政治教育的含义与时代要求

1. 大学生思想政治教育的含义

马克思主义是被社会实践证明的科学理论，也是立党立国的根本指导思想，任何时候都要坚持、毫不动摇，因而，思想政治教育也必须坚持用马克思主义理论来分析问题、解决问题。同时思想政治教育隶属于马克思主义理论下的二级学科，但是思想政治教育与马克思主义理论下的其他几个二级学科相比，有其自身的独特性，它包含的内容和具体表现形式与其他二级学科不同，而且它包含的内容和具体表现形式在不同时代、不同国度也是不同的。比如西方国家有思想政治教育这方面的内容和课程，但它们并没有我们所谓的思想政治教育学科，而是称为公民教育，而且教育的具体内容和方式与我们国家是根本不同的。尽管如此，任何一个国家都要对其公民进行思想政治教育，包括政治教育、思想教育、道德教育等。这就说明思想政治教育本身有共通性，内在包含其共同特征，即借助特定的思想观念，道德规范等，以特定的社会成员为对象，对之实施有计划，有目的的影响和教育。从这一点来看，思想政治教育是培养人们的思想观念和精神素质的活动。它与其他教育本质性的差别在于思想政治教育是针对人的思想和价值观念及其个人的政治素养和道德修养的教育，它的目的不仅仅是引导教育对象掌握和应用知识，而是通过教育对象个体对知识的理解，形成科学的世界观和方法论，具有坚定的信心和良好的道德品质。因此，大学生思想政治教育是以大学生作为接受教育的主体和以高校作为思想政治教育的主要场所而开展的提高大学生群体整体素质和思想道德水平的社会实践活动。

2. 大学生思想政治教育的时代要求

经过长时间的努力，中国特色社会主义进入了新时代，这是我们国家发展史上的新方向。党的十九大提出了新时代背景下的新使命和新计划，这是实现中华民族伟大复兴的强大力量，促进了大学生思想政治教育的发展。在提质增效上见真章，是反映党的十九大新变化下新要求的有效回应。

坚持正确的思想政治教育方向。我国的大学是党领导下的大学，是具

有中国特色的社会主义学校，我们必须坚持社会主义教育的方向。其未来的发展需要和中国这个国家整体的发展目标和未来方向紧密联系在一起，为人民服务，为中国共产党治国理政服务，为巩固和发展中国特色社会主义制度服务，为改革开放和社会主义现代化建设服务。

坚决执行思想政治教育在高校中的具体任务。大学生思想政治教育的基本任务，和中国高校的基本任务是一致的，就是培育能够担当中华民族伟大复兴任务的时代青年，培育综合素质过硬的时代新人，培育社会主义发展和建设的当代接班人。

走好大学生思想政治教育的发展道路。中国共产党有重视和开展思想政治工作的光荣传统和显著优势，我们国家有独特的历史、独特的文化、独特的国情，这就决定了新时代大学生思想政治教育必须扎根中国、立足时代、面向未来，从心中认准对马克思主义的理想和信念，产生对社会主义和共产主义的理想和信念，坚定走中国特色社会主义道路的理想和信念，走出、走好中国特色的大学生思想政治教育发展道路。

理解大学生思想政治教育的主要内涵。要不断地传播马克思主义科学理论和社会主义核心价值观，要让大学生所处的校园保持和谐稳定，要提升学校的风气和学习的氛围，提高学生思想政治水平、政治素养、道德素养、文化品质、让学生全面提升综合素质，提高其核心竞争力。

加强大学生思想政治教育的驱动力量。当代大学生思想政治教育的内容应当随着时代的变化而发生变化，随着新时代思想政治工作的新趋势而进步，同时，应当遵循不断发展的规律，不断提高教育的质量，改善教育的方法，探索新的教育方法，从而提升大学生思想政治教育的效果。

建立大学生思想政治教育工作系统。人才培养系统包括以下四个方面：第一涉及学科系统，第二涉及教学系统，第三涉及教材系统，第四涉及管理系统，随着发展还会涉及更多的系统，但这些系统都需要思想政治工作系统将其串联起来。加强思想政治工作系统的建立，在建立的过程中需要党的领导，需要把握社会主义教育方向。

扎实当代大学生思想政治教育，做好当代大学生教育的基础工作。首当其冲的是要提高教师教学水平。适应新时代的新要求，教师作为领路人，应当先接受一定水平的教育，才能成为教师。教师应当努力学习，承担下教师应当承担的责任。同时，教师也应当注意自己的道德素养，因而要加强师德师风建设，做到教书、育人统一，不仅以语言传播知识，更要以自身行动传播知识，不仅要潜心钻研学术，更要关注社会发展，不仅要注重科研的自由，更要注重学术的规范，以德品德指引自身发展，指引学术发展，指引学生发展。

把握思想政治教育的根本方法。在新时代对当代大学生进行思想政治教育应以课堂教学为主线，建设专业体系，比如建设中国特色社会科学体系，并搭配相关的教材对大学生进行教育，更多地关注文化在教育中的作用，并用新科技吸引大学生投入到专业的学习之中。

要加强教育的政治保证。坚持党的领导，毫不放松对当代大学生教育的主动权。加强党对当代大学生的影响，最主要的是要把思想政治教育放在大学生教育的首要位置，在教育的过程中不断强化马克思主义在大学生思想中的影响，用这些经过验证的科学思想武装当代大学生，引导他们走上社会主义建设和发展之路。

综上所述，我国高校的教育工作应当基于时代发展，展现以习近平同志为核心的党中央对当代大学生的教育方针。以上要求无论从理论上，还是基于实践，都解释了当代大学生在思想政治之中的一些难以解决的问题，体现了国家和党对当代大学生的关心，也基于时代背景提出了一系列的要求，成为高校培育新时代有为青年的指南。

（二）红色文化与新时代大学生思想政治教育的内在关联性

1. 与坚持马克思主义意识形态领域指导地位为目标的一致性

红色文化是在中国共产党的领导下形成的具有中国特色的文化形态。中国共产党是红色政权产生的主体，是红色文化形成的政治基础，因此红色文化蕴含着党的政治意识形态，体现了中国共产党人全心全意为人民服务的根本宗旨，是进行社会主义意识形态建设的重要组成部分，是坚持马克思主义在意识形态领域指导地位的重要构成部分。红色文化与新时代大学生思想政治教育充分发挥马克思主义意识形态领域指导地位目标的一致性主要有以下几个方面。

（1）维护高校意识形态安全

"必须推进马克思主义中国化时代化大众化，建设具有强大凝聚力和引领力的社会主义意识形态，……"[①] 高校意识形态工作一直是党加强意识形态工作中的重要组成部分。加强高校意识形态工作，要坚持以人民为主体地位，要牢牢维护马克思主义在高校意识形态的指导地位。红色文化在发展形成过程中以人民幸福为追求目标，体现了中国共产党人对远大共产主义理想的追求。传承和发扬红色文化就是维护人民的利益，加强意识形态的建设，铸就中国特色社会主义共同理想与价值基础。高校处于意识形态交锋的前沿征地，各种文化的交流交融影响大学生对主流文化的认可。高校思想政治教育是引导当代大学生践行社会主义核心价值观，而社会主义核心价值观就是在意识形态方面的本质体现，凝聚了社会主义先进文化的精髓，是在价值层面对中国特色社会主义道路、理论、制度以及文化的集中表达。社会主义核心价值观是以马克思主义为指导，凝结着全体中华儿女的共同价值取向和愿望。

（2）加强和巩固党的执政地位

红色文化是在中国共产党领导下形成的中华民族宝贵财富，是实现中华民族伟大复兴的重要精神动力，是中国共产党在执政过程中形成的重要文化，也是执政文化重要的组成部分。红色文化以精神基因标识对中国特色社会主义的发展有重要的指引作用。红色文化通过对环境的潜移默化作用影响社会的价值观念，是人们团结在党旗国旗下的精神指引，能够汇聚各方意识，包容创新，影响社会发展的方向，促使全民族形成共同的道德行为规范，对营造清朗的社会环境有重要的作用。高校思想政治教育的目标是培养中国特色社会主义事业合格建设者和接班人，为党和国家输送德智体美劳全面发展的社会主义接班人，为更好地建设国家提供人才输送，提高国家的人才竞争力。实际上，高校思想政治教育是运用学生在成长成才过程中的客观规律，引导大学生确立科学的世界观、人生观、价值观。高校思想政治教育反映了社会主义的先进性和党的执政理念，反映了党的历史责任、奋斗目标和精神追求。

[①] 习近平. 决胜全面建成小康社会 夺取新时代中国特色社会主义伟大胜利——在中国共产党第十九次全国代表大会上的报告[M]. 北京：人民出版社，2017：47.

（3）增强新时代大学生学生文化自信

"我们说要坚定中国特色社会主义道路自信、理论自信、制度自信，说到底是要坚定文化自信。"[①] 文化自信是一个国家和民族对自身价值理念、精神力量、优秀品德等文化要素产生情感认同，对自己国家优秀的文化产生自信心。文化自信比道路自信、理论自信和制度自信更加广泛、更加基础和更加深厚，是事关提高国家文化软实力和实现中华民族伟大复兴道路上的强有力支撑。红色文化呈现在当代是人们最近距离接触的文化载体，这些物质形态的文化是新时代开展大学生思想政治教育的重要教学素材，是传承红色基因、消解历史虚无主义的重要载体，是增强红色文化自信的重要物质基础。红色文化能够引导人们在多元文化的交织中，提高文化自信，坚定思想导向。而思想政治教育是培养大学生文化自信的重要途径，文化自信是保证大学生思想政治教育顺利开展的内在动力，是促进教学有效开展的精神文化底蕴。在党中央提出的培育文化自信的号召下，大学生思想政治教育作为立德树人的主阵地，是培育大学生文化自信的重要渠道。文化自信在一定程度上是保证高校思想政治教育效果有效性的一种精神文明。大学生思想政治教育在传递优秀文化思想的同时也提升了大学生的文化认知，提高了大学生的文化信念。

2. 与以共产主义理想为思想教育内容的共通性

红色文化内容丰富，包括人、物、事、魂等四个方面。红色文化所承载和蕴含的理想信念、价值目标、灵魂精髓与思政课的内容具有共通性。红色文化形成过程中，在许多革命先辈身上折射出崇高的马克思主义人生观、远大的共产主义理想信念、深厚的爱国主义情怀，以及践行社会主义核心价值观的生动素材等内容与思政课的内容相通。

（1）马克思主义科学的人生观

大学是开展人生观教育的重要阶段，是人生梦想扬帆起步的阶段，思想政治理论课教学是开展人生观教育的重要渠道。如"思想道德修养和法律基础"中的第一章"人生的青春之问"指出，人生观其实是对人生是为了什么，以什么样的态度对待人生道路上的困难，怎样的人生才有意义。

---

① 习近平. 习近平谈治国理政（第二卷）[M]. 北京：外文出版社，2017：339.

在教学过程中就是要正确地指引大学生确立科学的人生观,即马克思主义人生观。红色文化中的革命英雄榜样就是确立了科学的人生观,并将马克思主义理论中的辩证唯物主义与历史唯物主义相结合,并运用于实践中,在实践的过程中全面认识到为人民服务以及坚持集体利益高于个人利益就是科学的人生观。这些革命英雄人物是进行人生观教育的有力素材。

(2)坚定共产主义理想信念

理想信念是人的精神上的"钙",坚定地马克思主义信仰和中国特色社会主义理想是在"两个一百年"的关键时期实现中华民族伟大复兴中国梦的强大精神力量,是思政课教学的重要内容。"革命理想高于天""砍头不要紧,只要主义真"等这些都体现了中国共产党人坚定的理想信念,是中国共产党人的安身立命之本,是红色文化的重要组成部分。是党带领中华民族在实现民族独立、国家富强和人民幸福的过程中用鲜血和生命铸熔的红色精神,是党在各个时期实践历程中的宝贵财富,蕴含着拼搏精神、奉献精神、集体主义精神等核心价值观念,可以用来引导大学生树立远大的共产主义理想信念,提高思想政治素养。在教学过程中要充分引导大学生坚定理想信念,就要充分发挥红色文化的育人作用,将红色文化中国共产党人的崇高理想信念与价值追求、全心全意为人民的无私奉献以及革命先辈们爱国爱党的爱国情怀、自力更生、艰苦奋斗的前进意识生动地呈现在大学生面前,强化大学生的使命担当。

(3)浓厚的爱国主义之情

在思政课教学中,要展开大学生爱国主义教育,通过对爱国主义的基本内涵把握,引导大学生将自身抱负与国家的使命和责任相结合起来,培育大学生做一个忠诚的爱国者。红色文化中承载着革命先辈们深厚的爱国情怀——是新民主主义革命时期革命先辈为实现民族独立和人民解放而抛头颅、洒热血不畏牺牲的凌云壮志,是以爱国、进步、民主、科学为核心内容的五四精神,是同仇敌忾、共赴国难、前赴后继、不屈不挠的抗战精神;在社会主义建设时期是社会主义建设者为实现国家富强而积极投入社会主义建设中,在这个过程中涌现的保家卫国的抗美援朝精神,爱国、创业、求实、奉献的大庆精神,爱国奉献、自力更生、艰苦奋斗、勇于攀登的"两弹一星"精神等。这些形式多样、内容丰富的爱国主义精神是培育大学生爱国情怀的重要内容，是培养大学生爱国主义教育的优质素材，是厚植大学生爱国情怀的重要载体，是红色文化的核心内容。要厚植大学生的爱国主义之情，就要充分发挥红色文化的育人功能，运用红色文化中革命先烈的家国情怀、无私的奉献精神、强烈的责任意识和担当意识等重要精神要素，涵养当代大学生爱国主义情怀。

（4）践行社会主义核心价值观

红色文化与社会主义核心价值观的内容在本质上是一致的，都承载着一个国家、一个民族的精神追求，体现着价值判断标准。从社会主义核心价值观三个层面的内容来看，第一，国家层面上，红色文化包含富强、民主、文明、和谐的内容，主要体现在中国共产党是领导无产阶级推翻"三座大山"的过程，是无产阶级不断获得民主权利的过程。中国共产党不论是在新民主主义时期、社会主义建设时期和改革开放时期都十分重视精神文化、和谐社会的建设。第二，社会层面上，红色文化包含自由、平等、公正、法治的内容。新中国成立前，中国人民受两千多年的封建思想的影响，社会不平等依旧存在，加之受到封建主义、资本主义、买办资产阶级的压迫，人生自由受到束缚。马克思主义是关于全世界无产阶级和全人类彻底解放的学说，是让人民自由且追求幸福的学说。中国共产党自成立起便以马克思主义为指导并旗帜鲜明地指出，党的奋斗目标是推翻资产阶级政权，消除剥削、消灭压迫。中国共产党在以实现中华民族伟大复兴和增进人民幸福为使命的过程中体现了自由、平等、公正、法治等价值理念，中国共产党的胜利某种程度上来讲就是价值观的胜利。第三，从公民个人层面来说，红色文化包含爱国、敬业、诚信、友善的内容。红色文化并非都是体现在国家社会方面，还落实到个人层面，具体反映在价值追求方面。其中，爱国主义是红色文化的核心部分。每个红色故事中必然包含有爱国主义情感，如《铁道游击队》《鸡毛信》《王二小放牛》等，依然是培养大学生爱国主义的重要素材。敬业、诚信和友善也是红色文化中的重要体现。敬业体现在每一个兢兢业业为人民服务的中国共产党人。诚信，是中国共产党所到之处都与人民群众以心交心，军民以诚相交，最终赢得人民的拥护和信任，书写了一个个军民鱼水情深的感人故事。友善同样也是红色文化蕴含的价值体现，这种友善体现更多的是在不同阶级之间、或者说是阶级内部之间的相互友善。

3. 与以集体主义为原则的道德示范功能的相近性

红色文化的道德示范功能主要是指红色文化承载着以集体主义为原则的全心全意为人民服务的社会主义道德内容。通过革命先烈的真实历史事迹来对大学生进行道德教育，有利于充分展现真善美的道德界限。通过红色文化体现是非、善恶、美丑的界限，为大学生判断行为得失、确立价值取向、做出道德选择，提供了示范作用。红色文化的道德示范主要是通过革命先辈们的榜样示范作用，把榜样的力量内化为自身的道德品质、外化为道德准则，对大学生进行道德教育。

（1）红色文化的道德示范功能体现在为人民无私奉献的道德追求

无私奉献最早的表达便是中国古代舍生取义的说法。习近平指出："忠于党、忠于人民、无私奉献，是共产党人的优秀品质。"[①] 无私奉献是不求回报的付出，是一种自愿牺牲精神，这种品格是中国共产党人的优良传统之一，也是红色文化的主要内容之一。无数革命先烈为民族独立、国家富强和人民幸福奉献了自己的一生，他们体现了舍身为国、为民的无私奉献。对红色文化中无私奉献精神的宣传可以提高大学生道德认知，营造一个良好的社会道德环境。

（2）红色文化的道德示范功能也体现在坚持毫不利己、专门利人的道德判断

这种一心一意为人民着想的精神，不论在什么时候，特别是正确处理各种利益关系时都产生了很好的示范作用。红色文化在形成的过程中，本来就蕴含了丰富的道德内容，主要体现的是以集体主义精神为原则的社会主义道德。比如说，在新民主主义革命时期，这种集体主义精神就表现为无数革命先烈不畏强暴、不怕牺牲、为国家利益而放弃个人利益，正是他们的无私奉献才取得了民族的独立。在社会主义建设时期，为实现国家经济的发展，积极探索社会主义道路，集体主义精神体现在奋不顾身地投入到建设中。改革开放时期，为实现"两个一百年"目标以及为全面建设社

---

① 中共中央党史和文献研究院、中央"不忘初心、牢记使命"主题教育领导小组办公室编. 习近平关于"不忘初心、牢记使命"论述摘编 [M]. 北京：党建读物出版社，中央文献出版社，2019：5.

会主义现代化国家而不懈奋斗的各行各业的平凡人就是集体主义精神的体现。将他们的经典故事融入教学中，有利于引导大学生树立正确的价值观，提高道德修养，培育他们的集体主义精神。

（3）红色文化的道德示范功能还体现在弘扬自力更生、艰苦奋斗的道德风尚

自力更生、艰苦奋斗对形成厉行节约和艰苦朴素的良好风尚具有良好的示范作用。艰苦奋斗是中国共产党领导中国人民从胜利走向胜利而形成的优良传统，是共产党人一贯坚持的政治特色。习近平指出："奋斗是艰辛的，艰难困苦、玉汝于成，没有艰辛就不是真正的奋斗，我们要勇于在艰苦奋斗中净化灵魂、磨砺意志、坚定信念。"[1]红色文化中所体现的自力更生、艰苦奋斗精神，体现的不怕吃苦、勤俭节约、不怕困难的革命乐观主义精神，一直是中华民族优秀传统美德，为中国共产党在一次又一次的"大考"中交出令人民满意的答卷发挥了不可替代的作用。

---

[1] 中共中央党史和文献研究院、中央"不忘初心、牢记使命"主题教育领导小组办公室编. 习近平关于"不忘初心、牢记使命"论述摘编[M]. 北京：中央文献出版社，2019：241.

第二章　新时代大学生红色文化教育亲和力概述

习近平在全国高校思想政治工作会议中提出思想政治教育工作应注重"以文化人、以文育人"和"提升思想政治教育亲和力和针对性，满足学生成长发展需求和期待"[①]。这为高校红色文化教育亲和力问题研究提供了理论支持和现实指引。新时代大学生红色文化教育亲和力就是高校红色文化教育活动对大学生产生亲近感和感染力，从而使大学生对红色文化产生兴趣热情、悦纳感和满足感。红色文化教育作为高校抵御错误社会思潮的有力载体，在促进新时代大学生形成正确的世界观、人生观和价值观，提升大学生的精神道德素养及规范大学生的实践品行等方面具有宝贵的德育价值。因此，新时代提升大学生红色文化教育亲和力既是适应新时代社会发展的必然选择，也是不断丰富与发展红色文化教育的现实需要。

本章从亲和力与思想政治教育亲和力、新时代大学生红色文化教育亲和力的构成要素与生成机理、新时代大学生红色文化教育亲和力的重要特征等方面对新时代大学生红色文化教育亲和力进行简要概述。

一、亲和力与思想政治教育亲和力

（一）亲和力

"亲和力"一词具备多学科的内涵，既具有专有名词属性的自然科学内涵，同时也具有人文社会科学内涵，近年来在心理学、教育学等学科领域

[①] 习近平在全国高校思想政治工作会议上强调：把思想政治工作贯穿教育教学全过程　开创我国高等教育事业发展新局面[N]. 人民日报, 2016-12-09.

备受关注，尤其是在思想政治教育领域逐渐成为一个值得深入讨论的语汇。

1. 亲和力的词义解析

"亲和力"一词源于化学和生物学术语。"亲和力"原本是染料化学术语，指两种或两种以上物质结合成化合物时相互作用的力。《现代汉语词典》对"亲和力"有两种解释：一是两种或两种以上的物质结合成化合物时互相作用的力；二是指使人亲近、愿意接触的力量。[①]可见，"亲和力"存在于具有关系的两种及以上物质中，这种力量在自然科学中就天然存在，是物质在相互作用中必然会出现的一种互相亲近、互相影响和作用的力量。

阿尔伯特·马格努斯（A.Magnus）从人文社会科学的角度提出了亲和力的概念，认为亲和力是物质相互吸引的力量。这种定义便开始将自然科学的"亲和力"概念引向人文社会科学领域。美国社会心理学家迈赫拉比安（Albert Mehrabian）将亲和力看作是一种交流行为，可以增进与他人的亲近感，缩短彼此的情感距离。更进一步而言，心理学上将亲和力定义为"人与人相处时所表现出来的亲近行为的动力水平和能力"[②]。教育学认为亲和力是亲近与结合的力量，亲和力体现为教育者与受教育者之间的亲切感、信任感、互动性和认同度等。

上述对亲和力的理解，对我们深入理解亲和力内涵具有重要的启示。笔者认为，亲和力是指在人际关系的沟通、交往中能够使人产生亲近、吸引、接受和影响的力量。这种力量主要是来自主体的内在和外在综合给人造成的亲近感、说服力。

2. 亲和力的科学内涵

如前所述，亲和力是指在人际关系的沟通、交往中能够使人产生亲近、吸引、接受和影响的力量。笔者认为，可以从以下三个维度理解亲和力的科学内涵。

第一，亲和力是主观层面积极的情绪体验。从微观层面而言，亲和力是一种个体对个体的爱，本质上是一种人和人之间真实情感的流露。在教育活动中，教育者的亲和力首先表现为一种爱意，只有发自肺腑的爱才能

[①] 中国社会科学院语言研究所词典编辑室编. 现代汉语词典（第7版）[M]. 北京：商务印书馆，2016：1057.

[②] 白和平. 地方党报"去报纸化"现象探析及对策研究[J]. 新闻知识，2009（03）：55-56.

第二章　新时代大学生红色文化教育亲和力概述

真正地亲近、关心、爱护教育对象，也才能更加激发教育对象对思想、知识、理念的接受热情和接受程度，使其以更积极更自觉的态度学习和接受教育者的所教所授。从宏观方面而言，亲和力是一种思想境界和道德文化修养，更是一种人文精神。亲和与儒家所倡导的仁爱具有亲缘关系，甚至可以说，人与人之间的亲和关系正源于人的仁爱。仁者，人也。"仁"就是把人当人来看待。这也符合马克思主义关于人的本质的定义。马克思主义认为，人的本质是一切社会关系的总和，人总是身处于一定的社会人伦关系之中，注定要与人交往、亲近，这就是人天然地与其他物质一样无时无刻不具有亲近、结合、和谐相处的欲望。这种欲望需经由后天的教育逐步加强巩固，使其成为个体的心灵习惯和精神文化修养，因此"人是最名副其实的政治动物，不仅是一种合群的动物，而且是只有在社会中才能独立的动物"[①]。

第二，亲和力是个人层面的积极人格特质。亲和力是人与人交往时相亲近的心理倾向力，是人参与集体活动时彼此接纳、相互吸引、产生影响的内在动力。这种倾向力、内在动力是教育者应当具备的人格特质，也是教育活动是否卓有成效的重要影响因素。亲和力与吸引力、感召力是具有亲缘性的概念。就亲和力和吸引力、感召力三者而言，亲和力处于认知、情感、意志发展的最低层次，吸引力处于中间层次，感召力处于最高层次。亲和力是吸引力的前提，由亲近感产生吸引力，同时，只有吸引人才能产生深层次影响，故而，感召力又要高于吸引力，三者相辅相成。亲和力是产生吸引力、感召力的前提，吸引力、感召力又能进一步促进亲和力。

第三，亲和力是群体层面的有效沟通路径。就本质而言，亲和力所体现的是教育者与教育对象之间的亲切感、信任感、互动性和接受度。这些有关教育者与教育对象之间的微妙感受和感觉，取决于二者互动以及教育活动进一步展开的品质。当教育者的意见和观点能够在教育实践中被教育对象所顺利认可和接受，这就意味着教育者与教育对象之间有良好的情感互动。与此同时，教育者与教育对象之间的心理距离逐渐缩小，甚至包括世界观、人生观、价值观方面也会产生相互包容、彼此沟通无碍的局面。由此可见，亲和力体现为人与人交往时亲近行为的水平和能力，不仅是教

[①] 中共中央马克思恩格斯列宁斯大林著作编译局编译. 马克思恩格斯选集（第二卷）[M]. 北京：人民出版社，2012：684.

育者对教育对象的亲和力,而是一种双向回流的亲和力,在彼此之间架起了情感沟通的桥梁。

(二)思想政治教育亲和力

1. 思想政治教育亲和力的词义解析

目前学术界对思想政治教育亲和力概念的界定呈现出多样化发展态势,并侧重从各自不同研究角度进行阐释。第一种观点侧重从思想政治教育者的角度进行理解,认为思想政治教育的亲和力是思想政治教育者在教育实践过程中所彰显的吸引力、引导力、纠错力和团结力的综合展现,是思想政治教育者必须具备的重要特质。第二种观点侧重从思想政治教育实践来理解,认为思想政治教育亲和力是指思想政治教育对于客体(教育对象)的吸引力、感召力和说服力。如果思想政治教育实践契合了教育对象的需求和期待,教育对象容易产生亲近、接受和认同的积极心理状态。反之,教育对象则会产生出疏离、抵触甚至拒绝的消极状态。第三种观点侧重从教育者、教育对象两个视角进行分析总结,认为思想政治教育亲和力是既表现为思想政治教者对教育对象所具有的吸引力和融合力的特征,也表现为教育对象对思想政治教育者产生的亲近感、和谐感与认同感。

以上观点分别从教育者、教育活动以及综合的视角对思想政治教育亲和力的概念进行了阐述,基本概括了思想政治教育亲和力概念的核心要义。笔者试对思想政治教育亲和力的概念作如下分析。首先,从概念的核心要素入手来分析,思想政治教育亲和力概念的核心要素有二:一是思想政治教育。作为一种教育实践活动,思想政治教育的根本目的是培养合格的社会成员,以使他们形成符合一定社会、一定阶级所需要的思想品德。因此,思想政治教育亲和力的概念必须反映思想政治教育这一根本属性。二是亲和力。亲和力是一种能够吸引教育对象的亲近和凝聚的力量,是因教育者与教育活动具备了某种亲和特质而产生的。思想政治教育亲和力就是思想政治教育与亲和力二者的有机融合,既表现为思想政治教育对教育对象的感染力、吸引力、渗透力,也表现为教育对象对教育内容和教育活动的亲近感、趋同感和认同度。在对这一概念的理解中,一方面,"思想政治教育"是对"亲和力"的限定,亲和力的彰显必须围绕思想政治教育的根本目标来进行；另一方面，"亲和力"拉近了教育者和教育对象之间的距离，是提升思想政治教育实效性的有力抓手。其次，从系统论的视角入手来分析。思想政治教育亲和力既是一个系统整体的动态过程，还需要从系统论的视域出发，结合其生成、目标、过程、结果等因素对思想政治教育亲和力的概念进行更深入的分析和探究。

综上所述，笔者试对思想政治教育亲和力概念作这样的定义：思想政治教育亲和力是指教育者坚持以人为本理念，遵循思想政治工作规律、教书育人规律和教育对象成长规律，持续优化教育过程，让教育对象对教育活动产生的一种悦纳感与认同感。在此，亲和力主要表现为教育者和教育对象之间的情感互动力，既是教育者所展现的对教育对象成长、发展的需求和期待的合理回应，也是教育对象所展现出的喜欢、悦纳、接受的过程。亲和力通过教育目的的人本性、教育内容的真理性、教育方法恰适性和教育情境的相融性在教育者和教育对象之间建立起良性互动，使思想政治教育任务得以更好地落实，亲其师而信其道，进而产生感召力和吸引力。

2. 思想政治教育亲和力的科学内涵

如前文所述，思想政治教育亲和力是指教育者坚持以人为本理念，遵循思想政治工作规律、教书育人规律和教育对象成长规律，持续优化教育过程，让教育对象对教育活动产生的一种悦纳感与认同感。具体而言，在思想政治教育实践中，教育者通过采用科学性和人文性兼具的思想政治教育方法，使教育对象在思想政治教育过程中得到人文关怀和情感共鸣，继而对思想政治教育目标、内容产生亲近感、悦纳感和认同感。深刻理解和正确把握思想政治教育亲和力的科学内涵是推动思想政治教育亲和力理论创新和实践探索的基础性前提。笔者认为，应从以下三个方面理解思想政治教育亲和力的科学内涵。

第一，思想政治教育亲和力彰显了思想政治教育者的人格力量。思想政治教育的亲和力源于对"以人为本"理念的深刻理解和全面把握，蕴含着深刻的人本精神和人文关怀，是一种感染、凝聚、吸引、感召的力量。思想政治教育者的亲和力通过话语、行为、教育内容、教学目标等来彰显，是真理力量、知识力量、人格力量和艺术力量的有机统一，是思想政治教育工作者在实践过程中引导力、转化力、纠错力、团结力、吸引力的综合显现。

思想政治教育实践活动的吸引力必须依托教育者来彰显，因此亲和力是思想政治教育者应当具备的一种人格特质。

第二，思想政治教育亲和力凸显了思想政治教育活动的吸引力和感染力。思想政治教育亲和力是一个整体性的概念，它不仅将个体特殊的人格亲和力上升为普遍的思想政治教育实践活动的亲和力，同时也内在地蕴含思想政治要素的亲和力，比如思想政治教育目标、内容、方法、情境等的亲和力。亲和力虽然主要通过思想政治教育者来充分展现，但从效果上也体现为思想政治教育活动的亲和力。因此，思想政治教育亲和力本质上是内在亲和力与外在亲和力的统一，外在亲和力通常体现为思想政治者个人的亲和力，而内在亲和力则蕴含思想政治教育的价值，内在亲和力在很大程度上意味着真理、信仰的亲和力。从这个意义上理解，思想政治教育亲和力既是教育者个人的人格亲和力，也是思想政治教育实践活动的亲和力。

第三，思想政治教育亲和力是凝聚思想政治教育者和教育对象的有力途径。思想政治教育亲和力归根结底体现为教育者与教育对象之间的信任和理解，因此，为了充分保障思想政治教育者与教育对象之间的信任，思想政治教育者要坚持以人为本的教育理念，以人的自由全面发展为目标，促使思想政治教育活动对教育对象不断产生吸引力，进而产生感召力，更有效地实现思想政治教育的目标。思想政治教育亲和力要求教育者摒弃传统的灌输和说教的方式，用鲜活生动、贴近教育对象自身理解能力和知识积累的方式，将思想政治教育工作做到实处，入脑入心。

3. 思想政治教育亲和力的基本特征

（1）思想政治教育亲和力具有方向性

思想政治教育通过科学的理论、正确的思想武装人、引导人，从而帮助和引导人们形成的共同的理想信念、价值理念和道德观念，这是思想政治教育的根本目的。思想政治教育亲和力通过亲和的手段，拉近教育者和教育对象距离，实现润物细无声的教育效果。虽然亲和力具有渗透性、隐蔽性、浸润性的优势，在实现思想政治教育目的过程中发挥着重要的作用，但必须明确的是，思想政治教育亲和力的发挥必须遵循方向性的原则，换句话说，思想政治教育亲和力必须与思想政治教育的根本目标同向同行。

第二章　新时代大学生红色文化教育亲和力概述

（2）思想政治教育亲和力具有情感性[1]

"情感是人对现实世界的一种特殊的反映形式，是对客观事物是否符合自己的需要而产生的体验。"[2]列宁说："没有'人的感情'，就从来没有也不可能有人对于真理的追求。"[3]在思想政治教育实践活动中，教育对象对教育行为产生的爱憎或好恶的态度，就是情绪情感的一种体现。思想政治教育作为以价值理念输出和锻造思想品德为主要任务的实践活动，既是以情感为教育纽带的"有情感的教育"，也是一种培养情感品质的"有关情感的教育"，而且还是一种将社会情感作为教育内容的教育。不断培养和丰富教育对象的情感体验，首先改变的是教育对象对客观事物的态度体验，从源头上肃清对思想政治教育活动的负面情感，使教育对象不仅呈现出愉悦的情绪特点，并且伴随着亲和力的介入，这种情绪会上升为理智感、道德感和美感等人类高级的社会情感。思想政治教育的局面会快速打开，从而为后续的渗透、滴灌和认同打下了牢靠的心理情感基础。

（3）思想政治教育亲和力具有交互性

思想政治教育是一种交互活动。在交互过程中，教育者和教育对象都是交互的主体。教育者和教育对象通过彼此的理解、互动、融合建立良好的交互关系，并通过交互实现思想交流和情感交融。思想政治教育运行中的亲和力，既包括教育者的亲和力，也包括教育对象的亲和力。教育者和教育对象以亲和力为枢纽，彼此产生积极的情感体验，从而使思想政治教育实践出现教学相长，二者共同进步的良好互动局面。

（三）思想政治教育亲和力的价值旨归

思想政治教育亲和力的价值旨归是思想政治教育亲和力的终极目标。需要说明的是，思想政治教育亲和力是手段，但不是目的，在思想政治教育实践活动中，不能为了追求"亲和"而忽视了思想政治教育的终极目标。思想政治教育亲和力最终要以对教育对象价值传播、价值引导、价值塑造为根本旨归，思想政治教育亲和力只是抓手，最终要引导教育对象不断增

---

[1] 李建. 高校思想政治教育亲和力研究[D]. 重庆：西南大学，2018：68.
[2] 杜环欢，甘杰. 思想政治工作的情感教育模式初探[J]. 理论探索，2004（05）：52.
[3] 中共中央马克思恩格斯列宁斯大林著作编译局编译. 列宁全集（第25卷）[M]. 北京：人民出版社，2017：77.

强对科学理论的认同和信仰,并在实践中坚守和践行。

1. 对科学理论的认同和信仰

亲和力是思想政治教育的方式、态度、情感,目的是通过亲和力增进与学生的情感沟通和思想交流,引起学生对马克思主义理论学习的兴趣、理解和认同,引导他们树立正确的理想信念,把理解认同变为对马克思主义的坚定信仰。习近平指出:"我们干事业不能忘本忘祖、忘记初心。我们共产党人的本,就是对马克思主义的信仰,对中国特色社会主义和共产主义的信念,对党和人民的忠诚。"① 对科学理论的认同和信仰是思想政治教育亲和力的价值目标。新时代大学生应当确立马克思主义的科学信仰、中国特色社会主义共同理想的信仰和中国特色社会主义道路、理论、制度、文化的信仰。

第一,对马克思主义科学真理的信仰。作为立党立国的根本指导思想,马克思主义是中国人民经历了黑暗中长期实践和探索、对各种主义和思潮反复比较之后的历史选择,不是偶然的,而是必然的。习近平指出:"马克思列宁主义,为中国人民点亮了前进的灯塔;一九二一年中国共产党的成立,使中国人民有了前进的主心骨。"② 之所以要确立马克思主义的科学信仰,是因为马克思主义体现了革命性和科学性的统一、具有鲜明的实践品格、焕发着恒久的生命力。马克思主义在唯物史观和剩余价值学说"两大发现"的基础上,深刻揭示了资本主义的特殊发展规律,论证了资本主义最终必然被社会主义代替的内在逻辑,为人类社会的进步明确了方向。时至今日,虽然我们的时代同马克思所处的时代相比,发生了剧烈而深远的变革,但不可否认的是,我们依然处在马克思主义揭示的社会发展规律之中,马克思主义理论依然彰显着真理的魅力。提升高校思想政治教育亲和力就是要精准把握学生的需求,用生动形象和易于接受的方式,引导学生努力学习和科学掌握马克思主义的立场、观点、方法,深刻理解历史发展趋势,用科学的信仰指引人生前进的道路和方向。

第二,对中国特色社会主义共同理想的信仰。"无论哪一个社会形态,

---

① 习近平. 习近平谈治国理政(第二卷)[M]. 北京:外文出版社,2017:326.
② 中共中央文献研究室编. 十八大以来重要文献选编(上)[M]. 北京:中央文献出版社,2014:688.

在它所能容纳的全部生产力发挥出来以前,是决不会灭亡的;而新的更高的生产关系,在它的物质存在条件在旧社会的胎胞里成熟以前,是决不会出现的。"① 人类社会必将走向共产主义,而实现共产主义具有阶段性和长期性。因此,要科学理解共产主义长期性与阶段性的有机统一关系,从而牢固树立起中国特色社会主义共同理想。思想政治教育的重要任务是在与青年学生充分沟通互动的接触上,运用亲和力的理论,引导学生深刻把握社会主义初级阶段的基本国情,既要看到我国仍处于社会主义初级阶段的实际情况,也要看到我国在经济社会发展中呈现出来的新特点,积极投身新时代的伟大建设,做中国特色社会主义共同理想的坚定信仰者和积极践行者。

第三,对中国特色社会主义道路理论制度文化的信仰。习近平强调:"全党必须高举中国特色社会主义伟大旗帜,牢固树立中国特色社会主义道路自信、理论自信、制度自信、文化自信,确保党和国家事业始终沿着正确方向胜利前进。"② 这要求新时代高校思想政治教育者积极引导大学生牢固树立"四个自信",通过内容亲和力、人格亲和力、教育目标亲和力、教学形式亲和力、教育话语亲和力,用党领导人民成功进行革命、建设和改革的历史和感人故事来感染学生,增强学生对中国特色社会主义道路、理论、制度和文化的信心,其中思想政治教育亲和力发挥着必不可少的作用。尤其要紧密结合党的十八大以来,以习近平同志为核心的党中央领导全国人民砥砺奋进所取得的历史性成就与历史性变革,通过内在和外在的双向亲和力,强化青年学生的"四个自信",使他们真切地感受国家的发展和进步;以思想政治教育亲和力为抓手,引导青年学生牢固树立"四个自信",深刻地认识到中国共产党领导下的中国特色社会主义是历史的选择和人民的选择;引导青年学生学会自觉自愿地运用马克思主义的立场、观点和方法来正确地认识中国道路,加深对中国道路的情感认同。长此以往,学生也会自觉地与否定中国特色社会主义的论调和思潮作斗争,在比较和鉴别中深化对中国共产党领导的社会主义现代化建设认同,从而坚定理想信念,

---

① 中共中央马克思恩格斯列宁斯大林著作编译局编译. 马克思恩格斯选集(第二卷)[M]. 北京:人民出版社,2013:3.
② 习近平. 习近平谈治国理政(第二卷)[M]. 北京:外文出版社,2017:59.

投身中华民族伟大复兴的中国梦,在实践中不断坚定"四个自信"。

2. 在实践中的坚守和践行

思想政治教育亲和力是受思想政治教育这一特殊的前提所限定和规范的,以使其区别于其他类型的亲和力。提升思想政治教育亲和力,就是要求思想政治教育者摆脱"高冷"姿态,在交流互动中积极引导青年学生认同和信仰科学理论,而且还应该在社会实践中积极坚守和践行。

第一,深化"四个正确认识",做时代新人。"四个正确认识"(即要教育引导学生正确认识世界和中国发展大势;正确认识中国特色和国际比较;正确认识时代责任和历史使命;正确认识远大抱负和脚踏实地[①])为做好新时代大学生思想政治工作指明了切入点和着力点。高校思想政治教育工作者应该在"四个正确认识"的指引下,通过充满亲和力的思想政治教育,使学生既正确认识人类社会发展规律,也正确认识中国发展的大势;既拥有国际的视野,也看到中国的独特优势;激励学生把个人的价值追求融入伟大的民族复兴事业中,积极投身于新时代建设实践。思想政治教育亲和力就是要通过入情入理、情理交融的价值引导,激励学生在实现中国梦的伟大实践中放飞自己的青春理想。

第二,树立"四个意识",维护党中央权威。坚定政治意识,可以通过引导青年学生回顾中国共产党人革命、建设和改革的历史历程,在鲜活的历史实践中加强青年学生对党的领导的认可,加深对党的认同,通过正确的价值导向来指引青年学生时刻保持头脑清醒、坚定政治立场。坚定大局意识就是要引导青年学生明确我们党和国家的大局大势,深刻认识中国共产党为人民服务的宗旨,不断将自我的发展进步与为人民服务结合起来,巩固人民立场,以中华民族的伟大复兴为蓝图,始终将个体成长发展与国家的繁荣富强紧密结合,处理好小我和大我的关系,将自己发展融入为人民服务的价值追求中去。增强核心意识,就是要通过喜闻乐道的方式,让当代学生认识到党的十八大以来以习近平同志为核心的党中央带领全国人民所取得的辉煌成就,认识到中华民族的历史性飞跃、中国特色社会主义进入新时代都是因为有党的坚强领导,从而引导青年学生明确并拥护这个

[①] 习近平在全国高校思想政治工作会议上强调:把思想政治工作贯穿教育教学过程 开创我国高等教育事业发展新局面[N]. 人民日报, 2016-12-09.

核心，投身新时代的中华民族伟大复兴事业中。增强看齐意识就是要引导学生向党中央、党的理论路线方针政策、党中央的重要决策部署看齐，始终牢记青年学生的历史使命和时代责任。

第三，坚守人民立场，保持奋斗情怀。是否承认人民群众是历史的创造者，是马克思主义政党区别于其他任何政党的重要标志。马克思主义认为人民群众既是社会物质财富的生产者，也是社会精神财富的创造者，同时也是推动社会变革的决定力量，是"真正的英雄"[①]。马克思主义创立了人民实现自身解放的思想，为人类最终建立一个没有压迫、没有剥削、人人平等、人人自由的理想社会指明了前进方向。信仰马克思主义，最根本的是要在立足实践、勇于实践、融入实践的基础上，真正将人民立场和人民信仰建立起来，这是中国共产党的执政之基，力量之源。通过思想政治教育亲和力的有力方式，使青年学生深刻体会到"一切为了群众，一切依靠群众，从群众中来，到群众中去"[②]的中国共产党人的光辉历史经验，同时不负韶华，坚守为实现中华民族伟大复兴而奋斗的情怀。

二、新时代大学生红色文化教育亲和力的构成要素与生成机理

（一）新时代大学生红色文化教育亲和力

新时代大学生红色文化教育亲和力是新时代红色文化教育发展的新产物，对其内涵的阐释需要在"红色文化""思想政治教育亲和力"定义的基础上，进一步理解红色文化教育亲和力及红色文化教育发展的新时代特征，由此深入探究。

1. 红色文化教育亲和力

红色文化教育，其本质在于教导和育人，需要检视好"教"的本质目的和"育"的内涵，应首先结合"教育"一词进行阐释。当前，广义的教育是指教育者遵循一定的目标所进行的影响人身心发展的理论活动和实践

[①] 习近平. 习近平谈治国理政（第四卷）[M]. 北京：外文出版社，2022：8.
[②] 中共中央文献研究室编. 改革开放三十年重要文献选编（下）[M]. 北京：中央文献出版社，2008：1194.

活动；狭义的教育则可以按照不同的场域、时间、内容、规律、目的等标准进行划分，指一切有目的、有计划、有系统地引导受教育者实现自由全面发展并使之符合一定社会或阶级需要的社会实践活动。红色文化教育可理解为教育者在马克思主义理论和教育目标的指导下，结合受教育者的身心发展规律和成长特征，以一定的红色文化理论、红色革命精神及道德价值观为教育内容，借助恰当的教育介体与环体，有目的、有计划、有组织地将红色物质文化和精神文化施教于受教育者，促进其形成正确的精神道德品质和实践行为的教育实践活动。红色文化教育亲和力指在这种红色文化教育实践活动中教育对象对教育主体或教育活动本身产生的信任感、和谐感、悦纳感的亲近力量。这种亲和力具体表现为红色文化教育者可借助一定的红色文化理论和革命精神，促进红色文化教育主体、教育客体、教育介体和教育环体同向发力，使教育者和受教育者形成双向互动，最终增强受教育者的红色文化认同感，培养其红色文化精神的力量。

2. 新时代大学生红色文化教育亲和力

新时代背景下综合理解大学生红色文化教育亲和力概念，需要紧密联系红色文化教育面临的新时代特征及新时代大学生群体的发展变化进行科学阐释。

（1）红色文化教育的新时代特征

新时代我国各领域的社会变化在一定程度上影响着思想政治教育改革，使得大学生红色文化教育呈现诸多新特征。第一，大学生红色文化教育的新时代矛盾日益凸显，社会价值观生态环境更为复杂。一方面表现为高校对红色文化重视程度的加深与红色文化的现实育人价值未被充分挖掘之间的张力，另一方面则是大学生日益增长的对红色文化的需要与红色文化教育亲和力不足而难以充分满足其需要的矛盾。此外，新时代我国市场经济发展势头更加强劲，但也产生了一系列社会发展失衡、阶层固化、奢侈拜金、人民获得感难以完全保证、社会差距悬殊等社会问题，导致享乐、攀比、奢靡等思想价值观在社会中滋生，并逐步在青年大学生群体中蔓延，使部分大学生产生了抵触社会主义核心价值观、不认同马克思主义指导思想等错误心理。第二，思想政治教育的新时代转型，尤其是网络思想政治教育的迅速发展对大学生红色文化教育内容和形式的创新发展提出了更高的要求。新时代思想政治教育更加注重共享、平等、互动与协作，教育实践基础更牢固，文化育人力量更凸显，教育主体间双向互动更频繁，教育环境更开放多元并与国际相对接，这便要求高校在开展红色文化教育时也应重视教育主客体间关系、优化教育载体、营造和谐的教育环境，以此满足大学生对红色文化教育的情感需要。大学生红色文化教育面临的这些新特征、新矛盾、新挑战都为新时代大学生红色文化教育亲和力定义的界定提供了参照。

（2）大学生群体的新时代特点

新时代大学生是肩负中华民族伟大复兴使命的一代，其个体独立意识较强，思维多样，关心社会发展，追求创造创新，具备一定的社会角色意识和责任使命感，并在网络虚拟空间中有着一定的话语表达权。由于受社会思潮的多样化、市场经济价值观的多元化及"互联网＋教育"时代的快餐化、非过滤化及碎片化的影响，新时代大学生的社会主流道德认同意识较为淡薄。在教育领域中，新时代大学生更加追求课堂中的自由权、平等权、话语权，重视自我的自由全面发展，他们渴望教育者重视学生的成长需要、主体价值及教育获得感，盼望与教育者进行平等对话、双向互动交流；他们渴望教育内容更加生动有趣、通俗易懂，渴望教育方法先进科学、贴近实际，渴望教育环境充满人文气息，对教育教学活动有着一定的憧憬与期待。因此，准确把握大学生群体在思想、行为等方面的新变化是全面理解新时代红色文化教育亲和力这一概念的重要参照。

综上，新时代大学生红色文化教育亲和力可界定为：高校坚持新时代思想政治教育理念的指导，在结合新时代红色文化教育新特征和高校大学生思想观念、思维方式、交往行为等新变化的基础上，促进红色文化教育活动对大学生产生吸引力、可亲性与和谐感，由此激发大学生对红色文化产生兴趣热情、信任感、悦纳感、满足感的力量。

（二）新时代大学生红色文化教育亲和力的构成要素

大学生红色文化教育亲和力作为一个动态的发展系统，是融合了多个教育要素在内的有机整体，不仅包括教育主体亲和力这个关键因素，更涵盖了教育目标、教育内容、教育方法、教育环境等诸多教育要素亲和力。为此，要深入理解大学生红色文化教育亲和力，需要对多个教育要素亲和力进行全面分析、整体把握。

1. 教育目标亲和力

"我国思想政治教育的根本目的是提高人们的思想道德素质，促进人的自由全面发展为根本目的，激励人们为建设中国特色社会主义，最终实现共产主义而奋斗。"[①] 基于此，高校红色文化教育目标可理解为高校运用红色文化以提升大学生精神道德素质、培养全面发展人才的一系列培养目标的总和，而红色文化教育目标亲和力则指教育对象对该红色文化培养目标所产生的认同感和亲近感。

红色文化教育目标亲和力主要体现在目标的多维性、差异性与育德性。一是红色文化教育目标是社会发展目标与个体内在发展目标、近期目标与长远目标的统一，从多维度展现亲和力。高校开展红色文化教育时，既应注重紧密结合国家思想政治教育培养目标和社会思想道德发展目标，又要遵循人的全面发展目标，重点满足大学生群体的成长发展需要和内心道德期待，实现社会进步与人的进步同步发展；既应聚焦社会主义现代化建设的长远目标，更要聚焦新时代思想政治教育领域主要矛盾的新变化，在教育目标设定上贴近时代、贴近学生，致力于解决新时代红色文化育人的短期任务。二是红色文化教育目标能够重视学生个体发展目标的差异化，激发学生亲近感，从尊重学生个性发展中体现教育亲和力。新时代大学生群体最具个性化和主体性，在思想水平、道德水平、知识能力等方面存在一定的层次差异，故对其进行红色文化教育需要认清学生的不同层次水平，尊重学生个体间差异性，在红色文化教育教学安排上注重因材施教与量力而行。三是红色文化教育目标能够超越单一的知识性育智目标，在育德树人中体现教育亲和力。红色文化本身蕴含着丰富的革命道德、民族精神和时代精神，其道德性价值远远大于知识性价值，对大学生价值观判断与选择具有重要的指导作用，这便使得红色文化教育目标在设定上能够重视德育与智育并举，从道德情感的角度促进大学生认同红色精神、红色理论，激发学生的道德情感共识，彰显红色文化教育目标的亲和力。

---

① 陈万柏，张耀灿. 思想政治教育学原理（第3版）[M]. 北京：高等教育出版社，2015：79.

2. 教育者亲和力

红色文化教育者在教育过程中处于核心位置，主要指从事红色文化教学或开展红色文化教育的组织者、主导者、实施者与调节者，包括高校思想政治理论课教师、专家学者、辅导员、学校党委及其他行政部门人员和团队等。红色文化教育者亲和力则指教育者的理论学识、情感态度和价值观取向等对教育对象所产生的感染力与亲近力，在一定程度上决定了整个教育亲和力的实现程度。

红色文化教育者亲和力主要体现在教育者对教育对象产生的知识亲和力、情感亲和力、人格亲和力与教学亲和力四个方面。一是知识亲和力，主要指教育者自身深厚的红色文化理论学识使教育对象产生的理论信服力，具体包括解读红色文化资源和讲述红色经典故事的准确性、讲授党史国史的真实性及阐释红色精神内涵的科学性等。二是情感亲和力，主要指教育者通过自身的红色文化教学热情和对待教育对象的亲切情感态度以增强教育对象情感体验的力量。具体表现为教育者重视满足学生的红色文化情感需要，在从事红色教学过程中能够以平等的态度和朋友的身份关心学生、教育学生，善于从情感层面鼓励学生、激发学生学习红色文化的潜能，帮助学生建立深厚的红色文化认同情感。三是人格亲和力，主要指教育者自身过硬的思想道德品行对教育对象产生的标杆示范力和凝聚力，这种亲和力能够直接作用于教育对象的内心世界，引导其形成积极向上的人格品质。如红色文化教育者坚定的理想信念、得体的言谈举止及任劳任怨、认真负责、追求向善等高尚道德品质都会对教育对象产生吸引力与亲近感。四是教学亲和力，主要指教育者在红色文化实际教学传授中对教育对象产生的愉悦感、吸引力和感染力，具体可表现为教育者善于选取科学合理的教学内容和教学方法，营造以学生为中心、重视师生双主体地位、尊重教育对象话语权的教学环境，以趣味性、通俗化的方法调动教育对象的积极性，从而增强亲近感。

3. 教育对象亲和力

红色文化教育对象是红色文化教育者在红色文化教育活动中有意识地施加影响的对象。对于教育者有意施加的影响有明确的接受意愿、接受意识和接受行为，是红色文化教育对象的亲和力的主要表现，也是促使教育对象从应然的接受主体转化为实然的接受主体的重要条件。正确认识、分析和把握红色文化教育对象，是增强红色文化教育亲和力的起点和基础。

把握红色文化教育对象的亲和力关键在于理解教育对象的主客体性质。需要明确的是，红色文化教育对象具有双重身份。一方面，作为红色文化教育者施加有目的、有计划的教育活动的对象表现出客体性，另一方面，在参与、认知、接受红色文化教育的过程中，以自己的认知方式诠释、接受、内化并践行教育者传递的政治观点、价值理念、文化思想等，表现出主体性。因此，红色文化教育对象是客体和主体双重身份的统一体。关于教育活动的有效进行，要求教育对象应具备怎样的条件，不同学者有不同的理解。赫尔巴特（J.F.Herbart）认为，教育的基本观念是学生有接受教养的可能。在这里，赫尔巴特将"接受可能"视为有效教育的基本条件。加涅（R.M.Gagne）则将这种"接受可能"概括为学生"先前学习的必备能力"。在红色文化教育实践中，教育对象的亲和力也是由教育活动中红色文化教育对象的主体性所决定的，因为红色文化教育对象不仅作为受教育的客体而出现，而且还作为主体出现，是具有主体性的客体。红色文化教育对象参与活动的意愿、心理水平、人际关系等，影响着红色文化教育的效果。红色文化教育对象如果在红色文化教育过程中与教育者进行积极互动、消除人际交往壁垒，实现精神交流，那么，教育对象的主体意识就增强了，使得整个教育活动不是被动接受的，而是创造性的，从而有利于实现红色文化教育的最大效果。由此观之，激发教育对象的亲和力是红色文化教育亲和力研究值得进一步深化的问题，也是红色文化教育追求人的全面自由发展应有的题中之义。

4. 教育内容亲和力

红色文化教育内容作为教育者与教育对象之间的连接中介，是指为了达到一定的教育目标，教育者向教育对象所传授的符合社会主义意识形态的红色文化理论知识和价值观念。红色文化教育内容是否具有亲和力是红色文化教育亲和力实现的基础要素，直接影响红色文化教育的实效性。

红色文化教育内容亲和力主要有以下几个表现。一方面，从红色文化教育内容发挥作用的场域划分，包括第一课堂、第二课堂和第三课堂的红色文化教育内容亲和力。具体可指红色文化在思想政治理论课教学中的理论内容亲和力、课外红色文化教育实践活动的主题内容亲和力及网络虚拟场域中的红色文化宣传教育内容亲和力等。另一方面，从红色文化教育内容的性质角度讲，红色文化教育内容亲和力则指红色文化本身的人文性、真理性、价值性、通俗性而使教育对象产生的亲近感与认可感，红色文化教育内容越准确、越接地气、越活泼，越能够获得教育对象的信服与理解，产生强大的亲和力量。

5. 教育方法亲和力

红色文化教育方法是指教育者和教育对象在红色文化教育过程中所采用的思想方法和工作方法，红色文化教育方法亲和力则是指教育者选取和运用的红色文化教育方法能够形象生动地传授红色文化，并易于被教育对象接受从而产生的亲近相融力量。

红色文化教育方法亲和力体现了教育方法与教育对象的契合性，具体可表现为教育方法的趣味性、时代性、艺术性和实践性。一是指红色文化讲授方法生动有趣，如教育者能够运用红色革命故事、红色人物事迹等案例，善于使用大学生喜闻乐见的教育话语，借幽默生动的语言讲授红色文化课程，拉近教育对象对红色文化的距离。二是红色文化教育方法能够与时俱进，紧跟网络化教育潮流，以营造虚实结合、体验教学的红色文化氛围来亲近学生。三是红色文化教育方法紧密结合学生生活实际，具有较强的实践性，如通过参观红色教育基地、参与社会志愿服务、进行劳动实践、参加红色旅游等方式增强红色文化潜移默化的影响力。四是红色文化教育方法具有艺术性，如教育者能够在红色文化教学中运用语言艺术、形体艺术、话语艺术、板书艺术、调控艺术等来增强红色文化教育的吸引力和亲和力。

6. 教育环境亲和力

红色文化教育环境是指环绕在教育对象周围，并促进教育对象形成思想道德品质的一切外部因素的总和。当前学界对教育环境的分类大致包括以下几种。按照范围划分，可分为宏观、中观和微观环境；按照要素划分，可分为物质环境和精神环境、自然环境和社会环境；按照内容类型分为政治环境、经济环境和文化环境等；按空间类型可分为现实环境和网络虚拟环境。无论何种划分方法，红色文化教育环境若能够使教育对象感到开放、和谐、富有人文气息，便具有了一定的亲和力。

红色文化教育环境亲和力就是指高校通过创设与优化红色文化教育环境，促进教育对象对红色文化教育环境等产生亲近感与和谐感的力量，主要表现为教育环境的人文性、和谐性与开放性。一方面，红色文化教育环境亲和力体现为和谐的红色文化人文环境，如典型的红色历史建筑、红色宣传标识等红色文化物质环境和有利于传承优良革命传统、红色文化精神的精神文化氛围及相关的红色文化教育规章制度等。另一方面，红色文化教育环境亲和力还应指高校营造的开放性红色文化教育环境，包括校际交流环境、协同育人环境等，这都是红色文化教育环境极具亲和力的表征。

以上对红色文化教育要素亲和力的划分主要借鉴了教育要素论的划分方法，将红色文化教育亲和力划分为教育目标亲和力、教育者亲和力、教育对象亲和力、教育内容亲和力、教育方法亲和力和教育环境亲和力。此外，红色文化教育亲和力的构成要素还可以按照层次论进行划分，分为感性亲和力和理性亲和力；按照结构论进行划分，分为包括知识、真理、个人价值与社会价值等在内的内在亲和力和教育主体、教育目标、教育过程、教育内容等在内的外在亲和力。

（三）新时代大学生红色文化教育亲和力的生成机理

红色文化教育亲和力的形成是一个由以上六个要素构成的复杂、综合的系统，系统中任意的要素相互作用、相互影响，都将影响亲和力的最终生成。

1. 红色文化教育亲和力的生成机理

作为一种实践活动，红色文化教育亲和力就必须考虑更多交互作用的因素，其中最主要的是教育者与教育对象之间的交互。教育者所传导的价值理念、道德品质同教育对象固有的价值理念、道德品质之间的矛盾，贯穿红色文化教育始终，而这一矛盾的产生、发展、消解、转化的运动，就是红色文化教育的存在形式。从过程视角来看，红色文化教育亲和力的形成主要遵循着"期待—参与—认同"的路线。

第一，教育对象对红色文化教育的期待。教育对象在接触、体验红色文化教育实践之前，有自身对教育的预期，这种预期带有一定的主观因素，跟教育对象家庭背景、生活经历、个性与心理特征、社会化程度、道德素养密切相关，主要表现为教育对象希望红色文化教育实践"是什么样""能够怎样"的心理活动，它影响着教育对象对红色文化教育实践的感知体验，是感知体验的参照物。与此同时，教育者根据具体的目标和教育对象的实际状况，设定了具体的红色文化教育方案，内容涉及了具体的教育内容、方法、情境等方面，为教育对象进入红色文化教育具体实践作了准备。习近平强调思想政治工作要"满足学生成长发展需求和期待"[①]，揭示了"学生期待"在思想政治教育过程中的重要地位，在这一阶段，思想政治教育者不仅要考教育目标，也要充分考虑和尊重教育对象本身的心理预期。换句话说，充分考虑教育对象对的期待，是红色文化教育亲和力得以形成的发端。

第二，教育对象参与红色文化教育活动。教育对象对教育者、教育实践活动的亲和力感受不是凭空而来的，而是教育对象通过亲历体验、切身感受而获得的。因此，教育对象的参与阶段是和力生成的关键阶段。在这一阶段，红色文化教育诸要素的相互作用主要表现为：教育者设定的红色文化教育目标与教育对象期待的冲突与协调；教育者所传递的教育内容与教育对象价值观念的分化与整合；马克思主义真理与教育者人格力量的吻合与错位，等等。为了实现结果的亲和力，必须在教育实践中提升红色文化教育目标、内容、方法、环境的亲和力，即统筹好红色文化教育社会目标和个人目标的关系，在满足社会需求的同时，充分考虑并兼顾教育对象的个人目标，实现亲和力的稳定持久性；协调好红色文化教育内容和教育对象接受程度之间的关系，让教育内容更有深度、温度、力度，提升红色文化教育内容亲和力；协调好传统红色文化教育方法与信息技术之间的关系，实现二者在目标、内容上的高度融合，提升方法的亲和力。

第三，教育对象对红色文化教育者和教育实践活动的认同。一般来说，红色文化教育内容要转化为教育对象的思想认同和行为实践，必须得到教育对象的价值认同。只有产生了价值认同，教育对象才会从心底悦纳教育者和红色文化教育活动。教育对象在参与体验红色文化教育实践过程中，对教育目标的合理性产生的认同感、对教育内容的思想性产生的吸引感、

---

① 习近平. 习近平谈治国理政（第二卷）[M]. 北京：外文出版社，2017：378.

对教育环境的适宜性产生的和谐感等，进而产生了对教育者传导的价值观念的认同，把接受的红色文化内容内化为自己的价值观念，外化为思想品行，实现教育对象参与前的期待感、参与中的悦纳感、参与后的获得感的有机统一，于是，真正意义的红色文化教育亲和力最终生成。

三、新时代大学生红色文化教育亲和力的重要特征

大学生红色文化教育亲和力不仅是增强红色文化教育实效性和增进大学生对红色文化教育认同感的前提，也是贯穿于大学生红色文化教育实践过程始终的重要力量，具有系统性与针对性、显性与隐性、历史性与时代性、理论性与实践性相统一的特征。

（一）系统性与针对性的有机统一

大学生红色文化教育亲和力是多个教育要素相互协调配合的系统性产物，离不开红色文化教育目标、教育主体、教育内容、教育方法、教育环境各个教育亲和力的整体发力，具有系统性的特点。同时，各个教育要素间的亲和力又不是宽泛意义上的无组织发力，需要紧密结合红色文化教育本身的性质及红色文化教育对象的接受水平等特点来突出教育亲和力的针对性，体现红色文化教育亲和力系统性与针对性的统一。

大学生红色文化教育亲和力的系统性表现在教育亲和力要素结构的系统性、教育亲和力运行的系统性及教育亲和力评估的系统性等三个方面。第一，从教育亲和力的要素构成讲，红色文化教育亲和力六大组成要素均具有牵一发而动全身的重要地位，任一要素不够亲和，便会削弱红色文化教育对教育对象的总体亲和力。第二，从教育亲和力的运行过程看，红色文化教育亲和力从其生成到内化于教育对象的内心情感、外显于教育对象的实践品行大致需要经历产生、扩散、调控和保持的系统运行过程。首先，红色文化教育目标的合理化、红色文化教育主体的综合魅力、红色文化教育内容的科学性与新颖性、红色文化教育活动和环境的和谐性是激发大学生红色文化亲近感的基础，是保证红色文化教育亲和力生成的前提；其次，红色文化教育亲和力能够通过扩散与渗透，直接促进广大教育对象对红色文化产生情感认同、价值观认同和行为认同，是保证红色文化教育亲和力

运行的关键；再次，红色文化教育者对亲和力运行过程的有效调控是保证红色文化教育亲和力方向的核心；最后，长期保持教育对象对红色文化教育的亲近感则是红色文化教育亲和力的最终目的，构成统一的有机系统。第三，从教育亲和力的评估层面分析，红色文化教育亲和力效果的好坏不是单由某一要素或某几部分决定的，而是需要综合系统评估，才能避免以偏概全：既需要多元主体的评估，如红色文化研究专家学者、红色文化教育工作者、红色文化教育接受者、红色教育督导小组等多主体进行系统评价；又需要结合系统化的评估标准、评价指标进行分阶段、分年级、分内容的整体评估，具有一定的系统性。

大学生红色文化教育亲和力的针对性是指红色文化教育中各教育要素亲和力是紧紧围绕教育对象实际需要和发展规律而形成的教育亲近力量，具体表现为高校和教育者在坚持中国特色社会主义红色文化教育目标的统一要求下，结合不同教育对象的思想道德水平、行为习惯、成长环境等基本情况，具体问题具体分析，能够有针对性、有计划性、有层次性地制定具体的红色教学目标、挖掘与整合红色文化内容、营造激发学生共鸣的教学氛围，以此增加大学生对红色文化的兴趣与好感。由此可见，红色文化教育亲和力的各个要素作为整个教育亲和力的子系统，能够相互配合，同向发力，同时各个子系统又能够兼顾教育对象的差异性与特殊性，体现了一定的针对性，具有系统性与针对性的统一性。

（二）显性与隐性的有机统一

大学生红色文化教育亲和力带有浓厚的情感色彩和润物无声的渗透性。从结构论的角度划分，可分为内在亲和力与外在亲和力，具体可表现为隐性亲和力和显性亲和力。红色文化教育亲和力的显性一面主要通过具有亲和力、吸引力的红色文化教材、红色课堂、红色建筑、红色文化教育技术等红色物质载体或红色显性教育形式进行呈现，属于红色文化教育亲和力的外在表现。红色文化教育亲和力的隐性一面则指红色教育者通过情感渗透、精神熏陶、寓教于乐等潜移默化的形式使红色文化教育产生隐性的凝聚力量，更易激发教育对象对红色文化及其教育的情感共鸣，属于红色文化教育亲和力的内生力量。为此，认识红色文化教育亲和力，既要发挥好显性亲和力的作用，也要重视隐性亲和力的塑造，实现两者的有机统一。

（三）历史性与时代性的有机统一

红色文化的与时俱进性决定了大学生红色文化教育亲和力也具有历史性与时代性的特征。首先，其历史性主要是指红色文化教育者能够通过具有历史意义的红色革命精神、红色文物等载体营造浓厚的教育亲近氛围，使各教育要素亲和力均带有历史的印记，激发教育对象对红色文化历史的情感共鸣。具体表现为教育主体在讲授红色文化知识时能够真实地反映党和人民在革命、建设时期的历史事实及一切革命实践活动，以红色文化固有的历史印记和革命情感等激发教育对象的红色文化信服力和认同感。其次，其时代性则指红色文化教育亲和力不仅表达革命、建设时期的红色文化教育内容，更能够随着时间、环境、新媒体教育教学手段及其他社会条件的变化，不断融入新时代精神特质和新生活内容，呈现动态新颖、符合时代主流价值的红色文化教育内容和亲和的教育氛围，从而对新时代环境中的大学生群体产生吸引力和亲近感。具体可从三个角度进行理解：一是红色文化本身蕴含的革命优良传统、革命精神等能够融入新时代精神、新时代话语、新时代最新理论成果以实现新时代转换，红色文化教育亲和力能够随着红色文化的发展创新不断进行自我调整，保持动态的育人特征；二是红色文化教育亲和力能够随着新时代大学生教育对象的思维方式、思想特点、信息接受能力及价值观判断与选择等新特征提升各个教育要素的吸引力与凝聚力，实现与时俱进；三是红色文化教育亲和力的时代性还重点表现于红色文化教育方法的时代性，即教育方法既有传统红色文化教学方法的精髓，也能与新时代新媒体教学技术等相对接，具有时代进步性。因此，对大学生红色文化教育亲和力进行全面审视，既要看到红色革命历史传统、红色革命精神等红色历史文化精髓，把握红色文化教育亲和力的历史意蕴，又要看到红色文化教育亲和力中的新时代元素，感悟红色文化教育亲和力与时俱进的力量，体现历史性与时代性的统一。

（四）理论性与实践性的有机统一

红色文化教育的过程本就是理论知识与实践体验相结合的过程，这在一定程度上决定了红色文化教育亲和力理论性与实践性的双重性质。其理论性主要指红色经典读本、红色主题理论学习等红色理论性文化知识对大学生的吸引力和感染力；实践性则指红色志愿服务、红色革命参观、红色文化竞赛等红色文化教育实践活动使大学生产生的亲切感等情感力量。一方面，红色文化教育亲和力的理论性具体指红色文化教育者所选取的红色文化教育理论知识内涵丰富、趣味十足、易于接受，能够以其真理性、趣味性及科学性激发教育对象愿意聆听、愿意思考、渴望参与的积极性，这便是理论层面的亲和力。另一方面，红色文化教育亲和力的实践性主要表现为红色文化教育实践活动的吸引力和感染力，具体可指红色文化教育实践活动具有丰富的教育内涵与实践价值，能够坚持双主体参与原则和重视教育对象的主体地位，满足教育对象的情感体验等需要，以富有人文气息、可亲可感的实践氛围感染教育对象，增强其对红色实践活动的亲近感。总之，大学生红色文化教育亲和力既有红色文化理论性的魅力，又有教育的实践魅力，是红色理论知识吸引力与红色实践活动感染力的有机统一。

综上，新时代大学生红色文化教育亲和力具有丰富的时代内涵，是红色文化教育与教育亲和力创造性结合的产物，在要素构成上分为教育目标亲和力、教育者亲和力、教育对象亲和力、教育内容亲和力、教育方法亲和力及教育环境亲和力六部分，并具有系统性与针对性、显性与隐性、历史性与时代性、理论性与实践性相统一等特征。对此问题进行梳理，将为我们进一步深入认识与了解新时代大学生红色文化教育亲和力的价值意义提供丰富的理论支撑。

第三章　新时代大学生红色文化教育亲和力构建的理论基础与价值意蕴

新时代大学生红色文化教育亲和力，简单讲就是新时代大学生群体对红色文化教育产生的认同感、亲近感和悦纳感等情感力量，内含着大学生对红色文化理论知识、精神价值及道德品质的新期待。把高校提升大学生红色文化教育亲和力作为一个新的研究课题，将在增强红色文化教育实效性，实现思想政治教育目标任务，传承和弘扬红色文化精神等方面具有重要的现实指导意义。

马克思主义者历来视思想政治教育为意识形态工作的重要武器。至于红色文化，由于它是在中国革命、建设和改革实践中形成的中国特色思想政治教育资源，在马克思、恩格斯的笔下不可能述及，但他们对宣传工作、政治工作、教育资源的论述，中国共产党人对思想政治教育的阐释和认识，却为红色文化教育打下了坚实理论基础。

马克思说："任何一个时代的统治思想始终都不过是统治阶级的思想。"[1] 统治阶级总是按照一定的标准来培养自己需要的人才，因此决定了思想政治教育活动具有鲜明的阶级性，在内容上具有既定性，在方法上具有灌输性，甚至强制性。那么思想政治教育应该具有亲和力吗？何以具有？有其理论根源吗？围绕这些问题，我们有必要以马克思主义为指导，从三个方面来探寻思想政治教育亲和力思想理论本源。一是关于人的理论。因为人是思想政治工作的起点，准确认识人是思想政治教育得以开展的基石，也是马克思主义唯物史观的核心问题。二是思想政治教育活动的本质与人

---

[1] 中共中央马克思恩格斯列宁斯大林著作编译局编译. 马克思恩格斯选集（第一卷）[M]. 北京：人民出版社，1995：98.

第三章　新时代大学生红色文化教育亲和力构建的理论基础与价值意蕴

民大众之间的关系问题，也就是"为谁培养人"和"谁是受益者"的根本问题。三是在此基础上搞清楚"培养什么样的人"和"怎样培养人"的问题。包括思想政治教育培养目标、理念、原则、内容和方法等具体理论。

一、新时代大学生红色文化教育亲和力构建的理论基础

（一）马克思、恩格斯关于思想政治工作亲和力的论述

马克思、恩格斯关于思想政治工作的思想内容丰富，虽然他们没有明确"思想政治教育"这一概念，但在不同的场合和大量著作中使用了"宣传""宣传工作""宣传鼓动工作"和"理论教育"等词语，这些词汇及所蕴含的深刻思想是现代思想政治教育的开端。

1. 马克思、恩格斯关于人的理论

思想政治工作说到底是做人的工作，如何正确认识人及其本质，并在实际教育工作中坚持人的主导地位和主体性，是思想政治教育工作需要首先搞清楚的基础性问题。而在这方面，马克思、恩格斯通过其深厚的理论和生动的实践，揭示了人的本质、人的主体性、人的需要性、人的自由全面发展的本质，为我们科学认识教育客体，尤其是教育对象，指导思想政治教育工作有效开展，提升高校思想政治教育亲和力提供了理论指导。

（1）关于对人的本质的认识

在马克思、恩格斯看来，大致可以分为三个层次。其一，人作为自然存在物的本质。马克思、恩格斯指出："全部人类历史的第一个前提无疑是有生命的个人的存在。因此，第一个需要确认的事实就是这些个人的肉体组织以及由此产生的个人及其他自然的关系。"[①] 人是自然的存在物，并依靠自然不断发展。其二，人的类本质。马克思关于人的类本质理论是在他批判费尔巴哈哲学中对人和整个人类的表述基础上提出的。马克思强调，人的劳动和实践是人区别动物称之为人的内在根据，要求从实践和理论层面上理解"类"，而不能够简单化和片面化。马克思还认为，人的实践活动是有意识、自觉的，同时还是自由的、自主的，因而他说："一个种的

[①] 中共中央马克思恩格斯列宁斯大林著作编译局编译. 马克思恩格斯选集（第一卷）[M]. 北京：人民出版社，2012：146.

整体特性、种的类特性就在于生命活动的性质，而自由的有意识的活动恰恰就是人的类特性。"①其三，作为人的现实本质。马克思坚持用实践和社会的观点来理解人的本质，从实践出发对现实的人进行了深入研究，发现个人的生命具有双重关系，即一方面具有自然关系，另一方面具有社会关系，并作出了"人的本质不是单个人固有的抽象物，在其现实性上，它是一切社会关系的总和"②的科学论断。

（2）关于人的主体性的认识

马克思认为，人作为现实的历史活动的主体，是按照人的样子组织世界的，人的主体性是在与客体相互作用中得以发展的，它从根本上规定着人的发展状况，因而可以说，人的主体性是人的本质所规定的。

马克思同时认为，人是实践活动、认识活动和评价活动的主体。人的主体性有着丰富的内涵，一方面表现为能动性、自主性和创造性，另一方面又表现为依赖性、受动性和模仿性。马克思还认为，人是具体的现实的个体存在物，决定了人与人有着个体上的差异，表现为人的个性化。正如古希腊的名言"世界上没有两片完全相同的树叶"，这也适合于对人的个性的描述。人的个性是一个人同其他人区别开来的独特的、整体的特征，这是由于人的需要和实践的多样性以及人的先天遗传和后天的共同作用所决定的。

（3）关于对人的需要的认识

作为马克思主义的理论基石，马克思关于需要的理论在其理论大厦中占有极为重要的地位。"人的需要是人对其生存、享受和发展的客观条件的依赖和需求。它反映的是人在现实生活中的贫乏状态，可以理解为人反映现实的一种形式、积极行动的内在动因。"③

马克思关于人的需要理论主要集中在三个方面。首先，需要是人的本性。

---

① 中共中央马克思恩格斯列宁斯大林著作编译局编译. 马克思恩格斯选集（第一卷）[M]. 北京：人民出版社，2012：56.
② 中共中央马克思恩格斯列宁斯大林著作编译局编译. 马克思恩格斯选集（第一卷）[M]. 北京：人民出版社，2012：139.
③ 袁贵仁. 马克思的人学思想[M]. 北京：北京师范大学出版社，1996：146.

马克思强调:"没有需要,就没有生产。而消费则把需要再生产出来"①。他还指出了需要的多样性和变化性,并认为"人以其需要的无限性和广泛性区别于其他一切动物"②。其次,需要是复杂的。马克思认为可以分为自然性需要和社会性需要。自然性需要是人作为生物体存在的基本需要,其需要的主要对象是生产物质生活本身,如吃、穿、住、行、等生理需求。比较而言,人的社会需要比自然需要更多样化。这其中包括了获取知识、追求真理、政治参与等高级需求,尤其是人对政治的参与需要。马克思曾说:"人是名副其实的政治动物,不仅是一种合群的动物,而且是只有在社会中才能独立的动物。"③最后,需要具有层次性和递进性。马克思认为人的需要是从低级到高级,从单一到多样变化的过程,同时是不间断,而且是不满足的。一般来讲,物质需要的满足是精神需要得以满足的前提和基础。

（4）关于人的自由全面发展的认识

马克思关于人的自由全面发展包括自由发展和全面发展两个理论,两者之间是辩证统一的。马克思认为随着社会的发展,人各种偶然的个性发展,必须走向自由而全面的发展。人的全面发展在马克思那里表现出多方面的规定性,如人的德智体美劳等多种能力素质的充分发展、人的政治选举和公共事务参与等社会关系的全面丰富、人的个性的自由发展等等。

关于自由全面发展的途径,马克思认为个人作为社会存在物,教育是造就全面发展的人的唯一方法。根据人的社会属性,他特别指出,只有在集体中个人才能获得全面发展。在这里,他鲜明地提出了个人与集体(社会)的依存关系,强调了集体是个人自由的前提和基本条件,个人独立地存在是达不到自由的,只有在人与人有机组成的集体中才能实现。而人的自由全面发展需要在何种状况下才能实现人呢?马克思回答:只有共产主义才能具备这个条件,因而,共产主义实现的过程被看作是人的自由全面发展、人的本质真正实现的过程。

---

① 中共中央马克思恩格斯列宁斯大林著作编译局编译. 马克思恩格斯选集(第二卷)[M]. 北京: 人民出版社, 2012: 691.
② 中共中央马克思恩格斯列宁斯大林著作编译局编译. 马克思恩格斯全集(第49卷)[M]. 北京: 人民出版社, 1982: 130.
③ 中共中央马克思恩格斯列宁斯大林著作编译局编译. 马克思恩格斯选集(第二卷)[M]. 北京: 人民出版社, 1995: 2.

2. 创立了思想政治工作的群众观

马克思在全面深刻认识人的本质的基础上，在对人类历史发展深入探索和对唯心主义进行批判的过程中，提出了人民群众是历史的创造者、社会物质财富和精神财富的创造者、社会变革的决定力量的观点。他指出："人们自己创造自己的历史"[①]，同时强调："无产阶级的运动是绝大多数人的、为绝大多数人谋利益的独立的运动。"[②]马克思这一经典论断，对后世影响极为深远，成为无产阶级建党的理论基石。马克思强调，无产阶级所有政策的制定和实施都应该坚持为了人民利益这一根本原则，作意识形态宣传教育的主要形式——思想政治工作也不应例外，要坚定不移地坚持一切为了人民的价值追求。

我们可以得出这样一个逻辑：无产阶级通过思想政治教育活动，获得了符合本阶级、同时也是广大人民群众利益代表方所要求的人才规格，而广大人民群众通过教育也实现了人的社会化等全面发展所追求的根本利益，两者在教育活动中求得共识，具有一致性，这样的思想政治教育活动因满足各自的需要本身就有亲和力。

3. 思想政治工作亲和力思想主要论述

马克思、恩格斯所讲的及所从事的宣传工作，其最终目的是用最先进的革命理论——马克思主义理论来教育和发动人民群众推翻资产阶级。为了使宣传工作得到人们的认可和接受，马克思、恩格斯从教育原则、教育主体素质、教育方法等方面提出很多科学、通俗和亲民的主张，这些理论蕴含着丰富的亲和思想。

（1）提出了思想政治工作的基本原则

一是坚持物质利益与思想教育兼顾的原则。马克思对人的需要有着深刻的认识，就如何处理好思想教育与物质利益关系，他提出了两者要兼顾、不能偏废、不能空谈思想教育的思想。他认为人不是抽象的、虚幻的，而是现实的、活生生的。人总是有各种各样的需要，其中包括人在思想上不

[①] 中共中央马克思恩格斯列宁斯大林著作编译局编译. 马克思恩格斯选集（第一卷）[M]. 北京：人民出版社，1995：585.

[②] 中共中央马克思恩格斯列宁斯大林著作编译局编译. 马克思恩格斯选集（第一卷）[M]. 北京：人民出版社，1995：283.

第三章 新时代大学生红色文化教育亲和力构建的理论基础与价值意蕴

断发展成熟的需要。"群众对这样或那样的目的究竟'关怀'到什么程度，这些目的'唤起了'群众多少'热情'。思想一旦离开'利益'就一定会使自己出丑。"[①]因此，马克思主张正确看待个人利益和集体利益，个人正当的物质利益与道德发展之间的关系。

二是提倡教育授受平等的原则。马克思认为人与人之间是平等的关系，因而在宣传教育上也主张授受平等。他反对所谓的理论权威，反对以一种高高在上的姿态对待受教育者，认为要平等地对待他们，反对把当时的教育对象——工人阶级看成是原料和杂乱的东西。马克思要求要对受教育者有共产主义的博爱观，即现实的和直接追求实效的爱，这与资产阶级的博爱——抽象的博爱有着本质的区别，反对假惺惺的恩赐和怜悯。马克思这种平等观，从内心尊重受教育者的态度，具有先进的民主思想，对我们今天从事思想政治教育有着重要的指导意义。

三是主张尊重个性发展的原则。马克思、恩格斯主张人与之间是平等的，但他们同时认为人与人在先天禀赋、后天学习能力及家庭环境等方面是有差别的。因此要使每一个人都要得到自由全面的发展，必须在教育的目标设立、教育方法的选择等方面也应该有着个性化的实施方案。恩格斯认为两个在道德上完全平等的人是根本没有的，认为不平等的工作能力是人的天然特权。

四是坚持理论联系实际的原则。"正确的理论必须结合具体情况并根据现存条件加以阐明和发挥"[②]，同时认为"理论的方案需要通过实际经验的大量积累才臻于完善"[③]，要求宣传工作等也必须坚持这一原则。他本人在长期的理论创造和革命实践中也是这样践行的。

（2）注重利用宣传工作载体和创新方式方法

马克思和恩格斯认为宣传和理论教育等工作的载体及方式极为重要，特别注重宣传载体的传播广度，宣传方式的影响效度。马克思十分看重报

[①] 中共中央马克思恩格斯列宁斯大林著作编译局编译. 马克思恩格斯全集（第2卷）[M]. 北京：人民出版社，1957：103.

[②] 中共中央马克思恩格斯列宁斯大林著作编译局编译. 马克思恩格斯全集（第47卷）[M]. 北京：人民出版社，2004：35.

[③] 中共中央马克思恩格斯列宁斯大林著作编译局编译. 马克思恩格斯全集（第44卷）[M]. 北京：人民出版社，2001：437.

纸等公共媒介的作用,他不仅经常为报纸撰写文章,宣传主张,还积极创建了《新莱茵报》,使其成为理论宣传的重要阵地。他说,要使《新莱茵报》这样的报纸成为有声的、人民日常思想和感情的表达者,让它与人民共患难、同甘苦、齐爱憎,成为热情维护自己的人民精神的千呼万应达的喉舌。同时,他还认为宣传语言风格要多样化,一方面可以少用当局认为具有反动思想的词汇,有效躲避查封;另一方面,也能够因行文生动,可读性增强,让阅读者乐于接受。恩格斯就反对报纸滥用"革命"一词,认为不连篇累牍地用"革命"一词,也可以表达革命思想。

马克思反对把新的科学思想写成厚厚的书,只向学术界吐露,主张深入到各种组织和协会中去联系、宣传和动员知识分子,并通过他们使新思想广泛传播。马克思认为,科学的理论不是僵化教条的,而是具有与时俱进的品质。他批评那些僵死教条、自认为是正统的马克思主义的人,要求广大的理论工作者要根据社会现实的变化不断发展理论,推动理论深入人心。马克思、恩格斯十分看重各种社会组织的宣传作用,先后成立了"共产主义通讯委员会""德意志工人教育协会"和"民主协会"等组织和协会,把这些组织视为传播科学理论的阵地。

(3)高度重视教育者的素质

为了保证思想政治教育效果,马克思对从事理论教育的人提出了资格和能力要求。一要有高尚的德行,充满了激情。他一再强调,要想感化他人,那你就必须是一个实际上能鼓动和推动别人前进的人。也就是说,教育主体应该对所持的教育理论真信真懂,坚定认同和拥护,通过自己对知识的再加工,并以情感为载体进行传播,积极影响教育对象。二要有丰富的知识。恩格斯在评价当时的自由派宣传家科布顿时,就对那些知识浅薄的人进行了讽刺,说他们虽然是个鼓动家,但毕竟是拙劣的。三要有良好的表达能力。恩格斯认为,天才应当说服群众,使群众相信自己思想的正确,这样就不必担心自己的思想是否能够实现,因为思想被掌握以后就会自然而然地实现。

马克思、恩格斯关于"人"有关理论的认识,是我们深刻了解教育对象的本质特点和需要,通过针对性教育帮助他们实现全面发展的理论基石。而他们关于无产阶级群众观的理论,揭示了思想政治工作的根本价值追求与作为教育对象的人民大众的利益具有一致性,为今天我们开展思想政治教育必须坚持人民的主体地位，从根本上增强亲和力作出了理论规定。马克思、恩格斯关于思想政治教育中重视物质利益、强调授受之间的平等性、尊重个性发展等的教育原则及其注重载体和有效方式方法的思想，是研究和提升高校思想政治教育亲和力的理论钥匙。

（二）中国共产党人关于思想政治工作亲和力的论述

毛泽东思想和中国特色社会主义理论体系作为马克思主义中国化的两大理论成果，是马克思主义基本原理同中国革命、建设和改革开放具体实际结合的产物，其中包含着的中国特色思想政治工作理论，是有效认识高校思想政治教育亲和力思想的重要理论来源。

1. 毛泽东关于思想政治工作亲和力的论述

思想政治工作理论是毛泽东思想宝库中一个重要组成部分，它的形成源于毛泽东对马克思主义基本原理的学习借鉴，对中国优秀传统文化的继承，同时也源于其个人在革命实践中的非凡创造。一方面，他继承和发展了马克思、恩格斯的人民观，重视人民群众在历史发展中的主体地位和历史作用，提出了一切革命和建设都是为人民服务的思想。另一方面，他高度重视宣传和政治思想工作的重要作用，提出了"政治工作是一切经济工作的生命线"[1]的主张，开创了我党思想政治工作新篇章。

根据不同时期的革命主题和建设任务，毛泽东对如何向士兵、工人、农民、知识分子、城市小资产者和学生等不同群体开展思想教育，帮助他们提升政治觉悟，认清斗争方向，动员他们参与并投身到民族解放、社会主义革命和建设中来提出了自己独特见解，形成了毛泽东思想政治工作理论体系，其中蕴含着一定的亲和思想，对高校增强思想政治教育亲和力有着直接指导性。

（1）提出了全心全意为人民服务的思想

在长期的革命斗争和社会主义事业建设过程中，毛泽东深刻地认识到人民群众在推动社会发展过程中的决定性力量，他提出"人民，只有人民，是创造世界历史的动力"[2]的观点。在1945年党的七大开幕词中，他提出

---

[1] 中共中央文献研究室编. 毛泽东文集（第6卷）[M]. 北京：人民出版社，1999：449.
[2] 毛泽东选集（第三卷）[M]. 北京：人民出版社 1991：1031.

了全心全意为人民服务的思想，并将其作为中国共产党建党的根本宗旨和最高准则。他强调："共产党人的一切言论行动，必须以合乎最广大人民群众的最大利益，为最广大人民群众所拥护为最高标准"①，强调："共产党员无论何时何地都不应以个人利益放在第一位，而应以个人利益服从于民族的和人民群众的利益。"②就如何联系群众服务群众，毛泽东指出："要联系群众，就要按照群众的需要和自愿。一切为群众的工作都要从群众的需要出发，而不是从任何良好的个人愿望出发。……这里是两条原则：一条是群众的实际上的需要，而不是我们脑子里头幻想出来的需要；一条是群众的自愿，由群众自己下决心，而不是由我们代替群众下决心。"③

全心全意为人民服务的思想是对马克思、恩格斯群众观的继承和发展，明确了我党思想政治工作开展的根本指向，即思想政治工作必须正视人民群众的主体地位，坚持一切相信群众，一切依靠群众，一切发动群众的基本路线，在提高群众觉悟中帮助群众实现根本利益。

（2）重视人的个性解放和全面发展

毛泽东认同《共产党宣言》关于"每个人的自由发展是一切人的自由发展的条件"的思想，同时提出了"解放个性"的主张。早在新民主主义革命时期，毛泽东就认识到个性发展是人全面发展的一个重要体现，他指出："不能设想每个人不能发展，而社会有所进步，同样不能设想我们党有个性，而每个党员没有个性，都是木头，一百二十万党员就是一百二十万块木头"④，"不要使我们的党员成了纸糊泥塑的人，什么都是一样，那就不好了"⑤。后来，他从社会主义民主的角度谈到个性发展的重要性，指出人的个性的解放也是社会主义建设任务之一，强调"被束缚的个性如不得解放，就没有民主主义，也没有社会主义。"⑥

---

① 毛泽东选集（第三卷）[M]. 北京：人民出版社 1991：1096.
② 毛泽东选集（第二卷）[M]. 北京：人民出版社 1991：522.
③ 毛泽东选集（第三卷）[M]. 北京：人民出版社 1991：1012-1013.
④ 毛泽东选集（第三卷）[M]. 北京：人民出版社 1991：416.
⑤ 中共中央文献研究室编. 毛泽东文集（第三卷）[M]. 北京：人民出版社 1991：416.
⑥ 中共中央文献研究室编. 毛泽东书信选集 [M]. 北京：人民出版社，1983：239.

第三章 新时代大学生红色文化教育亲和力构建的理论基础与价值意蕴

（3）形成了独特的思想政治工作思想

第一，要求青年把"又红又专"作为成长目标。毛泽东十分重视青年的培养。1957年11月，他在出访苏联的时候发表了著名讲话："世界是你们的，也是我们的，但是归根结底是你们的。你们青年人朝气蓬勃，正在兴旺时期，好像早晨八九点钟的太阳。希望寄托在你们身上。"①，这一经典讲话被广泛传播，激励着一代又一代青年奋勇向前。在培养目标上，他希望青年全面发展。指出我们的教育方针，应该使受教育者在德育、智育、体育几方面都得到发展，成为有社会主义觉悟的有文化的劳动者。

第二，坚持把马克思主义及其中国化成果作为教育内容。毛泽东一生坚持和倡导认真看书学习，弄通马克思主义，强调既要深入学习马克思主义的基本原理，但不能犯教条主义错误，又要坚持马克思主义中国化，使之在中国落地生根。他多次强调："加紧马克思列宁主义的学习，没有这种宣传和学习，不但不能引导中国革命到将来的社会主义阶段上去，而且也不能指导现时的民主革命达到胜利。"②同时，毛泽东根据社会主义革命和建设的根本任务的需要，要求把爱国主义、国际主义、全心全意为人民服务、革命纪律教育纳入思想政治教育之中，形成了丰富的思想政治教育内容体系。

第三，继承和创新了思想政治工作原则。一是物质利益和思想教育相结合的原则。他要求教育宣传必须走群众路线，要密切联系群众，要理解人、尊重人和关心人，尤其是关心群众的生活，注重物质利益和思想政治教育的结合。毛泽东强调："马克思列宁主义的基本原则，就是要使群众认识自己的利益，并且团结起来，为自己的利益而奋斗"③，认为只有关心人民群众的物质利益，才能调动大家的积极性。他坚持认为空话无用，必须给人民群众以看得见的物质福利。二是民主说服教育的原则。毛泽东以军队的思想政治工作为例："很多人对于官兵关系、军民关系弄不好，以为是方法不对，我总告诉他们是根本态度（或根本宗旨）问题，这态度就是尊

---

① 中共中央文献研究室编. 毛泽东年谱（一九四九——一九七六）（第三卷）[M]. 北京：中央文献出版社，2013：248.
② 毛泽东选集（第二卷）[M]. 北京：人民出版社，1991：706.
③ 毛泽东选集（第四卷）[M]. 北京：人民出版社，1991：1318.

重士兵和尊重人民。"①同时他还对压制的方式进行了批评:"对于思想问题采取粗暴的办法、压制的办法,那是有害无益的。……要人家服,只能说服,不能压服。压服的结果总是压而不服。"②一再强调:"凡属于思想性质的问题……只能用讨论的方法、批评的方法、说服教育的方法去解决,而不能用强制的、压服的方法去解决。"③三是理论联系实际的原则。他认为:"人的正确思想,只能从社会实践中来,只能从社会的生产斗争、阶级斗争和科学实验这三项实践中来"④,同时指出:"有什么办法使这种仅有书本知识的人变为名副其实的知识分子呢?唯一的办法就是使他们参加到实际工作中去,变为实际工作者,使从事理论工作的人去研究重要的实际问题,这样就可以达到目的。"⑤而且他多次谈到,知识分子只有积极投身于中国伟大的社会实践,善于将书本知识和实践结合起来,才能成为真正的知识分子。

第四,创建了丰富的思想政治工作方法。毛泽东还开创性地提出了调查研究方法、以身作则方法、典型示范方法和以团结爱护为前提的批评和自我批评教育等方法。同时,他特别看重文艺宣传的方式,认为文艺是老百姓喜闻乐见的艺术形式,在提升老百姓文化素质,丰富人民生活,联系人民大众、巧妙宣传革命思想等方面都具有亲民性。他强调:"文艺是从属于政治的,但又反转来给予伟大的影响于政治。革命文艺是整个革命事业的一部分……"⑥并因此提出了文艺要坚持"百花齐放、百家争鸣"的方针和"为人民服务、为社会主义服务"的根本要求。他一再强调:"总起来说,人民生活中的文学艺术的原料,经过革命作家的创造性的劳动而形成观念形态上的为人民大众的文学艺术。……无论高级的或初级的,我们的文学艺术都是为人民大众的,首先是为工农兵的,为工农兵而创作,为工农兵

---

① 毛泽东选集(第二卷)[M]. 北京:人民出版社,1991:512.
② 中共中央文献研究室编. 毛泽东文集(第七卷)[M]. 北京:人民出版社,1999:279.
③ 中共中央文献研究室编. 毛泽东文集(第七卷)[M]. 北京:人民出版社,1999:209.
④ 中共中央文献研究室编. 毛泽东文集(第八卷)[M]. 北京:人民出版社,1999:320.
⑤ 毛泽东选集(第三卷)[M]. 北京:人民出版社,1991:816.
⑥ 毛泽东选集(第三卷)[M]. 北京:人民出版社,1991:866.

所利用的。"[1]

2. 邓小平关于思想政治工作亲和力的论述

邓小平十分重视思想政治工作。他强调,在改革开放的新的历史时期"思想政治工作和思想政治工作队伍都必须大大加强,决不能削弱"[2]。在总结20世纪80年代工作时,他认为:"十年来我们的最大失误是在教育方面,对青年的政治思想教育抓得不够"[3],并把思想政治教育提升到党的基本路线的高度,并对教育目标、教学内容、教育方法等方面提出与国家发展相适应的理论并具有创新性,对提升高校思想政治教育亲和力很有指导意义。

（1）继承和发扬了党的群众路线

邓小平继承了马克思主义和毛泽东的群众观理论,提出了"党只有紧紧地依靠群众,密切地联系群众,随时听取群众的呼声,了解群众的情绪,代表群众的利益,才能形成强大的力量,顺利地完成自己的各项任务"[4],"群众是我们力量的源泉,群众路线和群众观点是我们的传家宝"[5],"群众路线是我们党的组织工作中的根本问题,是党章中的根本问题,是需要在党内反复进行教育的"[6]等观点。他要求各级领导干部树立公仆意识,要真正尊重群众,热爱人民,带着感情去做群众工作。"邓小平同志始终相信人民、依靠人民,总是把人民拥护不拥护,人民赞成不赞成,人民高兴不高兴,人民答应不答应作为制定方针政策和作出决断的出发点和归宿。"[7]

（2）把培养"四有"新人作为教育目标

他重视人的现代化,对教育提出了"面向现代化、面向世界、面向未来"[8]的总要求,使思想政治教育具有了国际视野。同时他把培育"有理想、有道德、

---

[1] 毛泽东选集（第三卷）[M]. 北京：人民出版社 1991：863.
[2] 邓小平. 邓小平文选（第三卷）[M]. 北京人民出版社，1993：145.
[3] 邓小平. 邓小平文选（第三卷）[M]. 北京人民出版社，1993：287.
[4] 邓小平. 邓小平文选（第二卷）[M]. 北京：人民出版社，1994：342.
[5] 邓小平. 邓小平文选（第二卷）[M]. 北京：人民出版社，1994：368.
[6] 邓小平. 邓小平文选（第一卷）[M]. 北京：人民出版社，1994：216.
[7] 胡锦涛. 在邓小平同志诞辰100周年纪念大会上的讲话（2004年8月22日）[M]. 北京：人民出版社，2004：14
[8] 邓小平. 邓小平文选（第三卷）[M]. 北京人民出版社，1993：35.

有文化、有纪律"①作为人才培养的总目标，使培养目标具体化、简洁化，为新时期加强和改进思想政治工作指明了方向和途径。这一表述是对毛泽东关于"又红又专"人才培养目标在新的历史阶段的发展。

（3）坚持把马列主义毛泽东思想等作为学习内容

"学习什么？根本的是要学习马列主义、毛泽东思想，……"②他多次强调要把毛泽东思想与其本人晚年所犯的错误区分开，坚持认为毛泽东思想的正确性。他重视共产主义理想和党的基本路线教育，尤其是四项基本原则教育，创造性地把理想分为共产主义的最高理想和社会主义的共同理想两个层次，并对此宏观地划分了长远目标、中期目标和近期目标。就如何把长远宏大的理想与琐碎平凡的现实结合起来，不让理想空洞虚幻，他提出了"大理想"和"小工作"之间的关系，指出："青年应当有远大理想，又要十分重视任何细小的工作。要有远大的理想，才能永远保持前进的勇气和方向。而达到理想的道路是要由无数细小的日常工作积累起来的。"③同时，他还要求把爱国主义教育、集体主义教育、社会主义教育、民主法制教育和现代公民教育纳入思想政治教育中。

（4）继承和创新了思想政治工作原则

第一，理论联系实际的原则。邓小平一再说马克思主义从来不是教条，而是行动的指南，强调"学马列要精，要管用的。……不是靠本本，而是靠实践，靠实事求是"④。他说："教育一定要联系实际。对一部分干部和群众中流行的影响社会风气的重要思想问题，要经过充分调查研究，由适当的人进行周到细致、有重复说服力的教育，简单片面武断的说法是不行的。"⑤他认为教育一定要理论联系社会实际和教育对象实际，增强教育针对性。

第二，坚持疏导的原则。他主张思想教育要耐心引导，从容讨论，又疏又导，在疏导中引导，在引导中疏通，要给受教育者说理、争辩的权利。

---

① 邓小平. 邓小平文选（第三卷）[M]. 北京人民出版社，1993：205.
② 邓小平. 邓小平文选（第二卷）[M]. 北京：人民出版社，1994：153.
③ 中共中央文献研究室编. 邓小平同志论教育[M]. 北京：人民教育出版社，1990：8.
④ 邓小平. 邓小平文选（第三卷）[M]. 北京：人民出版社，1993：382.
⑤ 邓小平. 邓小平文选（第三卷）[M]. 北京：人民出版社，1993：144.

邓小平借鉴历史，看到了群众运动式教育的不足，指出："用大搞群众运动的方法，而不是用透彻说理，从容讨论的方法，去解决群众性的思想教育问题……从来都是不成功的"①，强调："无论是开会、发言、写文章，都要进行充分的说理和实事求是的科学分析。"②

第三，解决思想问题和解决实际问题相结合的原则。他坚持马克思主义关于物质基础和思想问题紧密关联的思想，认为解决实际问题是思想政治工作开展的感情基础，强调"办什么事，不考虑群众情绪，光从政治思想入手，不解决实际问题，不够"③、"做政治工作不只是教育人，还要关心每一个人的生活，要保证人们有正常的学习和娱乐。"④

第四，因材施教原则。"我们在鼓励帮助每个人勤奋努力的同时，仍然不能不承认各个人在成长过程中所表现出来的才能和品德的差异，并且按照这种差异给以区别对待，……"⑤这里的差别是指经历、年龄、性别、阶级阶层和民族等方面的不同，同时还有个人在成长过程中所表现出来的才能和品德的差异，所以"要善于根据不同对象去进行政治解释工作"⑥，要"尽可能使每个人按不同的条件向社会主义和共产主义的总目标前进"⑦。

（5）要求教育工作者起好榜样带头作用

邓小平认为："要教育人民，必须自己先受教育。要给人民以营养，必须自己先吸收营养。"⑧思想政治教育工作者要敢于教，还要善于教。敢于教是要敢于坚持正确的政治方向和政治观点，对错误的思潮进行批评。善于教，一是教育者要先受教育，教师要充分展示马克思主义的理论魅力和人格魅力，为人师表；二是要有好的内容和方法，增强吸引力和感染力；

---

① 邓小平. 邓小平文选（第二卷）[M]. 北京：人民出版社，1994：336.
② 邓小平. 邓小平文选（第三卷）[M]. 北京：人民出版社，1993：47.
③ 中共中央文献研究室编. 邓小平年谱（一九〇四——一九七四）（下）[M]. 中央文献出版社，2009：1638.
④ 中共中央文献研究室编. 邓小平年谱（一九〇四——一九七四）（下）[M]. 中央文献出版社，2009：1787.
⑤ 邓小平. 邓小平文选（第二卷）[M]. 北京：人民出版社，1994：106.
⑥ 邓小平. 邓小平文选（第一卷）[M]. 北京：人民出版社，1994：17.
⑦ 邓小平. 邓小平文选（第二卷）[M]. 北京：人民出版社，1994：106.
⑧ 邓小平. 邓小平文选（第二卷）[M]. 北京：人民出版社，1994：211.

三是要有针对性。"要做得有针对性、细致深入和为群众所乐于接受。最重要的条件，就是凡是需要动员群众做的，每个党员，特别是担负领导职务的党员，必须首先从自己做起。"① 他还以革命时期的政治干部举例说："政治干部更要强调以身作则，……那时，你打仗不勇敢，怕死，你不同战士心连心，不联系实际，不联系群众，做政治工作就没有人听。政治干部不能说的是一套，做的又是一套。……'政治指导员不论在执行自己的职务上和个人行动上，均须做全体军人的模范，并且要在言论和事实上来表现。'我们要恢复和发扬政治工作的优良传统，也要靠政治干部以身作则。"②

（6）注重文化在思政工作中的独特作用

邓小平继承了毛泽东关于文艺载德的思想。他认为："文艺是不可能脱离政治的。任何进步的、革命的文艺工作者都不能不考虑作品的社会影响，不能不考虑人民的利益、国家的利益、党的利益。……文艺工作对人民特别是青年的思想倾向有很大影响，对社会的安定团结有很大影响。我们衷心地希望，文艺界所有的同志，以及从事教育、新闻、理论工作和其他意识形态工作的同志，都经常地、自觉地以大局为重，为提高人民和青年的社会主义觉悟奋斗不懈。"③

3. 江泽民关于思想政治工作亲和力的论述

江泽民在继承马克思主义、毛泽东和邓小平关于思想政治工作理论的基础上，针对世界政治多极化、经济全球化、文化多元化的复杂局势，提出了一系列关于思想政治教育的观点和主张。其中，关于发展思想政治教育目标、创新思想政治教育工作方式、探索思想政治教育规律、重视网络思想政治工作等思想，对提升思想政治教育亲和力有很强的指导意义。

（1）提出了"三个代表"重要思想

江泽民坚持和发扬了毛泽东、邓小平等人的群众观，提出了"三个代表"重要思想——中国共产党是要始终代表中国先进生产力的发展要求，代表先进文化的前进方向，代表中国最广大人民的根本利益。"三个代表"重要思想是我们党的立党之本、执政之基和力量之源。

---

① 邓小平. 邓小平文选（第二卷）[M]. 北京：人民出版社，1994：342.
② 邓小平. 邓小平文选（第二卷）[M]. 北京：人民出版社，1994：124-125.
③ 邓小平. 邓小平文选（第二卷）[M]. 北京：人民出版社，1994：256.

第三章　新时代大学生红色文化教育亲和力构建的理论基础与价值意蕴

江泽民强调："实现、维护和发展人民群众的利益,始终是我们最大最重要的政治。马克思主义的政治观点中,第一位的是群众观点。"[①] 他指出:"党的思想政治工作本质上是群众工作,是宣传群众、教育群众、引导群众、提高群众的工作"[②],对思想政治工作坚持群众路线,增强思想政治工作的针对新、实效性和主动性提出了要求。同时,他要求广大思想政治工作者要"带着对人民群众的深厚感情去做思想政治工作,老老实实向人民群众学习,诚心诚意为人民群众服务"[③]。

（2）对培养目标全新的阐释

江泽民继承了邓小平培养"四有"新人的教育思想,并根据时代发展为之注入了新的内涵。在清华大学建校 90 周年大会上,他对全国大学生提出了"五点希望"[④],即希望大学生成为理想远大、热爱祖国的人,追求真理、勇于创新的人,德才兼备、全面发展的人,视野开阔、胸怀宽广的人,知行统一、脚踏实地的人。"五点希望"是他对"四有"新人思想的一种全新阐释,符合于那个时代的认知和需要,对当时的高校思想政治教育具有鲜明的指导意义。

（3）坚持思想政治教育内容的发展创新

江泽民认为,加强和改进党在新时期的思想政治工作,最根本的是要坚持和巩固马克思主义在我国意识形态领域的指导地位,必须把当时马克思主义中国化最新成果——邓小平理论作为思想政治教育的重要内容。此外,他指出:"在人民群众特别是青少年中加强以爱国主义、集体主义、社会主义为核心内容的思想道德教育,开展艰苦奋斗、勤俭建国的教育,职业道德教育、社会公德的教育,基本国情的教育和普及法律基本知识教育。"[⑤] 同时,要求在教育的内容上做到"四个结合",即"要紧密结合我国社会主义改革和建设、国际形势发展变化的新实际,……要紧密结合

---

① 中共中央文献研究室编. 江泽民思想年编（1989—2008）[M]. 北京：中央文献出版社，2010：371.

② 江泽民. 论党的建设 [M]. 北京：中央文献出版社，2001：435.

③ 江泽民. 论党的建设 [M]. 北京：中央文献出版社，2001：435.

④ 江泽民. 在庆祝清华大学建校九十周年大会上的讲话 [N]. 人民日报，2001-04-30.

⑤ 江泽民. 论党的建设 [M]. 北京：中央文献出版社，2001：133.

干部群众在思想认识和工作生活中产生的新问题,……要紧密结合发展社会主义市场经济的新要求,……要紧密结合社会主义精神文化生活的新发展"①。"新实际""新问题""新要求"和"新发展"是思想政治教育在新的历史条件下丰富内容的历史必然。

(4)强调增强思想政治工作科学性

为了增强思想政治教育实效,江泽民多次作出指示,要求深刻研究思想政治工作规律,掌握教育对象特点,开展针对性教育,提高思想政治教育科学性。他指出:"思想政治工作是一门科学,各级领导干部和政工干部都要努力认识和掌握它的基本知识和规律"②,"面对新形势新情况,要完成上述任务,我们的思想政治工作在继承和发扬优良传统的基础上,必须在内容、形式、方式、方法、手段、机制等方面努力进行创新和改进,特别要在增强时代感和加强针对性、实效性、主动性上下功夫"③,"要注意因地制宜,因人制宜,因时制宜,因时制宜"④,要"对不同层次的教育对象提出不同层次的要求,进行不同层次的教育"⑤,同时"要善于疏导,注意发扬民主,尊重人、理解人、关心人,采取吸引群众广泛参与的方法、群众自己教育自己的方法、平等讨论的方法、批评和自我批评的方法。"⑥他多次强调:"开展思想政治工作,要力求做到生动活泼、群众喜闻乐见,切忌形式主义、教条主义,切忌简单生硬。不讲究方式、方法,不分对象、条件、场合,照本宣科,生搬硬套,老生常谈,空话连篇,绝对不会有成效。要特别警惕和防止形式主义的东西。……思想政治工作必须讲求春风化雨,润物无声,耐心细致,潜移默化。"⑦

基于青年社会实践活动的增多,不愿受传统思想观念束缚,不会全盘

---

① 江泽民. 江泽民文选(第三卷)[M]. 北京:人民出版社,2006:86-92.
② 江泽民. 论党的建设[M]. 北京:中央文献出版社,2001:437-438.
③ 江泽民. 江泽民文选(第三卷)[M]. 北京:人民出版社,2006:86.
④ 江泽民. 江泽民文选(第三卷)[M]. 北京:人民出版社,2006:90.
⑤ 《求是》杂志政治编辑部编. 毛泽东邓小平江泽民论思想政治工作[M]. 北京:红旗出版社,2000:50.
⑥ 中共中央文献研究室编. 十四大以来重要文献选编(上)[M]. 北京:人民出版社,1996:655.
⑦ 江泽民. 江泽民文选(第三卷)[M]. 北京:人民出版社,2006:93.

第三章　新时代大学生红色文化教育亲和力构建的理论基础与价值意蕴

接受思想政治教育灌输的内容，价值判断能力还没有形成的特点，江泽民提出："要认真研究在改革开放条件下成长起来的新一代青年的特点，把握新的历史条件下做好青年工作的规律"①，同时还要求："要尊重青年的思想和性格特点，尊重青年个性的健康发挥，促进青年思想和身心的健康发展。"②

（5）高度重视互联网技术应用

20世纪90年代以来，互联网技术得到全面发展，信息技术的到来给我们的生活工作带来了深刻变化，也为我们的思想政治教育工作带来了新的机遇和挑战。他深刻地洞察到了这一变化，提出："要重视和充分运用信息网络技术，使思想政治工作提高时效性，扩大覆盖面，增强影响力"③，要求全体思想政治工作者要有高度的责任感和警惕意识，抢先占领网络思想阵地，在虚拟空间中寻找到做好思想政治教育的契机。

此外，他还提出了"校内校外，课内课外，都要抓紧，一点放松不得"，"要把加强制度建设同思想政治教育结合起来"④的思想，强调思想政治工作的复杂性和系统性。

（6）重视文化艺术的育德作用

江泽民认为优秀作品对精神产品的生产具有重要影响和示范作用。他强调："我们中华民族有优秀的文化传统，希望所有的文艺工作者弘扬民族优秀文化，深入到社会主义建设和实际生活中去，反映伟大时代的风貌，创作出无愧于我们这个时代的振奋人心的作品"⑤，要"以科学的理论武装人，以正确的舆论引导人，以高尚的精神塑造人，以优秀的作品鼓舞人，培育有理想、有道德、有文化、有纪律的社会主义公民，提高全民族的思想道德素质和科学文化素质"⑥。利用文学艺术来推动社会主义精神文明建

---

① 江泽民. 江泽民文选（第三卷）[M]. 北京：人民出版社，2006：488.
② 江泽民. 江泽民文选（第三卷）[M]. 北京：人民出版社，2006：488.
③ 江泽民. 江泽民文选（第三卷）[M]. 北京：人民出版社，2006：94.
④ 中共中央宣传部编. 毛泽东邓小平江泽民论社会主义道德建设[M]. 北京：学习出版社，2001：115.
⑤ 本书编写组编. 江泽民论社会主义精神文明建设[M]. 北京：中央文献出版社，1999：217.
⑥ 中共中央文献研究室编. 十四大以来重要文献选编（上）[M]. 北京：人民出版社，1996：248.

设,是江泽民对毛泽东文艺载德思想的继承和发展。

4. 胡锦涛关于思想政治工作亲和力的论述

随着全球化进程的加快,西方社会思潮不断侵袭,国内社会主义市场经济深入发展,经济社会转型带来很多矛盾,大学生个体的独立性、选择性不断增强,意识形态斗争异常激烈。胡锦涛在继承毛泽东、邓小平和江泽民相关思想的基础上,针对新形势新任务,对思想政治工作理论进行了丰富和创新,形成了完整的思想政治教育体系,其中蕴含着较为丰富的亲和力思想,也对提升高校思想政治教育亲和力很有指导意义。

(1) 提出了"以人为本"的发展理念

胡锦涛对群众观进行了继承和发展。他指出:"坚持一切为了群众、一切依靠群众,坚持权为民所用、情为民所系、利为民所谋,坚持把实现好、维护好、发展好最广大人民的根本利益作为我们一切工作的根本出发点和落脚点,是我们做好各项工作的保证,任何时候都不能动摇。"[①]他强调:"做宣传群众、教育群众的工作,要讲究方式方法,善于摆事实、讲道理,努力做到深入浅出、以理服人,使群众能听得明白、听得进去,真正产生实际效果。"[②]如何搞好群众工作,胡锦涛提出:"要在增进信任上下功夫,坚持相信群众,虚心听取群众意见,尊重人、理解人、关心人,做到以理服人、以情感人,使自己成为群众的贴心人。要在解决实际问题上下功夫,坚持教育群众和服务群众相统一,既要解决思想认识问题,又要帮助群众解决生产生活中的实际困难……要在搞好示范引导上下功夫,……使群众学有榜样、赶有目标,增强群众工作亲和力和感染力……。"[③]

在党的十六届三中全会上,他正式提出了"以人为本"的科学发展观理论,指出:"坚持以人为本,就是要以实现人的全面发展为目标,从人民群众的根本利益出发谋发展、促发展,不断满足人民群众日益增长的物质文化需要,切实保障人民群众的经济、政治和文化权益,让发展的成果

---

① 中共中央文献研究室编. 十六大以来重要文献选编(中)[M]. 北京:中央文献出版社,2006:317.
② 中共中央文献研究室编. 十六大以来重要文献选编(中)[M]. 北京:中央文献出版社,2006:317.
③ 胡锦涛. 在党的十七届五中全会上的讲话[N]. 人民日报,2010-10-18.

第三章　新时代大学生红色文化教育亲和力构建的理论基础与价值意蕴

惠及全体人民。"[1]

思想政治教育也必须坚持"以人为本"。早在 2003 年 12 月，胡锦涛在全国宣传思想工作会议上就提出了"以人为本"的思想。他指出："思想政治工作说到底是做人的工作，必须坚持以人为本"，"既要坚持教育人、引导人、鼓舞人、鞭策人，又要做到尊重人、理解人、关心人、帮助人。"[2] 这是我们党对思想政治价值认识的深化，有效拓展了思想政治的教育性和人文性功能，具有里程碑意义，蕴含着深刻的亲和力思想。

2004 年 8 月，中共中央国务院印发了《关于进一步加强和改进大学生思想政治教育的意见》（以下简称《意见》），从哲学层面提出了"培养什么人"和"如何培养人"的根本问题，并把它们上升到党和国家长治久安和中华民族前途命运的高度。《意见》明确指出思想政治工作要"坚持育人为本、德育为先，把立德树人作为教育的根本任务"[3]，明确了新时期大学生思想政治工作的最终指向。

（2）在培养目标上提出"四个新一代"

胡锦涛对青年的成长给予了厚望。2007 年他在《致中国青年群英会的信——让青春在中国特色社会主义事业中焕发绚丽光彩》中，对当代青年提出了"四个新一代"的期望——"努力成为理想远大信念坚定的新一代，品德高尚、意志顽强的新一代，视野开阔、知识丰富的新一代，开拓进取、艰苦创业的新一代"[4]。之后在清华大学建校 100 周年大会上，胡锦涛对青年学生的成长提出了"三个结合"[5]的要求：即把文化知识学习和思想品德修养紧密结合、创新思维和社会实践紧密结合、全面发展和个性发展紧密结合，较以往看，突出了"视野""创业""创新"和"个性"等要求。这些新提法，可视为他对"四有"新人培养目标在新时代要求下的发展性

---

[1] 中共中央文献研究室编. 十六大以来重要文献选编（上）[M]. 北京：中央文献出版社，2005：850.

[2] 胡锦涛. 在全国宣传思想工作会议上的讲话[N]. 人民日报，2003-12-08.

[3] 胡锦涛. 在全国优秀教师代表座谈会上的讲话[N]. 人民日报，2007-09-01.

[4] 胡锦涛. 致中国青年群英会的信——让青春在中国特色社会主义事业中焕发绚丽光彩[N]. 中国青年报，2007-05-05.

[5] 胡锦涛. 在庆祝清华大学建校100周年大会上的讲话（2011年4月24日）[M]. 北京：人民出版社，2011：10-11.

创建，有着极为重要的价值。

（3）把社会主义核心价值体系等作为教育内容

根据时代发展需要，为了应对西方不良社会思潮影响，有效抵制"普世价值"侵袭，他强调必须坚持马克思主义的指导地位，提出了社会主义核心价值体系这一理论，并要求以理想信念教育为核心，深入进行正确的世界观、人生观、价值观教育；以爱国主义教育为重点，深入进行民族精神教育；以基本道德规范为基础，深入进行公民道德教育；以大学生全面发展为目标，深入进行素质教育①。此外，根据学生全面发展的需要，2005年1月，在全国加强和改进大学生思想政治教育工作会议上他又明确指出："对大学生进行思想政治教育，既要摆事实、讲道理，以理服人，耐心细致，循循善诱，进行疏导、开导、引导，不断提高他们的思想认识和精神境界；又要关心人、办实事，以情感人，春风化雨，润物无声，帮助大学生处理好成长过程中学习成才、择业交友、健康生活等方面的具体问题。"②

（4）创新思想政治教育原则

根据对思想政治教育客观规律的认识，胡锦涛提出了思想政治教育的"三贴近"③原则，即坚持贴近实际、贴近生活、贴近群众，把宣传思想工作做实做深做活，更好地宣传动员群众、引导教育群众、帮助服务群众。"三贴近"原则是新时期思想政治教育贯彻落实以人为本理念的重大创新，为思想政治教育增强针对性和提升亲和力提供了保障。

在"三贴近"的原则上，他又进一步提出了"五个结合"④，即做好高校思想政治教育工作要坚持教育与自我教育相结合、坚持政治理论教育与社会实践相结合、坚持解决思想问题与解决实际问题相结合、坚持教育与管理相结合、坚持继承优良传统与改进创新相结合。同时他强调："要形成加强和改进大学生思想政治教育工作的强大合力。加强和改进大学生思想政治教育工作是一项系统工程，必须把社会各方面的力量动员起来，把

---

① 中共中央文献研究室编. 十六大以来重要文献选编（中）[M]. 北京：中央文献出版社，2006：636-639.

② 中共中央文献研究室编. 十六大以来重要文献选编（中）[M]. 北京：中央文献出版社，2006：642.

③ 胡锦涛. 在全国宣传思想工作会议上的讲话[N]. 人民日报，2003-12-08.

④ 胡锦涛. 在全国加强和改进思想政治教育工作会议上的讲话[N]. 人民日报，2005-01-19.

第三章　新时代大学生红色文化教育亲和力构建的理论基础与价值意蕴

社会各方面的资源整合起来,使它们充分发挥作用、密切配合。"①"五个结合"和"合力原则"是对"三贴近"原则在具体实际中的进一步发展。

5. 习近平关于思想政治工作亲和力的论述

党的十八大以来,以习近平同志为核心的党中央坚持以马克思主义、毛泽东思想、邓小平理论、"三个代表"重要思想、科学发展观为指导,坚持解放思想、实事求是、与时俱进、求真务实,坚持辩证唯物主义和历史唯物主义,紧密结合新的时代条件和实践要求,以全新的视野深化对共产执政规律、社会主义建设规律、人类社会发展规律的认识,进行艰辛理论探索,取得重大理论创新成果,创立了习近平新时代中国特色社会主义思想。习近平多次对高校思想政治工作作出重要指示,并在2016年12月召开的全国高校思想政治工作会上对提升思想政治教育亲和力提出了明确要求,把思想政治教育亲和力问题提升到新的历史高度。

（1）继承和创新了人民主体思想

人民的立场是中国共产党的根本政治立场。习近平坚持和继承了这一思想,并以此为指导思想对党的群众理论路线进行了丰富和发展,形成了其独特的人民主体思想理论。他强调:"以人民为中心的发展思想,不是一个抽象的、玄奥的概念,不能只停留在口头上、止步于思想环节,而要体现在经济社会发展各个环节。要坚持人民主体地位,顺应人民群众对美好生活的向往,不断实现好、维护好、发展好最广大人民根本利益,做到发展为了人民、发展依靠人民、发展成果由人民共享。"②党的十九大报告明确指出:"人民是历史的创造者,是决定党和国家前途命运的根本力量。必须坚持人民主体地位,坚持立党为公、执政为民,践行全心全意为人民服务的根本宗旨,把党的群众路线贯彻到治国理政全部活动之中,把人民对美好生活的向往作为奋斗目标,依靠人民创造历史伟业。"③十九大报告中"人民"一词共出现200多次,"民生"一词出现了近20次,这是中国

---

① 中共中央文献研究室编. 十六大以来重要文献选编（中）[M]. 北京：中央文献出版社, 2006：645.

② 习近平. 在省部级主要领导干部学习贯彻党的十八届五中全会精神专题研讨班上的讲话[N]. 人民日报, 2016-01-18.

③ 习近平. 决胜全面建成小康社会 夺取新时代中国特色社会主义伟大胜利——在中国共产党第十九次全国代表大会上的报告[N]. 人民日报, 2017-10-28.

共产党全心全意为人民服务宗旨的最好体现,也是我们党区别于其他政党最显著的标志,是中国特色社会主义建设最本质的特征和最大优势。

（2）培养目标上有新发展

习近平从全面建设中国特色社会主义现代化强国的高度提出"青年兴则国家兴,青年强则国家强"①,"青年一代有理想、有本领、有担当,国家就有前途,民族就有希望"②,把培养有理想、有本领、有担当的人才作为根本目标。2017 年 2 月中共中央国务院印发了《关于加强和改进新形势下高校思想政治工作的意见》,明确思想政治教育要"为实现'两个一百年'奋斗目标、实现中华民族伟大复兴的中国梦,培养又红又专、德才兼备、全面发展的中国特色社会主义合格建设者和可靠接班人"③。其中,再提"又红又专",并将"德才兼备"和"全面发展"作为目标,体现了习近平总书记在青年思想政治工作目标上的继承和发展性。

（3）坚持以学生为本的教育思想

习近平发展了胡锦涛关于思想政治教育以人为本的思想。他指出:"思想政治工作从根本上说是做人的工作,必须围绕学生、关照学生、服务学生,不断提高学生思想水平、政治觉悟、道德品质、文化素养,让学生成为德才兼备、全面发展的人才"④,要求高校要把立德树人作为中心环节,这是对思想政治工作本质认识的深化和发展。

（4）提出了新的思想政治教育任务

习近平强调,高校思想政治工作要教育引导学生达成"五个方面的正确认识",即:"正确认识世界和中国发展大势,从我们党探索中国特色社会主义历史发展和伟大实践中,认识和把握人类社会发展的历史必然性,认识和把握中国特色社会主义的历史必然性,不断树立为共产主义远大理想和中国特色社会主义共同理想而奋斗的信念和信心;正确认识中国特色

---

① 习近平. 习近平谈治国理政 [M]. 北京:外文出版社,2014:54.

② 中共中央党史和文献研究院编. 习近平关于统筹疫情防控和经济社会发展重要论述选编 [M]. 北京:中央文献出版社,2020:13.

③ 中共中央国务院. 关于加强和改进新形势下高校思想政治工作的意见 [N]. 人民日报,2017-02-28.

④ 习近平在全国高校思想政治工作会议上强调:把思想政治工作贯穿教育教学全过程 开创我国高等教育事业发展新局面 [N]. 人民日报,2016-12-09.

和国际比较，全面客观认识当代中国、看待外部世界；正确认识时代责任和历史使命，用中国梦激扬青春梦，为学生点亮理想的灯、照亮前行的路，激励学生自觉把个人的理想追求融入国家和民族的事业中，勇做走在时代前列的奋进者、开拓者；正确认识远大抱负和脚踏实地，珍惜韶华、脚踏实地，把远大抱负落实到实际行动中，让勤奋学习成为青春飞扬的动力，让增长本领成为青春搏击的能量。"[1]

（5）拓展思想政治教育的内容

根据时代的发展，除强调继续加强马列主义、毛泽东思想和中国特色社会主义理论体系学习外，习近平还对丰富思想政治教育内容提出了要求。

第一，加强中国梦教育。党的十八大以后，习近平提出把实现中华民族伟大复兴的中国梦作为全党全国各族人民的奋斗目标。他说："中国人民发自内心地拥护实现中国梦，因为中国梦首先是十三亿中国人民的共同梦想。"[2]2013年5月，习近平参加"实现中国梦、青春勇担当"主题团日活动，同各界优秀青年代表座谈并发重要讲话时说："中国梦是历史的、现实的，也是未来的。……中国梦是国家的、民族的，也是每一个中国人的。……中国梦是我们的，更是你们青年一代的。"[3]他鼓励广大青年在实现中国梦的生动实践中放飞青春梦想，让每个青少年都为实现中国梦注入强大青春能量。

第二，加强社会主义核心价值观教育。党的十八大对社会主义核心价值体系进行了提炼，形成24字核心价值观。习近平强调："核心价值观，承载着一个民族、一个国家的精神追求，体现着一个社会评判是非曲直的价值标准。……社会主义核心价值观，把涉及国家、社会、公民的价值要求融为一体，既体现了社会主义本质要求，继承了中华优秀传统文化，也吸收了世界文明有益成果，体现了时代精神。"[4]而就如何加强核心价值观

---

[1] 习近平. 习近平谈治国理政（第二卷）[M]. 北京：外文出版社，2017：377-378.

[2] 中共中央文献研究室编. 习近平关于实现中华民族伟大复兴的中国梦论述摘编[M]. 北京：中央文献出版社，2013：5.

[3] 习近平在同各界优秀青年代表座谈时强调：在实现中国梦的生动实践中放飞青春梦想 在为人民利益的不懈奋斗中书写人生华章[N]. 人民日报，2013-05-05.

[4] 习近平在北京大学考察时强调：青年要自觉践行社会主义核心价值观 与祖国和人民同行努力创造精彩人生[N]. 人民日报，2014-05-05.

教育，习近平指出："要利用各种时机和场合，形成有利于培育和弘扬社会主义核心价值观的生活情景和社会氛围，使核心价值观的影响像空气一样无所不在、无时不有。"① 同时他还要求："把社会主义核心价值观融入社会发展各方面，转化为人们的情感认同和行为习惯。"② 他还深情勉励道："青年处在价值观形成和确立的时期，价值观养成十分重要。这就像穿衣服扣扣子一样，如果第一粒扣子扣错了，剩余的扣子都会扣错。人生的扣子从一开始就要扣好。"③ 他希望青年学生要勤学、修德、明辨、笃实自觉践行社会主义核心价值观，努力在实现中国梦的伟大实践中创造自己的精彩人生。

第三，加强党史国史教育、中华优秀传统文化教育、道德教育与法制教育。习近平多次讲到"历史是最好的教科书"④ "中国革命历史是最好的营养剂"⑤，要求通过学校教育、理论研究、历史研究、影视作品、文学作品等多种方式，加强爱国主义、集体主义、社会主义教育，引导我国人民树立和坚持正确的历史观、民族观、国家观、文化观，增强做中国人的骨气和底气。

习近平认为，中华文化源远流长，积淀着中华民族最深层的精神追求，代表着中华民族独特的精神气质，为中华民族生生不息、发展壮大提供了丰厚滋养。中华传统美德是中华文化精髓，蕴含着丰富的思想道德资源。不忘本来才能开辟未来，善于继承才能更好创新。提出对历史文化特别是先人传承下来的价值理念和道德规范，要坚持古为今用、推陈出新，有鉴别地加以对待，有扬弃地予以继承，努力用中华民族创造的一切精神财富来以文化人、以文育人。

坚持道德教育与法治教育相结合，提升大学生的道德水准和法治观念。他强调："道德之于个人、之于社会，都具有基础性意义，做人做事第一

---

① 习近平. 习近平谈治国理政 [M]. 北京：外文出版社，2014：165.
② 习近平. 决胜全面建成小康社会 夺取新时代中国特色社会主义伟大胜利——在中国共产党第十九次全国代表大会上的报告 [N]. 人民日报，2017-10-28.
③ 习近平在北京大学考察时强调：青年要自觉践行社会主义核心价值观 与祖国和人民同行努力创造精彩人生 [N]. 人民日报，2014-05-05.
④ 习近平. 习近平谈治国理政 [M]. 北京：外文出版社，2014：405.
⑤ 习近平. 论中国共产党历史 [M]. 北京：中央文献出版社，2021：24.

位的是崇德修身。……一个人只有明大德、守公德、严私德，其才方能用得其所"①。

（6）创新教育途径和方法

习近平强调："宣传思想工作创新，重点要抓好理念创新、手段创新、基层工作创新"②，要"做到因势而谋、应势而动、顺势而为"③。随着信息化的深入发展，互联网已经进入了人们生活的方方面面，深刻地影响到人们的生产、生活和思维方式，他要求宣传系统"要创新改进网上宣传，运用网络传播规律，弘扬主旋律，激发正能量，大力培育和践行社会主义核心价值观，把握好网上舆论引导的时、度、效，使网络空间清朗起来"④。同时，他还要求高校"要更加注重以文化人以文育人，广泛开展文明校园创建，开展形式多样、健康向上、格调高雅的校园文化活动，广泛开展各类实践。要运用新媒体新技术使工作活起来，推动思想政治工作传统优势同信息技术高度融合，增强时代感和吸引力"⑤。

（7）要求教育者要争做"四有"好老师

习近平提出了"四有"好老师的标准，做党和人民满意的好老师，即"要有理想信念、有道德情操、有扎实学识、有仁爱之心"⑥。这为培养党和人民满意的好老师确立了目标、指明了方向，是加强教师队伍建设、推动教育改革发展的行动指南。

二、新时代大学生红色文化教育亲和力构建的价值意蕴

（一）增强红色文化教育的实效性

习近平强调："对历史文化特别是先人传承下来的价值理念和道德规范，要坚持古为今用、推陈出新，有鉴别地加以对待，有扬弃地予以继承，

---

① 习近平. 习近平谈治国理政 [M]. 北京：外文出版社，2014：173.
② 习近平. 习近平谈治国理政 [M]. 北京：外文出版社，2014：155.
③ 习近平. 论党的宣传思想工作 [M]. 北京：中央文献出版社，2020：354.
④ 习近平. 习近平谈治国理政（第一卷）[M]. 北京：外文出版社，2018：198.
⑤ 习近平. 习近平谈治国理政（第二卷）[M]. 北京：外文出版社，2017：378.
⑥ 习近平. 在北京大学师生座谈会上的讲话（2018年5月2日）[M]. 北京：人民出版社，2018：8.

努力用中华民族创造的一切精神财富来以文化人、以文育人。"①新时代高校提升大学生红色文化教育亲和力能够将红色文化的感染力、号召力融入大学生群体的知情意行，有利于在红色文化育人过程中更好地提升大学生的红色文化认同感和思想道德素养，发挥教育合力，从而提升红色文化教育情感育人、道德育人及协同育人的实效性。

1. 提升红色文化教育情感育人实效性

当前，大学生对红色文化的认同程度逐渐成为判断红色文化教育实效性的重要因素。高校提升红色文化教育亲和力将强化大学生对红色文化所含政治立场、精神内涵、价值观念的情感共鸣，促进其更好地感悟红色文化基因，进而提升其对红色文化的认同感，彰显红色文化教育的情感育人实效性。

（1）有利于增强大学生对红色文化政治立场的情感认同

人民性作为贯穿于红色文化始终的主线，是红色文化教育的价值内核，也是中国共产党从革命年代到今天一直遵循的政治立场。人民是历史的创造者，也应当是物质财富和精神财富的享有者。一切以人民为中心是党领导人民进行革命和干事创业的工作出发点，这在红色文化中有着具体而鲜明的体现。革命战争年代，红军战士就有为人民服务的严格组织纪律，明确提出红军不拿群众的一针一线，借老百姓东西要还等规定。延安文艺座谈会上毛泽东曾强调，"为什么人的问题，是一个根本的问题，原则的问题。"②"人民，只有人民，才是创造世界历史的动力。"③邓小平同志也曾指出"群众是我们力量的源泉"④，此后的"三个代表"重要思想、科学发展观中的"以人为本"思想以及习近平新时代中国特色社会主义思想等都是重视人民性的真实写照，在一定程度上丰富和发展了红色文化的人民性内涵。故从情感角度入手，高校不断提升红色文化教育亲和力，将有助于激发大学生的人民情感，增强对红色文化人民性的情感认同。

---

① 习近平. 习近平谈治国理政 [M]. 北京：外文出版社，2014：164.
② 毛泽东选集（第三卷）[M]. 北京：人民出版社，1991：857.
③ 毛泽东选集（第三卷）[M]. 北京：人民出版社，1991：1031.
④ 邓小平. 邓小平文选（第二卷）[M]. 北京：人民出版社，1994：368.

第三章　新时代大学生红色文化教育亲和力构建的理论基础与价值意蕴

（2）有利于增强大学生对红色文化精神品质的情感认同

红色文化产生于新民主主义革命时期，其产生的时代背景、历史条件等与今天大学生成长发展的现代化环境截然不同，加之红色文化在教育宣传中或多或少存在庸俗化、虚假化、过度包装化等问题，导致大学生对红色文化基本理论知识的认知度不高、记忆不深，对红色文化精神的情感认同不强，甚至存在曲解革命文化的想法。为此，提升大学生红色文化教育亲和力，将红色文化所蕴含的不屈不挠、艰苦奋斗、实事求是、一心为民、无私奉献等革命精神，以一种潜移默化的亲近力量融进大学生的情感内心，对于改变大学生的红色文化认知，增强大学生的红色精神文化认同感，磨炼精神品质等均具有重要的教育意义。

（3）有利于增强大学生对红色文化民族归属感的情感认同

红色文化记录着全民族抗战胜利的革命历史，展现了全体中华儿女迎难而上、一致对外的奋发姿态，具有浓厚的爱国主义精神和民族主义情感。新时代国内外发展环境较革命战争年代更加稳定和谐，大学生群体的民族危机意识相对较弱，其追求个体发展的诉求明显加强，对国家整体发展程度的关注度相对不高，故提升红色文化教育亲和力能够以情感人，不断提高大学生的国家大局意识和民族荣辱感，增强大学生对中国特色社会主义事业和整个中华民族的认同，进而强化大学生的民族自信心、自豪感与归属感。

2. 提高红色文化教育道德育人实效性

习近平在全国高校思想政治工作会议上指出，要坚持把立德树人作为中心环节。红色文化教育的最终目的在于培养"五育并举"的时代新人，尤其在促进青年大学生养成高尚的道德品行方面具有重要推动作用。提升红色文化教育亲和力，将教育者、教育活动与受教育者紧密联系，以红色文化教育活动的革命道德感染力吸引受教育者，在一定程度上将引导大学生求真向善，摆脱错误价值观的侵蚀，从而提升大学生的思想道德素养，拔高红色文化教育的道德高度，增强红色文化教育的道德育人实效性。

一般而言，思想道德素质主要包括两个方面，一是指包括世界观、人生观和价值观等观念在内的思想素质，二是指表示一个人所具有的一切精神品质总称的道德素质。红色文化包含了信念坚定、无私奉献、敢于担当等宝贵的革命道德,并以实现共产主义道德理想与实践作为革命道德的目标,以全心全意为人民服务为道德核心,主张集体主义的道德原则,重视革命人道主义,蕴含了科学的马克思主义和社会主义世界观、集体主义重于个人主义的价值观以及为最广大人民服务的人生观,能够为今天提升青年大学生的思想道德素质提供丰厚的道德养料。当前,大部分大学生能够拥护党的领导和信奉马克思主义科学思想,但也有部分学生在西方价值观"变相"传播渗透的今天难以做到政治立场坚定,世界观认知不全面;部分大学生个人主义意识强烈,过于强调自我感受,追求自我存在感,服务他人和社会的意识不够浓厚,价值观和人生观上存有缺陷,整体的社会道德水平有待提升。基于大学生现存的思想道德现状,高校提升红色文化教育亲和力,以一种学生易于接受、乐于接受的教育方式传递红色道德价值观,将促进红色革命道德潜移默化地融入大学生的思想和道德认知,对于提升新时代大学生的思想道德素养极具重要意义。

3. 发挥红色文化教育各要素协同育人实效性

红色文化教育亲和力的生成是各教育要素综合作用的结果,故高校提升红色色文化教育亲和力所产生的成效也将促进各教育要素不断发展完善,进而不断增强各要素间的有效联系,发挥协同育人作用。

当前,红色文化教育在课程安排、课程结构等方面日趋完善,但各教育要素之间的相互配合与衔接程度尚存不足。第一,相关红色文化课程教育内容设置与教育对象之间存在一定的张力。主要表现为教育内容的针对性、时代感和吸引力不够,有效供给不足,如过高的理论性知识导致了对社会实际问题的解释力不足,对大学生群体的认知能力、心理接受水平等关注度不高,部分"假大空"的宣讲内容又引发了学生的反感与排斥。第二,红色文化教育者对教育内容的选取和对教育方法的运用不得当。不少教育者对如何选取既能够达到教育目标又容易对学生产生吸引力的教育内容、选取的教育内容又应该以何种教育方式或教育载体呈现、新教育手段如何有效运用而不失红色文化教育本真等问题思考不够全面,这既削弱了红色文化教育者的主导作用,增加了师生的立场、情感、态度隔阂,也降低了各教育要素之间的配合默契度。第三,红色文化教育环境的不和谐性在一定程度上制约了其他教育要素作用的发挥。新时代教育环境的多元复杂化、教育硬件条件（如多媒体技术等）的有限性等原因，使得部分高校在开展红色文化教学过程中难以为学生营造身临其境的教学环境，易导致学生对红色文化教育内容认知不深，对教育者的讲解丧失兴趣，最终也便难以实现教育目标。第四，红色文化教育目标对各教育要素的导向作用尚未充分发挥。主要表现为教育主体在教育过程中不能准确全面地理解教育目标，或在实施过程中对教育目标产生偏离，对教育目标强调的知识性与价值性统一、灌输性和启发性统一、政治性与学理性统一等把握不到位。诸如此类的问题都在一定程度上反映了当前红色文化教育各要素合力不足的难题。红色文化教育亲和力的实质是凝聚各教育要素对教育对象的情感力量和影响力量，具有综合性、系统性的特征，而提升红色文化教育亲和力就是要求施教主体在发挥各教育要素亲和力的基础上，打破教育目标、教育内容、教育者、教育对象、教育环境之间的壁垒，以各要素的协调配合来实现综合发力。为此，提升红色文化教育亲和力，将有利于提高红色文化教育内容的质量与吸引力，保证内容上的通俗化；增强教育载体的多样性与趣味性，保证载体运用上的高效化；塑造教学水平过硬、人格魅力较强的教师队伍，保证教育者的亲切感与感染力；优化教育环境，突出体验性与和谐性，从而实现各教育要素之间的有机统一，达成红色文化的教育目标，增强红色文化教育各要素协同育人实效性。

（二）推动思想政治教育目标任务的实现

党的十九大以来，《高校思想政治工作质量提升工程实施纲要》强调了思想政治教育工作的总目标在于培养全面发展的能够担当民族复兴大任的时代新人，确定了包括文化育人、实践育人等在内的十大育人体系的基本任务，从思想政治教育的目标任务、内容形式等多方面提出了新要求。当前，提升红色文化教育亲和力将进一步创新思想政治教育育人形式，实现文化育人、实践育人、网络育人等基本任务，丰富与完善思想政治教育理论教材内容、教学实践内容及教育成果评价内容等，从而推动思想政治教育目标任务的实现。

1. 创新思想政治教育育人形式

实现思想政治教育目标和基本任务，必须借助科学有效的教育形式。

当前思想政治教育重理性教育轻感性教育，重知识灌输性教育轻实践体验教育，重传统教育载体的使用而忽视新媒体教学的创新，这都在一定程度上限制了思想政治教育育人形式的创新发展。提升大学生红色文化教育亲和力，有利于高校发挥红色文化情感力量实现文化育人，借助红色文化教育实践活动实现实践育人，依托红色网络宣传教育载体的优势实现网络育人，从而进一步创新传统思想政治教育形式，达成新时代思想政治教育任务要求。

红色文化教育亲和力作为教育活动中的一种吸引力、感染力，具有渗透性和开放性的特征，其最终落脚点在于促进教育对象与红色文化教育活动的情感亲和。故提升红色文化教育亲和力在一定程度上可以弥补传统思想政治教育以情育人、以情化人不强的缺陷，有助于打造以红色文化为基础，以学生为中心，以网络宣传新技术为依托，以红色体验活动为平台，各教育要素多维互动、知行合一的立体化育人形式。首先，提升红色文化教育亲和力有利于挖掘红色文化中的革命理论、精神道德、红色制度精华及先进人物事迹，营造浓厚的红色文化环境，从情感层面增强对教育对象的感染力，激发学生对革命人物、革命精神、革命故事的情感共鸣。以红色文化理论内容作为"化人"的基础，用潜移默化的情感方法和途径作为"化人"的有力抓手，最终达到育人的目的，由此将有利于改变重知识灌输的传统思想政治教育形式，体现红色文化在思想政治教育中的文化育人价值。其次，提升红色文化教育亲和力有利于发挥红色文化教育实践基地的育人优势，运用体验教育的方式，将先进的红色思政教育理念与具体的、可触可见可感的实体实践活动相结合，推动传统思政教育走出课堂，实现由封闭向开放的转变，优化实践育人教育形式。最后，提升红色文化教育亲和力有利于充分发挥新媒体虚拟教学技术的优势，打破教育者主导的传统权威，最大化地发挥"互联网＋红色思政"的育人作用。通过营造现代化的红色文化网络育人环境以实现教育信息的双向平等流动，促进教育话语多元化与平等化，增强教育内容亲生性，完善网络交互育人形式，从而加快思政教育育人形式的创新转化。

2. 丰富思想政治教育内容

思想政治教育内容特指思想政治教育学中围绕培养什么样的大学生、

用什么培养、为谁培养、怎样培养等根本问题而形成的包括理论教材内容、教学内容、教育管理内容、学术内容、课程内容、话语内容、教育质量评价内容等在内的一系列学科培养内容的总称。新时代提升大学生红色文化教育亲和力需要多项教育内容有机配合，在一定程度上将促进思想政治教育内容向更加科学化、全面化、亲近化的方向发展。

（1）有利于丰富思想政治教育理论教材内容

红色文化教育亲和力强调红色教材理论内容的科学合理性，即红色文化教材内容应充满时代感和吸引力，能够贴近学生的所思所想所期待，尊重新时代大学生的成长发展规律，注重红色理论的层次性，实现红色文化理论与不同年级、不同专业教育对象的知识认知能力及情感价值观的有效衔接，同时在教材内容设置上要求避免重复性，强化学科理论支撑。这便对高校思想政治教育教材内容提出了新要求，由此也将推动高校完善更加亲近学生、贴近生活、逻辑合理规范的红色理论教材内容。

（2）有利于丰富思想政治教育教学实践内容

习近平在学校思想政治理论课教师座谈会上提出了推进思想政治理论课改革创新要遵循的"八个统一"[①]要求，对提升思想政治教育教学内容质量寄予新期望。红色文化教育作为思想政治教育的重要部分，在教学过程中提升其教育亲和力将有助于增强整个思想政治教育教学亲和力，丰富和完善思想政治教育教学实践内容。红色文化教育亲和力重视教师主体亲和与整个教学过程的亲和，要求教师摆脱枯燥单一的红色理论知识说教，秉持"学生第一位"和立德树人的教学理念，主张运用更加生动有趣、富有感染力和说服力的教学话语、教学方式、教学载体等将红色信仰、红色革命情感、红色故事内化于学生的头脑和情感，以达到学生愿意听红色思政课、愿意上红色思政课、愿意主动参与红色思政课的理想效果。故提升红色文化教育亲和力有利于促进红色文化教学课堂"活起来"，在一定程度上将推动思想政治教育教学实践内容的丰富、发展与创新。

（3）有利于创新思想政治教育质量评价内容

当前，评价思想政治教育效果的内容和方式多样，评价对象多元，如

---

① 习近平. 论党的宣传思想工作 [M]. 北京：中央文献出版社，2020：383-386.

在评价方式上可表现为思想政治教育常规工作评价与重点项目任务评价相统一、日常过关性评价与阶段性评优相结合、综合性评价与专项性评价相统一等，在评价对象上主要表现在思想政治教育内容、主要任务、思政理论课程、思政教师队伍、教育对象的德智体美劳等诸方面，但对教育亲和力效果的具体考量并不多见。而提升红色文化教育亲和力本身就是增强红色思政教育活动对教育对象的吸引力和亲近感，可直接提高思想政治教育的实际效果，因此，高校在检验思想政治教育学科效果时，可将红色文化教育各要素的亲和力情况纳入评价内容指标。以红色文化教育亲和力的生成和实现效果来创新思政教育评价指标，将有利于丰富和拓展思想政治教育质量评价内容。

3. 实现思想政治教育红色育人目标

改革开放以来，我国红色文化教育工作始终坚持马克思主义中国化最新理论成果的引领和社会主义的办学方向，致力于培养又红又专、德才双优、全面发展的社会主义建设者，这与思想政治教育目标高度契合。新时代条件下，提升大学生红色文化教育亲和力，将进一步深化革命性、人民性和社会主义性质等红色育人性质，突出思想政治教育的红色育人目标。

红色文化的鲜明政治属性决定了红色文化教育的教育性质，也必然影响着思想政治教育的性质与发展目标。红色文化的产生最早可追溯至新民主主义革命时期，以马克思主义在中国的传播为开端，这一时期的红色文化可大致理解为革命文化，具有政治性、革命性、人民性等鲜明特征。无论从革命理论、革命组织、革命制度、革命运动，还是精神道德层面的革命精神分析，红色文化都是对马克思主义的继承与发展，体现着中国共产党人的核心价值观和革命政治观。社会主义革命和建设时期，红色文化具体表现为革命先进人物事迹和社会主义建设精神，如以张思德同志和雷锋同志等为代表的为人民服务精神等，这一时期的红色文化教育主要表现为开展党史国史教育和进行革命英雄人物事迹宣传教育，在教育方向上严把社会主义的政治方向。改革开放以来，红色文化更多表现为社会主义先进文化，红色文化教育则多与社会主义核心价值观教育、理想信念教育、爱国主义教育等相结合，始终坚守马克思主义、中国特色社会主义的政治方向，坚持社会主义意识形态的宣传主阵地。新时代，红色文化教育亲和力是开

第三章　新时代大学生红色文化教育亲和力构建的理论基础与价值意蕴

展红色文化教育的关键一环，其价值取向也必然具有革命性和社会主义性质。因此，在高校中提升红色文化教育亲和力，以一种自然、亲近、有吸引力的方式将党和人民在革命、建设和改革时期形成的精神文化和马克思主义指导思想传递给大学生，既能够有效地抵制思想政治教育学科交叉融合中的错误思潮，也将在增强大学生对革命价值观和社会主义事业认同感等方面发挥潜移默化的功效，从而更好地坚持思想政治教育的社会主义方向，突出思想政治教育育人的红色价值目标。

（三）助推红色文化精神的传承与弘扬

习近平指出："不忘初心，牢记使命，就不要忘记我们是共产党人，我们是革命者，不要丧失了革命精神。"[①] 如何将红色文化所蕴含的红色革命精神作用于新时代青年大学生，使其内化于心、外化于行，便需要各大高校不断提升红色文化教育亲和力。提升红色文化教育亲和力能够从精神的向度挖掘红色文化价值，以此最大化地激发大学生的民族情感，凝聚其精神认同力量，这将有利于赓续红色文化中的创造精神、奋斗精神、团结精神与梦想精神，推动红色文化精神的传承与弘扬。

1. 继承红色文化中的创造精神

创造精神是红色文化的精髓之一，体现着中国共产党实事求是、开拓创新、积极进取的创新创造品质，对今天培养大学生的创新意识、求实精神有着重要的进步意义。新时代，红色文化教育作为传承创造精神的有力依托，只有不断提升其教育亲和力，才能更有感召力地将创造精神融入大学生的理想信念与价值观，实现红色文化精神与新时代高校育人任务的有机结合，从而更好地继承红色文化中的创造精神。

红色文化中的创造精神主要包含两层意思，一是富有创新性和开拓性的首创精神，二是指实事求是精神。在党的奋斗历史上，最早的革命创造精神可表现为"红船精神"即"走在时代前列的精神，开天辟地、敢为人先的首创精神"[②]。这种首创精神催生了中国革命的领导中坚和主心骨——

---

① 中共中央和文献研究院，中央"不忘初心、牢记使命"主题教育领导小组办公室编. 习近平关于"不忘初心、牢记使命"论述摘编[M]. 北京：党建读物出版社，中央文献出版社，2019：15.

② 习近平. 弘扬"红船精神"走在时代前列[N]. 人民日报，2017-12-01.

中国共产党，促进了中国革命、建设和改革事业的发展，构成了中国革命精神的开端。同样，"红船精神"不是凭空产生的，而是党在坚持将马克思主义与中国实际国情相结合、时代先进要求与中国人民实际觉悟水平相结合的基础上形成的，是遵循中国问题、矛盾、国情基础上的创新性产物，是敢为人先与求真务实的统一，具有鲜明的实事求是品质。纵观红色文化发展史，1935年召开的遵义会议是中国共产党独立自主、实事求是地开创中国革命新局面的成功实践，具有革命转折点的重要历史地位。此外，在社会主义革命、建设和改革时期，党和人民基于我国国情特征所形成的独立自主的大庆精神、勇于开拓的北大荒精神、敢于攀登的"两弹一星"精神、敢闯敢干的小岗精神、大胆探索的特区精神、特别能攻关的航天精神等精神品质都是红色文化中创造精神的历史延续，并在新时代条件下逐步发展为了创新精神和自主精神，共同构成了我们今天建设社会主义创新型强国的精神推动力。新时代，结合大学生群体的创造精神现状，提升红色文化教育亲和力以继承创造精神具有一定的现实必要性。一方面，大部分大学生思想进步，追求新颖个性，具备一定的创新意识和问题意识，尤其是互联网与思想政治教育的结合，为其更加便捷地接触新事物提供了便利，在一定程度上为培养其创新性思维带来了契机。但互联网自媒体的"短、精、快"的传播特点，又易增加大学生对信息的依赖性和顺从性，导致大学生的创造性思维受压抑，潜心钻研与独立思考的能力下降，"随大流""炒话题"等跟风行为蔓延。另一方面，少数大学生存在"佛系"思想，以追求随遇而安的平和心态为借口不求上进、不求创新、不关注现实，固守传统，其开拓意识不强，创新创造精神动力不足。基于此，高校必须进一步提升红色文化教育亲和力，运用情感力量加强对大学生群体创造精神的熏陶，使其感受党和人民在艰苦年代敢开新路、顽强拼搏的魄力，以激发其创新创造的热情，从而实现红色创造精神在新时代的转化与传承。

2. 激发红色文化中的奋斗精神

2016年，在庆祝中国共产党成立95周年大会上，习近平强调："我们要永远保持建党时中国共产党人的奋斗精神、永远保持对人民的赤子之

第三章　新时代大学生红色文化教育亲和力构建的理论基础与价值意蕴

心。"[①]2019年,习近平在纪念五四运动100周年大会上的讲话中寄语新时代青年"奋斗是青春最亮丽的底色"[②]。奋斗精神既是中国共产党人在新时代保持初心的精神动力,也是广大青年大学生肩负中华民族伟大复兴重任的力量支撑。新时代条件下,提升大学生红色文化教育亲和力,有利于培养大学生吃苦耐劳的精神品质,磨炼其艰苦奋斗意志,不断传承永久奋斗的红色文化精神。

奋斗精神作为红色文化精神的核心组成部分,产生于党和人民伟大的社会实践,见证着党和人民共同奋斗的历史。今天我们透过大学生红色文化教育谈奋斗精神,目的在于引导大学生深度领悟奋斗精神的内涵及其表现,使之明白党和人民从革命时期起强调接续奋斗的原因,明确今天应当为什么而奋斗,如何去奋斗,体现奋斗精神对新时代大学生的教育价值。中国共产党在成立之初,便具有了百折不挠、艰苦奋斗的"红船精神";伴随着艰苦的革命实践,党和人民又创造了井冈山精神、苏区精神、长征精神、抗战精神、延安精神、西柏坡精神等蕴含艰苦奋斗精神的优良品质。社会主义革命和建设时期的林场精神、北大荒精神、大庆精神,改革开放以来的航天精神、劳模精神等都充分地呈现了党和人民不怕吃苦、自力更生、卓绝创业的艰苦奋斗精神。新时代条件下,这种奋斗精神仍未过时,潜移默化地与新时代中国精神相通,并进一步与学生的人生观、价值观相融,在锤炼大学生精神品格等方面有着重要的意义。当前,多为"00后"的在校大学生,他们见证或亲历了社会转型期的新变化,肩负着新时代使命,总体上具备较高的奋斗意识与奋斗精神,能够自觉地从事奋斗实践活动。但也不乏具有"精致利己"、贪图安逸、"丧文化""啃老"思想的少数大学生,他们对奋斗精神理解偏颇,一方面错误地将"奋斗"理解成了要为自己奋斗而不是为集体、为人民奋斗,不能正确把握奋斗的人民性,在奋斗价值观层面便形成了"精致利己"的错误思想;另一方面错误地将奋斗精神简单地理解为是党和人民在革命年代才有的精神品质,认为在新时代物质水平较高的条件下,不需要坚守吃苦耐劳、拼搏坚韧的奋斗精神,忽视了奋斗精神在新时代的价值意义,由此生发了消极、颓废、不求上进、

---

① 习近平. 在庆祝中国共产党成立95周年大会上的讲话[N]. 人民日报, 2016-07-02.
② 习近平. 在纪念五四运动100周年大会上的讲话[N]. 人民日报, 2019-05-01.

追求安逸的"啃老"和"丧文化"等错误思想。基于当前大学生的奋斗精神现状，新时代提升大学生红色文化教育亲和力，将党和人民在艰难岁月中形成的奋斗精神以富有感染力和说服力的方式传授给大学生，有利于增进大学生对奋斗精神内涵的理解，帮助其树立"幸福都是奋斗出来的"[①]奋斗价值观，从而激发大学生的奋斗意志，传承中华民族奋斗精神。

3. 凝聚红色文化中的团结精神

习近平强调："要高举爱国主义、社会主义旗帜，牢牢把握大团结大联合的主题"[②]，指明了新时代凝聚团结精神的方向与主题。新时代高校提升大学生红色文化教育亲和力，将有利于从情感层面激发大学生的团结意识，增强其对党、国家和社会主义的价值观认同，产生建设社会主义现代化强国的团结合力，对凝聚中华民族团结精神有巨大促进作用。

团结精神蕴含着爱国主义、集体主义、社会主义等理想信念内涵，反映着党和人民团结奋进的精神风貌，是中华民族精神最本质、最集中的体现。团结精神作为中国共产党执政成功的关键秘诀，既表示党内团结、党与人民团结，也指全国各民族人民团结，海内外中华儿女大团结。例如，融革命理想信念、救国救民、实事求是、艰苦奋斗、爱国主义为一体的伟大长征精神，是党、军、民紧密团结精神的真实写照，保证了中国革命由衰转胜；外敌入侵、民族危亡之下形成的抗战精神、军民水乳交融的沂蒙精神，将全国各界人民连为一体，保证了中华民族在支离破碎中走向独立富强；新中国成立后，为打破世界大国的科技封锁所形成的"两弹一星"精神，98年的洪水灾害中全国人民形成的万众一心、众志成城的伟大抗洪精神，汶川地震中形成的抗震救灾精神，再有团结协作的浦东精神、航天精神、女排精神、抗疫精神等都向世人传达了"众人拾柴火焰高"的中华民族团结精神。新时代，我国在国际舞台上取得了全方位、多领域的卓越成就，大国影响力不断提升，一定程度上讲也是全国各民族人民坚持马克思主义理想信念，坚持拥护党的集中统一领导，齐心协力高举团结进步社会主义

---

① 习近平. 在北京大学师生座谈会上的讲话（2018年5月2日）[M]. 北京：人民出版社，2018：12.
② 习近平. 决胜全面建成小康社会 夺取新时代中国特色社会主义伟大胜利——在中国共产党第十九次全国代表大会上的报告[N]. 人民日报，2017-10-28.

第三章　新时代大学生红色文化教育亲和力构建的理论基础与价值意蕴

旗帜的结果。当前，大学生群体的团结精神总体较高，能够在困难面前相互合作，齐心攻克难题。但也存在部分大学生过分追求个人主体意识和自由、组织纪律意识和团队合作精神不高、集体主义人格不够健全等问题。基于此，提升大学生红色文化教育亲和力有利于强化大学生对团结一心、同舟共济等团结精神的价值认同，促进其养成爱国主义、集体主义的团结意识，从而为新时代凝聚伟大的团结精神贡献力量。

4. 发扬红色文化中的梦想精神

"实现中华民族伟大复兴是近代以来中华民族最伟大的梦想。"[1] 梦想精神是党领导全国各族人民为实现国家富强、民族振兴、人民幸福而产生的不屈不挠、担当奉献、扎实苦干的优良品质，对锤炼新时代大学生的信念意志极为重要。新时代提升大学生红色文化教育亲和力有利于将红色文化中的梦想精神现实化、具体化，以此提振大学生的忧国忧民意识，培养其坚定笃实、积极奋发、踏实苦干、敢攀高峰的精神品质，激励其肩负民族复兴的伟大梦想使命。

梦想精神是红色文化的力量支撑，是中华民族日益走向强起来的精神伟力。从红色文化诞生以来，中国共产党和人民的一切实践行动均受到梦想精神的鼓舞。如新民主主义革命时期，全党全国人民为实现民族独立、国家统一的中国梦，在实践中形成了许多进步的革命精神品质，如苏区精神、长征精神、抗战精神等梦想精神，指导中国革命取得了伟大胜利；新中国成立以来，为实现国家富裕、人民幸福、社会和谐的中国梦，伟大的中国人民又创造了"两弹一星"精神、航天精神、改革开放精神等梦想精神，使中国从"站起来"走向了"富起来"；新时代，党和全国各族人民向着国家富强、民族振兴、人民幸福的伟大中国梦出发，在探索强起来的征程中形成了新时代劳模精神、实干精神、担当精神、钉钉子精神等伟大梦想精神，为实现人民美好生活向往的目标打牢了基础。红色文化中蕴含的梦想精神都鲜明地折射出中华儿女追求进步的伟大使命担当和务实奉献的实干态度，对激发大学生潜能、培树其人生目标、引导其实现新时代复兴使命具有激励意义。当前，大部分大学生有理想、有责任、有担当，是实现

---

[1] 习近平. 决胜全面建成小康社会 夺取新时代中国特色社会主义伟大胜利——在中国共产党第十九次全国代表大会上的报告 [N]. 人民日报，2017-10-28.

中华民族伟大复兴的中坚力量。但也有少数大学生精神空虚，理想信念缺失，人生规划混乱，使命担当意识不强，干劲、冲劲懈怠不足，缺乏梦想精神的引导与支撑。为此，新时代提升大学生红色文化教育亲和力有利于激发大学生使命意识和实干意识，帮助其树立正确的理想信念，明确人生目标，提振民族自信心，使其成为有梦想、敢追梦、能圆梦的新时代有志青年，在新时代肩负起实现民族复兴的伟大使命。

总而言之，新时代，高校提升大学生红色文化教育亲和力孕育着丰富的时代价值：从宏观角度讲，能够创新思想政治教育育人模式，丰富思想政治教育内容，推动思想政治教育目标任务实现，增强思想政治教育合力，实现以文化人、以文育人；从微观角度讲，能够提振新时代大学生的精神自觉，增强大学生对红色文化的认同感与亲近感，弘扬与传承红色文化精神，为培养新时代德智体美劳全面发展的接班人贡献力量。为此，高校要在整体把握大学生红色文化教育亲和力现状基础上不断优化其提升路径。

第四章　新时代大学生红色文化教育亲和力的现实审视

当前，随着红色文化教育与大学生融合程度的加深，高校在增强红色文化教育亲和力过程中取得了一定的成效，但也存在红色文化教育主体与教育对象存有情感隔阂、红色文化教材内容体系的系统性和科学性不强、红色文化教育实践活动吸引力不足及红色文化教育环境有待改善等问题。为深入了解红色文化教育亲和力在当前高校育人中的效果，笔者设计了"大学生红色文化教育亲和力现状调查"问卷，通过"问卷星"网络问卷调查平台发放并收回有效问卷约 660 份，进一步探究当前高校红色文化教育亲和力现状。

一、新时代大学生红色文化教育亲和力现状调查

（一）调查问卷的基本情况

1. 调查问卷的设计与结构

调查问卷由 4 道基本信息题、30 道客观题以及一道主观题组成，共计 35 道题目。新时代大学生红色文化教育亲和力是系统的整体，笔者从构成要素入手，以教育目标、教育者、教育对象、教育内容、教育方法、教育环境为维度编制了这份有关新时代大学生红色文化教育亲和力的调查问卷。

2. 调查的基本情况

为使调查结果更为客观准确，在选取调查样本时要综合考虑各种因素，最大程度地保证样本数据的丰富性、层次性与科学性。此次调查在湖南高校中进行，对中南大学、湖南大学、长沙学院、湖南文理学院等学校的不

同年级学生进行了调查。这几所学校涵盖了多种学科教学，又各具自己的办学特色，比较具有代表性。此次调查研究，可以较好地反映出大学生红色文化教育亲和力的现状。

（二）大学生红色文化教育亲和力现状分析

1. 大学生红色文化教育亲和力整体水平较弱

笔者首先从大学生红色文化教育的重要性和有用性出发，分析大学生对红色文化教育的看法。结果显示，90.8%的大学生都能意识到红色文化教育的重要性，且其中57.2%的大学生认为其非常重要，这说明红色文化教育在大学生心目中地位很高，引起了他们的重视。与之相比，大学生对教育的有用性评价却没有那么高，结果显示，只有27.8%的大学生认为其非常有用，认为比较有用的为34.4%，还有37.8%的大学生认为其用处一般、不太有用或者没有用。将两者相比较，可以明显地看出，大学生对红色文化教育很重视且抱有较高的期待，但在实际学习和体验中，大学生的获得感没有达到相同的高度，这说明高校红色文化教育存在一定的问题，需要加以改进。

其次，通过分析大学生对于红色文化教育亲和力的评价，笔者发现目前高校红色文化教育亲和力整体情况较一般，只有不到半数（44.0%）的大学生认为非常强（14.1%）以及比较强（29.9%），其余超过半数（56.0%）的大学生认为亲和力水平一般（34.9%），甚至存在比较弱（19.9%）和非常弱（1.2%）的情况。此外，与相关数据进行横向比较，可以发现大学生对红色文化教育亲和力的认可评价远低于对其重要性和有用性的认可评价，这也直观地表明目前红色文化教育亲和力整体水平较弱，有待于进一步提高。

2. 不同形式的红色文化教育亲和力存在差异性

（1）传统模式的红色文化教育亲和力较弱

传统模式的红色文化教育主要是指高校思想政治理论课课堂教学以及高校思想政治教育相关活动，其中包括实践活动（社会调查、军训、勤工俭学、劳动活动等）、党团活动、心理咨询活动、就业指导与人生规划活动、社团及文体活动等。在分析其亲和力状况时，笔者主要从亲和力的感受主体，也就是大学生的角度出发，调查他们参与课堂和活动时的主要表现、状态以及他们对活动效果的看法等。通过调查和分析发现，虽然目前大多数大学生认为红色文化教育是重要的，但是他们对待课堂和活动的参与度和认可度却显得有些不足，这也从很大程度上反映出传统模式的红色文化教育吸引力和亲和力较弱。

具体来说，在问及"您在上与红色文化相关的思想政治理论课时的主要表现"这个问题时，有一半以上（55.6%）的大学生选择了"依兴趣有选择地听课"，这个比例比每节课都认真听讲的大学生高出了20%左右，此外还存在着部分大学生不听课甚至逃课的现象，所占比例为8%。这说明除去一些大学生自身的因素外，部分思想政治理论课课堂存在着枯燥、乏味等问题，吸引不了大学生，由此导致半数以上的大学生只依照自己的喜好和兴趣选择性的听课，甚至还有些大学生直接放弃课堂学习。

除此之外，笔者还对思想政治理论课的氛围，也就是大学生上课的主要感受进行了调查，结果如下：未到半数（47.9%）的大学生认为高校思想政治理论课的课堂气氛是活跃热烈或轻松愉快的，而认为课堂氛围沉闷枯燥的大学生比例高达45.9%，为最高值，并且还有6.2%的大学生感到课堂氛围是严肃紧张的。课堂氛围直接影响着教学效果，笔者认为这也能从一个侧面解释为什么如今多数大学生对待思想政治理论课的态度是"选择性地听课"。此外，课堂氛围的好坏与亲和力的强弱也有着直接而密切的联系，具有较强亲和力的课堂必定是深受大学生喜爱的。综上，如今大学生在思想政治理论课上的主要表现和状态都存在着一定问题，部分课堂对大学生的吸引力较弱且不能满足大学生的需求，这也反映出如今思想政治理论课的亲和力较弱。

对于红色文化教育活动，笔者主要从大学生的参与状态和大学生对活动效果的评价两方面出发进行亲和力分析。结果显示，近半数以上（55.9%）的大学生倾向于有选择性地参加活动，积极参加的比例只有三分之一（31.7%）左右，且有8.8%的大学生表示，他们都是被迫参加此类活动，更有3.6%的大学生表示他们从不参加此类活动，这与上文大学生参与课堂教学的主要表现相吻合，所以也能说明红色文化教育活动在一定程度上存在亲和力匮乏的问题。

（2）网络思政和课程思政亲和力较强

"网络思政是伴随着网络信息技术的发展，传统思政向网络空间的延伸和在网络条件下的创新，既包括针对互联网特点开展的思政，也包括以网络为载体，运用网络技术，整合网络资源进行的教育，还包括通过网上网下互动开展的思政。"[①] 对于网络思政，问卷从种类和效果两方面展开了调查。结果显示，最受大学生欢迎的网络思政载体为"两微一端"平台（微博、微信以及新闻客户端），有78.2%的大学生倾向于利用这种方式进行网络思政学习，其余的网络思政学习方式受欢迎程度从高到低依次为："慕课"等在线教育平台（47.5%）、校园网等网站（45.0%）、"易班"等综合性活动学习社区（22.9%）以及其他（3.4%）。这个调查结果和生活中经常见到的"手机不离手"现象相吻合，"两微一端"平台的确凭借自身的便捷性、趣味性、及时性以及广泛性等特性对大学生的日常生活和学习产生了巨大的影响，这也使得它成为大学生最喜爱的网络思政教育方式。

此外，对于网络思政的效果，有七成（74.1%）的大学生认为其很好或基本达到了预期效果，只有三成（25.9%）的大学生认为其效果一般或较差，说明网络思政受到了多数大学生的认可和喜爱，这也是衡量其亲和力强弱的一项重要指标，因此可以认为网络思政的亲和力是比较强的。与此同时，在对问卷最后的主观题"您对提升红色文化教育亲和力还有什么意见和建议？"进行统计后，笔者发现很多大学生都希望能更多地通过网络进行红色文化教育学习，部分大学生还提出了自己的意见，为进一步改善和加强网络思政建言献策。由此可见，如今网络思政以其互动性强、形式新颖等特点赢得了大学生的广泛喜爱，且大学生认为其教育效果较好，因此，总的来说网络思政具有较强的亲和力。

"'课程思政'是将马克思主义理论贯穿于教学和研究的全过程，深入发掘各类课程的思想政治理论教育资源，……促使各专业的教育教学，都善于运用马克思主义的立场、观点和方法，探索实践各类课程与思想政治理论课同向同行，形成协同效应的重要途径。"[②] 习近平指出："提升思

[①] 夏晓红主编. 大学德育研究丛书——高校网络思想政治教育[M]. 威海：泰山出版社，2008：157.

[②] 高燕. 课程思政建设的关键问题与解决路径[J]. 中国高等教育，2017（Z3）：11.

想政治教育亲和力和针对性，满足学生成长发展需求和期待，其他各门课都要守好一段渠、种好责任田，使各类课程与思想政治理论课同向同行，形成协同效应。"[①] 这说明加强课程思政建设以及提高其亲和力对整个高校大学生红色文化教育亲和力的改进有很大的影响。

笔者也在问卷调查中设置了关于"课程思政"的相关问题。结果显示，有69.9%的大学生表示他们接触过"课程思政"，在自己的专业课上接受过思想政治教育，另有30.1%的大学生表示他们从未接触过"课程思政"。对于"课程思政"开展的进度和效果问卷也进行了调查，结果表明，在接受过"课程思政"的541名调查对象中，有11.5%的大学生表示自己在5门以上的专业课上接受过"课程思政"教学，另有68.1%的大学生表示自己接受过2到5门的"课程思政"教学，还有20.4%的大学生表示自己只接受过一门课的"课程思政"教学。此外，对于"课程思政"的效果，有将近七成左右（69.8%）的大学生认为非常好或比较好，这说明虽然"课程思政"没有完全普及，但在大多数已经接触过"课程思政"的大学生心目中，"课程思政"是他们喜欢的高校思想政治教育方式，这也从一定程度上反映出"课程思政"的亲和力较强，受到多数大学生的推崇和喜爱。

二、新时代大学生红色文化教育亲和力取得的成效和存在的问题

（一）新时代大学生红色文化教育亲和力取得的成效

1. 大学生对红色文化的认同感提升

大学生的红色文化认同，是指新时代大学生对党领导人民开展革命和实践过程中形成的物质和精神财富的肯定性认识，对红色文化形成的归属感和心里承诺，并在生活方式、行为范式、价值观念取向以及思维情感等方面表现出鲜明的"红色"特征。大学生是社会主义现代化建设得以赓续的生力军，红色文化精神教育成效的丰硕与否取决于大学生内心对红色文化的认同度高低。大学生对红色文化的认同度越高，越有利于红色文化育

[①] 习近平. 习近平谈治国理政（第二卷）[M]. 北京：外文出版社，2017：378.

人实践的开展。大学生的红色文化的认同感提升体现在以下几个方面：第一，对红色文化认知度提高且怀有朴素情感。进行理性思考的前提，必须先占有大量的感性素材。通过社会层面对红色文化开展的宏观宣传，以及部分小、中、大学各个层级学校对教育客体一以贯之的红色文化教育，使不少大学生对不同红色文化有了基础的感性认知。尽管不同学科背景的大学生对不同形态的红色文化各有认知的侧重点，如具有文学、历史学、哲学等学科背景的同学侧重于认知红色文献和红色典故，艺术类专业的大学生对红色歌曲、舞蹈以及话剧等更有兴趣，工科背景的大学生更倾向于开展红色主题的校内外实践，但无论是哪种认知方式，都增加了红色文化在大学生心中的"分量"。就他们心中对红色文化怀有的朴素情感来说，通过红色文化精神教育实践的开展，新时代大学生对红色文化的本质、特征和价值有了更为清楚的认知，并以红色文化中的先进事例和感人事迹为刺激，去帮助他们养成良好的道德品质和行为习惯，增强爱党爱国意识，培育热爱劳动的观念等。第二，对红色文化精神教育的评价积极。近年来，由部分高校独立编纂和自主刊印的红色文化教育教材相继问世，提高了红色文化精神教育的科学性和规律性；此外，高校积极与政府文物管理部门合作，积极利用红色文化开拓爱国主义教育基地，为一批批新时代大学生提供了爱国主义教育的理想场所；关于红色文化网站的建设，让红色文化变得"时髦"起来，大学生能够通过新媒体接触和了解红色文化；红色文化产品的开发、红色品牌栏目的问世，使红色文化精神教育具备了浓厚的时代化和大众化气息。在此般教育环境的熏陶下，大学生对红色文化精神教育由陌生到了解，再到完全接受、积极配合和提供育人反馈，极大地助力了红色文化精神教育实践的开展。第三，大学生的个体思想道德素质得到了提升。从整体上看，新时代的大学生爱党爱国、服务人民、奉献社会、胸怀宽广、志向远大，对实现"两个一百年"目标和实现中华民族的伟大复兴充满了信心，有着极强的组织能力、学习能力和融入社会的能力。新时代的大学生在国际和国内重大事件面前，接受了锻炼，经受了考验，这些与认同与内化红色文化是分不开的。例如，在2020年抗击新冠肺炎疫情的过程中，许多大学生在抗疫精神的鼓舞下，积极投入到社区服务等志愿工作之中，表现出了大无畏的奉献精神、舍己为公的集体主义精神、团结拼搏的优良品格等，是凝练抗疫精神的重要组成部分。

2. 部分高校红色文化育人氛围渐显浓郁

浓郁的高校红色文化氛围主要体现在：课堂教学、校园文化和传播力度这三个层面。第一，红色文化进教材、进课堂、进头脑的"三进"工作稳步推进。校本教材是指学校充分开发和利用区域范围内的优质教学资源，以学校为本位，由学校根据大学生心理成长的实际需求开发出来的与国家、地方课程相对应的课程。目前，关于红色文化的校本教材越来越丰富，部分高校积极利用红色校本教材育人，取得了良好的收效。此外，由于物质形态红色文化的原生性，出于保护因素的考虑，它们无法直接进入大学课堂，不少高校利用新媒体播放纪录片、影片等生动活泼的课堂教学方法，体现红色文化的真实性和感染力。部分高校教师积极创新红色文化的呈现形式，如创作红色歌曲、红色美术作品，将红色文化融入红色课件的制作过程，将红色育人素材适时融入课堂的理论教学之中等，强化了大学生对红色文化的认同感。部分高校结合区域内红色文化的分布优势，在课堂上开展红色主题的讨论活动，他们以红色文化的开发、保护和利用为主题深入探讨，加深彼此间对红色文化的认知与认同。第二，红色文化以更加积极的姿态活跃于校园文化的建设过程之中。校园文化作为思想政治教育隐性教育的重要组成部分，对大学生成长成才发挥着春风化雨、润物无声的功效。为了推动高校的校园文化建设，将红色文化融入校园文化建设，推动爱国主义教育、理想信念教育和革命传统教育的深入开展，一是要把红色文化与校园人文自然环境建设相结合，打造校园内的红色雕塑、建筑、道路、文化长廊等物质载体；二是结合国家和校园范围内的重大仪式、重大节日庆典，开展红色主题的校园文化活动，如在建党节和国庆时举办红歌会和征文大赛等；三是充分发挥学生社团的作用，在社团开展的活动中渗透红色基因。如邀请健在的红色革命前辈或英雄模范人物开展专题报告、举办红色主题的理论研讨会等。第三，高校红色文化的传播氛围更显浓郁。红色文化精神教育需要相应的载体作为依托，无论是课堂上的理论教学，还是课后的实践教学，以及校园文化活动都是重要的载体。与此同时，我们注意到，宣传媒体也是传播红色文化的重要载体。一是新媒体与传统媒体并举。不少高校在积极开展红色网站、新浪微博、微信公众号和抖音平台的建设的同时,重视发挥传统媒体如校报、广播电台等平台的作用。如北京大学创办"红旗在线"、南开大学创办"觉悟"网站的同时,在校报中也开设相关专栏,刊发和广播红色主题的文章。二是以红色文化为依托,加大了对红色文化的研究力度。近年来,部分具有红色文化精神教育传统的高校相继成立了"红色文化"研究中心,如江西师范大学成立的"红色资源开发与教育研究中心"、井冈山大学成立的"井冈山精神研究中心"、赣南师范大学成立的"中央苏区研究中心"等,这些研究中心的成立,一方面研究和宣传了党的革命文化和历史,促进了红色文化的薪火相传,另一方面也烘托了校园红色文化建设的氛围。

3. 教育主体"去权威化"特征逐步增强

教育主客体之间有效的平等互动是提高大学生对红色文化教育参与度、认可度、接受度进而产生亲近感的有效途径。当前,红色文化教育者"师本位"意识的减弱及其"去权威化"特征的逐步增强,在一定程度上拉近了师生情感距离,提升了红色文化教育亲和力。

在被问及"您觉得您的老师在红色文化教学中能否做到平等互动"这一问题时,55.76%的大学生认为教师"交流互动较多,但学生话语权不高";33.33%的大学生认为教师"偶尔会有讨论互动,学生有一定的话语权";其余的大学生则认为仍然存在部分教师"多以教师自己讲解为主,很少与学生平等互动"的现象。由此可分析,当前,随着以学生为中心的教育理念和"双教育主体"教学观念的落实,教师的课堂主导作用和中心地位不断弱化,在一定程度上促进了红色文化教育主体"去中心化"和"去权威化"现象的出现。教育主体在红色文化教育过程中更加平易近人,较好地拉近了师生的情感距离,提高了大学生对红色文化教育的认同度与兴趣度。但我们也要认识到,部分教师在红色文化教学中与学生互动的积极性还不够高,对学生参与课堂的意见点评还不够及时到位,甚至还存在少数坚守"我讲你听"教师中心权威观的传统型教师群体,需要高校在红色文化教育师资队伍建设中加以重视。

(二)新时代大学生红色文化教育亲和力存在的问题

新时代,全国各大高校在塑造与增强红色文化教育亲和力中既有成效也存在问题，如部分高校在开展红色文化教育实践时所存在的红色文化教育主体与教育对象间的情感"鸿沟"、红色文化教育内容科学性有待强化、红色文化教育实践活动吸引力不足、红色文化教育环境有待改善等问题都成为阻碍红色文化教育亲和力生成与提升的因素。对这些问题进行归纳分析与概括，将为进一步提升大学生红色文化教育亲和力提供现实依据。

1. 教育主体与教育对象存在情感隔阂

"人的本质不是单个人所固有的抽象物，在其现实性上，它是一切社会关系的总和。"[①] 红色文化教育主体与教育对象之间的主体关系在红色文化教育中主要体现为师生双方的情感关系。两者情感关系的亲疏直接影响教育亲和力的强弱，师生情感关系亲近，教育亲和力便强。当前，红色文化教育主体与教育对象双方的情感隔阂具体表现在了师生双方的思维结构、主体关系定位及红色文化教学参与情感等方面，在一定程度上构成了提升红色文化教育亲和力的难题。

（1）教育主体与教育对象思维结构差异上的情感隔阂

一般意义上的思维结构是指主体在能动地认识世界后逐步建立起的基本概念、判断、推理的框架及其相互联结转化的系统，是主体以自身知识结构为基础对客体的某种规则的反映。教育主体与教育对象对红色文化教育的认知思维与网络思维均存在情感认同上的隔阂，具体有以下两个方面的表现。一方面，教育主体与教育对象对红色文化历史本身的认知情感思维不同所催生的师生情感隔阂。当前红色文化教育对象多为"00后"大学生，他们出生和成长于和平的社会主义转型时期，既不能深刻感悟革命年代先烈们救国救民、不畏牺牲的爱国行为和革命精神，也难以对社会主义革命与建设、改革时期的艰苦创业精神等产生情感共鸣。此外，现有的不少"手撕鬼子"等博眼球、夸张失真的抗战"神剧"又使大学生对红色文化故事、革命人物品质等产生了质疑，由此导致大学生对红色文化产生了认知偏差。而红色文化教育主体一般由资历较深的老师和青年思政课教师这两大主要群体构成，他们有的见证过革命、建设时期的红色文化历史，有的成长于改革开放初期的社会环境，他们自身较为成熟的"三观"与较强的学识修

[①] 中共中央马克思恩格斯列宁斯大林著作编译局编译. 马克思恩格斯选集（第一卷）[M]. 北京：人民出版社，2012：139.

养使之有着较高的红色文化认可度与重视度。红色文化教育者与教育对象对红色文化本身的认知差异引发了双方对红色文化认同感的矛盾。另一方面,教育主体与教育对象的红色文化网络思维不同拉大了师生的情感隔阂。新时代大学生是在互联网环境中成长起来的一代,其追求个性自由,渴望掌握网络话语权,习惯于使用网络流行用语,也善于运用网络大数据等学习方式,具有一定的互联网思维,对红色文化教育的网络化教学手段更为青睐;而部分红色文化教育主体由于受年龄等因素的限制,互联网教学思维不强,在红色文化教育与互联网有效衔接这一问题上处理不当,对大学生的网络用语听不懂、不了解甚至难以接受。大学生渴望的网络化、虚拟化、体验化等红色文化教育诉求难以满足,也便使其对传统讲授型课堂产生了排斥心理,弱化了教师对大学生的吸引力,引发了两者的情感隔阂。

(2)教育主体与教育对象主体际关系定位差异上的情感隔阂

"主体间性"概念最早由胡塞尔(E.G.A.Husserl)提出,在今天逐渐与法学、教育学等学科相结合,并在教育实践中发展为"主体际关系"的概念。"所谓主体际关系,是对传统的主体与客体截然对立的二元分割关系的颠覆,强调的是主客体之间的平等关系和地位能够相互转化的关系。"[1]而教育主体与教育对象对彼此主体性定位的准确与否直接关系到双方的情感认同程度,其中,平等对话的师生关系有利于增进教学情感和学习积极性,提高教育亲和力。当前,在红色文化教育过程中,部分教师仍然坚持传统型"师教生学"的教育模式,对自身定位较高,忽视学生在教育中的双主体地位,在师生主体际关系上定位错误。这部分教师自我中心意识较强,教师权威型特征明显,对学生的情感需要、思想动态、主观能动性等缺少关注,在讲授红色文化理论知识时也便难以做到平等互动。而新时代大学生平等独立意识较强,他们大多数接受了师生平等思想的洗礼,认为师生都应当是教育过程的主人翁,应当相互尊重与平等对话,在红色文化教育中形成了追求平等的主体际关系思想。但面对权威型教师时,他们的学习积极性又易受打击,表现出对教育者既畏惧、顺从又在心理上极度排斥的矛盾情感。由此可见,教育主体与教育对象双方对"教育双主体"观念的认知差异,

---

[1] 方世南,徐雪闪. 提升思想政治教育亲和力和针对性研究[J]. 思想政治课研究,2017(01):15.

拉大了两者的情感"鸿沟",削弱了教育亲和力。

（3）低教学情感投入与高教学情感期待的师生情感隔阂

列宁曾指出："没有'人的感情',就从来没有也不可能有人对于真理的追求。"[①] 教育者对红色文化教育活动的情感投入是提升红色文化教育亲和力的关键因素,教师只有在红色文化教学中做到以情动人、以情育人,学生才会发自内心地提高学习红色文化的积极性,从而提升教育亲和力。在问及"您的老师在讲授红色文化时,其语言是否能够吸引您的注意力"时,有近90%的大学生认为教师在红色文化讲授中难以吸引学生的注意力,主要存在教学缺乏情感、更像例行公事；语言晦涩,过于政治化和学理化等问题。可见,当前部分红色文化教育者的话语情感表达不够强,过于注重红色文化教育的学理性传达而对学生缺乏足够的人文关怀,难以满足大学生对红色文化教育主体的道德情感期待。故红色文化教育者对红色文化教学的情感投入与大学生对教育者的高情感期待之间的落差在一定程度上也增大了师生间的情感隔阂。

2. 红色文化教育主题内容缺乏系统性和科学性

新时代,党领导人民群众在深化改革、开展社会主义现代化建设过程中诞生的"新"红色文化,因其诞生的场域、时间与大学生成长的"步调"趋于接近,和大学生是"同龄人",更容易被大学生接受。高校教师在开展红色文化精神教育过程中,本应该结合大学生内心世界成长的需要,从大学生的学习和生活实际出发,紧密结合国际国内社会发展过程中出现的热点问题和重大事件,尤其是要把从国内热点事件中凝练出来的红色精神如抗疫精神、大国工匠精神等以恰当的途径适时融入育人过程中,让大学生的思想道德素质更加趋于社会所需要的水平。但是部分高校教师在红色文化精神教育的过程中,缺乏对意识形态教育的敏感性,不具备终身学习的意识,没有遵循大学生心理成长的规律和内在诉求,导致对红色文化精神教育的主题把握不到位,削弱了育人的成效,主要体现在以下两点。

（1）利用的主题过旧,片面运用以暴力革命为主题的红色文化

共和国的江山是无数革命先烈抛头颅洒热血换来的,旧社会旧制度是

---

① 中共中央马克思恩格斯列宁斯大林著作编译局编译. 列宁全集（第20卷）[M]. 北京：人民出版社, 1958：255.

革命先烈以坚定的理想信念凝聚而成的力量带领人民群众推翻的。我们要讲革命历史，否则会成为历史虚无主义的帮凶；我们也要铭记和时长缅怀革命历史，否则会成为不爱国、不爱党势力的一分子。就像习近平所说的那样："共和国是红色的，不能淡化这个颜色。"[①]在和平氛围浓郁的社会背景下讲红色的革命历史和传统，目的是让我们化悲痛为力量，用实际行动为实现中华民族的伟大复兴不断奋斗。不可否认，改革开放以前，红色文化精神教育主题表现出鲜明的革命性，且体现着极强的典范性、权威性和强制性，是体现党执政合法性和凝聚大学生群体力量的重要途径，发挥着信仰塑造和价值引导的功能。新时代，社会发展主题早已由革命转向了发展、建设、生产力等范畴，仅将红色文化教育片面地看成对"暴力革命"思想的灌输，是不可取的。一方面因为"暴力革命"相关内容的历史久远性、意识形态性强等特点会拉开与大学生的心理差距，引起他们抵触的情绪，另一方面也脱离了结合社会发展的主题开展育人实践的目的。

（2）利用的主题过远，应适度调整共产主义理想主题的呈现比重

"党的一大通过的纲领，表明中国共产党从建党开始就旗帜鲜明地把实现社会主义、共产主义作为自己的奋斗目标。"[②]党的二大诞生了党的最低纲领和最高纲领。最高纲领规定：中国共产党是中国无产阶级政党。他的目的是要组织无产阶级，用阶级斗争的手段，建立劳农专政的政治，铲除私有财产制度，渐次达到一个共产主义的社会。[③]实现共产主义社会，一直是共产党人心中共同的梦想。为了实现这个共同的梦想，无数共产党人顽强拼搏、英勇奋斗、舍己为公，为实现共产主义贡献出了宝贵的力量。改革开放的伟大创举，解放了社会主义的生产力，提高了人民的生活水平，市场经济的深入推进使得私有制经济得到了较大的增长，随之也产生了为私有制辩护的理论，个人主义、拜金主义等思想趁机钻入了人民群众的头脑。市场经济条件下追逐个人的正当利益是正常的，也符合马克思主义的要求。

---

① 习近平. 论党的宣传思想工作[M]. 北京：中央文献出版社，2020：28.
② 张士义，王祖强，沈传宝主编. 从一大到十九大——中国共产党全国代表大会史[M]. 北京：东方出版社，2018：15-16.
③ 张士义，王祖强，沈传宝主编. 从一大到十九大——中国共产党全国代表大会史[M]. 北京：东方出版社，2018：32.

第四章　新时代大学生红色文化教育亲和力的现实审视

正如马克思所言："群众对这样或者那样的目的究竟'关怀'到什么程度，这些目的'唤起了'群众多少'热情'。'思想'一旦离开'利益'，就一定会使自己出丑。"①面临社会转型后的思想文化多元化、人民群众利益诉求的多样化等实际情况，我们有必要对大学生强调共产主义，既是出于维护意识形态建设的需要，也是为了在纷繁复杂的社会思潮中为党的最高纲领正本清源。但若在红色文化精神教育的过程中只突出强调"共产主义"的概念，又恐难以取得应有的成效。一则共产主义的目标过于宏大，大学生现有的思维意识和道德素质水平难以触及它的"边角"，会产生相应的陌生感；二则面对升学或就业困难等方面的压力，大学生忙于追逐物质利益，对共产主义讲的自然也就少了。这也是部分新时代的大学生在谈论"共产主义"时会略显迷茫的原因所在。需要指出的是，并非在这样的时代背景下，我们就不讲共产主义了。党坚不可摧的执政地位决定了共产主义初级阶段的社会主义教育要长久地进行下去。对于高校教师来说，只是应尽量避免在红色文化精神教育的过程中片面地只讲共产主义，同时也要结合社会上的热点问题和重大事件将共产主义的目标、内涵等范畴融入其中，既关照了现实，满足了大学生的身心成长需求，也提高了他们认知红色文化的兴趣，间接地传播了共产主义思想。

（3）利用的主题过于单薄，缺乏对生产力主题、发展主题、美好生活主题、劳动主题、人性主题等的诠释

"关注人的发展是思想政治教育的根本，人的自由全面发展是思想政治教育的终极目的。"②习近平在党的十九大报告中指出："要全面贯彻党的教育方针，落实立德树人根本任务，发展素质教育，推进教育公平，培养德智体美全面发展的社会主义建设者和接班人。"③也谈及了教育对象全面发展的重要性。之所以要对新时代大学生开展主题丰富多彩的红色文化教育，主要是由以下两个层面决定的：一是红色文化教育要符合大学生内

---

① 中共中央马克思恩格斯列宁斯大林著作编译局编译. 马克思恩格斯全集（第2卷）[M]. 北京：人民出版社，1965：103.
② 陈万柏，张耀灿. 思想政治教育学原理[M]. 北京：高等教育出版社，2007：73.
③ 习近平. 决胜全面建成小康社会 夺取新时代中国特色社会主义伟大胜利——在中国共产党第十九次全国代表大会上的报告[N]. 人民日报，2017-10-28.

心世界成长的需要律。新时代的大学生逻辑思维能力越来越强，政治社会化的程度越来越高，参与社会管理的意愿愈发强烈，自我意识基本也达到了较为成熟的水平。以往的单一主题的红色文化教育已经不能满足他们内心世界快速成长的需要，这就要求育人主体要充分挖掘"新"红色文化的不同内涵，在不同的时机利用好不同主题的红色文化，同时也要利用好红色文化的物质载体，采用情理交融的教育手段开展育人实践。主题单一的红色文化教育，只会让大学生的思想成长"营养失衡"，更谈不上全面发展。二是红色文化教育一定要符合社会发展的主题。根据历史唯物主义的观点，一定阶段的社会意识能够反映出当时的社会存在并对社会存在起到促进或者阻碍的作用。红色文化教育作为社会意识层面的一项工作，必然要服从并服务于新时代党和国家的奋斗目标。时至今日，全国脱贫攻坚的目标任务已经完成，"两个一百年"奋斗目标和中华民族伟大复兴的实现，依然是全国各族人民共同的奋斗指向。对于新时代的大学生来说，开展以生产力、发展、劳动等为主题的红色文化教育，既是激励他们以更加优秀的姿态投身于社会主义现代化建设的浪潮之中，也是向他们明确社会发展主题和趋势的重要选择。

3. 教育方法单一、落后

思想政治教育方法，"就是教育者和受教育者在思想政治教育过程中所采用的思想方法和工作方法，或者说，是教育者和受教育者为了达到一定的教育目的所采用的手段和方式。"[①] 红色文化教育内在地从属于高校思想政治教育的大系统，在育人方式上也应该与育人的目标、内容、对象和环境相适应，并且要随着社会的发展进步，适时改变其育人的方式。需要提出的是，根据唯物辩证法中事物之间普遍联系的基本原理，红色文化教育方式方法的创新，并不意味着对原有方式方法的放弃，它们之间相互区分但又相辅相成，不应该被割裂开来。总的来说，红色文化教育过程中存在的方式方法问题，主要体现在以下三个方面。

（1）红色文化教育的实践途径碎片化且未形成合力

碎片化的育人实践途径主要体现在育人主体忽视了理论教学和实践教

[①] 郑永廷主编. 思想政治教育方法论 [M]. 北京：高等教育出版社，2010：3.

学融合的重要性，要么重视理论教学，轻视实践养成；要么只强调实践体悟，看轻理论灌输的重要性，未能结合利用两种育人主要途径的优势以形成合力。此外，部分高校教师开展红色文化理论教学和实践教学的理念滞后，没有遵循思想政治教育"内化—外化—内化"的深层次规律和大学生身心成长的基本诉求，导致育人成效式微。

红色文化理论教学法，也叫作理论灌输法或者理论学习法，是育人主客体有目的、有计划地开展红色文化理论的学习、培训和教育，帮助育人客体树立正确世界观、人生观、价值观的重要方法。理论教育法是红色文化精神教育的前置方法，也是最常用、最基本的方法。作为个体的人，都具备相对独立的、超验性的社会意识，我们也称之为主观能动性。人的主观能动性就决定了人对理论、思想、精神的需要和追求，满足这些需求最简单的途径和方式，就是理论教学。大学阶段是大学生思想、心智、价值观趋于成熟和稳定的关键期，也是理论最易"灌输"的时期，理论教育是必要的。但在开展红色文化理论教学的过程中，部分高校教师没有完整准确地理解红色文化的内涵，教学过程中断章取义、照本宣科式地开展徒有其表的理论教育，非但难以帮助大学生形成正确的思想和科学的认知，反而导致了学生思维上的紊乱。部分育人主体没有结合社会发展过程中的重大事件和热点问题以及大学生身心成长的实际开展教育，只是空讲道理，死背概念，教条主义在理论教学中体现得淋漓尽致。另一种常用的育人方法是实践教学法。育人主体通过组织、引导大学生积极参加实践活动，在实践过程中不断提高思想觉悟和认识能力，在改造或者认知客观世界的同时改造自身的主观世界。大学生在课堂上接触到的关于红色文化的知识，必须要投入到实践过程中加以体悟，才能够形成内心的稳定认知和外在的行为范式。对于部分高校教师来说，开展实践教学总是陷入形式主义的藩篱。如参观红色教育基地时带着学生们走过场，秀自拍，没有任何后续的心得感想的交流互动；开展以劳动为主题的实践教育时，善于发号施令，不以身为范，增加了大学生的抵触心理。

理论与实践相结合，才能散发出耀眼的魅力。理论上的认知加上实践上的体悟，是保障育人成效的基本途径。这就要求红色文化教育主体在摒弃固有的关于理论与实践教学缺陷的基础上，积极融合两种育人方式，双管齐下，达到改造大学生内心世界的目的。

（2）育人主体忽视发挥新媒体的优势功能

新媒体为红色文化教育实践的开展提供了极大的便利。一则新媒体助力红色文化教育突破时空的限制。对于传统课堂教学的"三中心"论——"教师""教材""教案"为中心或是"三固定"论——固定的空间、固定的教师、固定的学生来说，新媒体背景下的育人实践实现了育人客体在任何时刻、任何地点自由学习的愿景；二则新媒体助力红色文化资源育人更加智慧化、个性化。新媒体背景下，育人主体可以依托众多平台，如新浪微博、微信公众号、知乎、抖音等，将千姿百态的红色文化资源融入大学生的日常学习和生活之中。育人主体可以利用新媒体信息传递和反馈的便捷性，在互联网上搜寻应情应景的红色文化内容，在平台上展示出来并提倡学生积极反馈，交流互动。这样既可以辅助加深大学生对课堂教学中传授的知识的记忆，补充课堂理论教学欠缺趣味性的局限，也提高了红色文化的"出场"频率，促进了红色文化的弘扬。此外，新媒体也增加了大学生开展红色文化自我教育的便捷性。现如今，互联网上承载了越来越多与红色文化相关的视频或者专题报道，也不乏国内部分高校都会把本校的精品红色文化课程录制成视频上传到学校官网，学生可以通过互联网下载所感兴趣和关注的红色文化相关内容，自我学习、自我研究、自我感悟、自我启发。即便新媒体为红色文化开辟了广袤的育人空间，仍然有部分教师，尤其是年长教师认为新媒体冲击了教师的教育主体地位，热衷于沿袭传统的照本宣科式的课堂理论灌输，对新媒体认同度低，融入新媒体困难。部分教师课堂上只念PPT，课后不回消息，不与学生展开学习上的交流互动，对红色文化宣传教育的网络平台不闻不问，放弃网络育人阵地，削弱了育人成效。

（3）红色文化教育过程中的话语方式问题明显

感觉是个体内在的一种心理现象，如果需要他人认知你的感觉，那就必须要把这种感觉用凝练的语言将其描述出来，这种描述我们可以称之为话语。话语是教育的重要范畴之一，教师怎么说直接决定学生能够听得进多少。对于红色文化来说，因其意识形态性较强、红色文化历史久远等客观事实，容易在大学生心中产生抵触情绪，高校教师以何种话语方式来拉近两者之间的距离，是思想政治教育需要研究和解决的前沿问题。从宏观的层面来看，红色文化教育的话语主体、话语理念和内容、话语方式都分别存在不同程度上的问题。主要体现在以下几个方面：一是红色文化教育话语方式表现出极强的官方宏大叙事性。部分育人主体在开展红色文化教育时，采用宏大叙事的话语，表现出信息垄断、层及垂直分布、自说自话的倾向，育人主体陶醉在以自我为中心的、权威性话语的世界中，自我封闭。在受众多元化的现代语境中，宏大叙事常被以为避重就轻、垄断权威，话语缺乏说服力和感染力，可信度大打折扣。当前，话语受众完全会依据人情常态对话语进行解读，如果话语主体完全忽视大学生的个人体验和感受，不用接地气的言说方式去传播红色文化的内涵，收效甚微。二是红色文化教育话语方式存在着普遍的灌输式话语。灌输原则并不等于灌输方法，不能把灌输简单地理解为填鸭式教育。当前，不少高校教师在开展红色文化教育时采取简单粗暴的"强制性灌输"，不分对象、内容和场合，采用"命令""硬塞"等方式讲授红色文化。灌输式话语完全忽视了教育客体的主观能动性，只注重话语主体的价值，脱离话语受众的生存体验和心理需求，过于强调抽象的道德伦理和政治要求，话语生硬、死板，容易引发大学生的厌倦心理。三是红色文化教育话语方式中理性话语过多，情感话语缺失。"理性意义的语言在于陈述事实，情感意义的语言意在表达价值。"[①]任何事实的陈述都以表达相当的价值为目的，价值的表达也需要以相应的事实为基础，两者是辩证统一的关系。在红色文化精神教育过程中，本应将理性话语和情感话语相结合，先以情感话语"打头阵"，再用理性话语"打扫战场"：在教育过程中先诉诸情感，当引发育人客体情感共鸣时，再推以理性，引发育人客体的深刻思考，从而形成内心稳定的、系统的观点。部分高校教师在教育过程中拔高了大学生的心里接受能力，只会晓之以理，不懂动之以情，频繁开展政治说教，缺乏人情味儿，没有亲和力，弱化了教育话语的功效。

三、新时代大学生红色文化教育亲和力存在问题的原因

红色文化教育实践本身就是运动着的，在其运动过程中产生的矛盾和

---

① [英]杰弗里·N.利奇.语义学[M].李瑞华,译.上海：上海外语教育出版社,1987：73.

问题只是具体的外部表现形式,而导致这些问题产生的原因是多维立体的。总的来看,导致新时代大学生红色文化教育亲和力不高的原因可以分为宏观原因和微观原因两个层面。

(一) 宏观原因

宏观因素是影响红色文化教育亲和力的外部因素,主要体现在社会大环境中的政治、经济、文化、科技等层面。改革开放是全方位的开放。随着改革开放事业的深入推进,形式多样的西方社会思潮涌入国内。由此,大学生便面临着西方多元思潮、社会主义核心价值观、中华传统文化等多种文化理念带来的思维冲突与选择,一方面民主法治、公平正义、竞争拼搏、政治参与等意识得到增强;另一方面也热衷于追求个人主义、享乐主义、拜金主义的生活方式,爱国主义、集体主义和社会主义思想还不够浓厚,这些都给新时代的思想政治教育工作带来了新的挑战。我们不能忽视社会大环境中的负面影响,要引导大学生认知并积极抵御西方腐朽思想和传统文化中的封建思想。

(1) 国外不良思潮对红色文化教育亲和力的解构

"社会思潮是在社会变革时代,在社会心理演化的基础上,由一定思想理论引领的,反映特定社会阶级或阶层诉求的,反映社会历史走向的,影响面较广的思想观念或倾向。"[①] 社会思潮作为一种精神力量,对现实具有强大的导向作用。大学生是祖国的未来和民族的希望,对于思想观念处于成熟和稳定关键期的大学生群体来说,早已成为西方思潮"谄媚"的对象。改革开放是把双刃剑,有利也有弊。利在于国家抓住了社会发展的契机,在科技、管理、环保等多方面积极与西方发达国家交流经验,共同应对如气候变暖、防核扩散、反恐和强权主义等问题,在国际舞台上扮演着越来越重要的角色;弊在于全方位的开放加剧了以美国为首的西方资本主义国家对社会主义国家的意识形态输出和"西化""分化"的图谋,让国家在与之进行意识形态的博弈中一直处于被迫"防御"的地位。毛泽东在《关于正确处理人民内部矛盾》中提出了"百花齐放,百家争鸣"的文化方针,

---

① 王静. 当代西方社会思潮对大学生价值观的影响及对策研究 [D]. 石家庄:河北师范大学,2014:8.

目的在于以自由争论的形式去促进艺术和科学的发展，也为高校奠定了自由、民主的教育环境。但与此同时，高校自由的学术氛围也为国外不良思潮的传播提供了契机。对于高校大部分的教师群体来说，他们社会主义立场坚定、"四个意识"稳固，积极应对不良思潮的挑战，将社会主义的真理越辩越明。但对于大学生群体来讲，他们思想意识不够成熟、辨别能力不强，难以抵御"普世价值"的糖衣炮弹，容易丢失意识形态阵地。此外，西方国家在宣传普世价值的同时，经常利用中国在改革开放和社会发展过程中绕不开的问题和困难，如环保问题、法治问题、基层社会治理问题以及腐败等，大肆渲染，添油加醋，挑拨民族关系和干群关系，丑化党执政的形象，为他们兜售不良社会思潮提供便利。从实质上看，红色文化精神教育就是浓厚的爱国主义感和社会主义荣誉感教育。西方不良思潮在高校中的传播就是瓦解大学生对社会主义核心价值观的认同，削弱他们的爱国主义思想，解构红色文化精神教育的成效。高校教师在开展红色文化教育的过程中，要加强爱国主义、社会主义教育，引导新时代的大学生在吸收和借鉴国外先进思想文化成果的同时，保持清醒的头脑，抵制不良社会思潮的渗透和侵蚀，增强自身应对各种思想考验的能力。

（2）市场经济价值观念对红色文化教育亲和力的冲击

价值观念的激烈冲突与深刻变革，是当代人类文明进程的突出表现，是社会变革的必然产物。党的十四大确定的建设社会主义市场经济的目标，对中国社会发展的变迁以及文化价值观念的变革产生了巨大的影响。在这场价值观念的变革中，拥护计划经济体制的人会表现出愤怒、不平、不解和痛心，同时也有不少人民群众表现出困惑、迷茫、浮躁的心理态势。根据历史唯物主义中社会存在决定社会意识的观点，经济基础和生活范式的变革，必然会引起价值观念的变化与冲突。从本质上看，人类社会的发展进步也是在文明的冲突中演进的。正如社会主义市场经济和改革开放的不断深化，新时代的人民群众主体意识、效率意识、创新意识以及民主法治意识等都得到了强化，但同时市场经济的趋物导向让盲目攀比、投机取巧、唯利是图、拜金主义等不良社会现象也有所抬头。人民群众在两种价值观念的"东拉西扯"中变得迷茫和困顿。当今，我们处于改革开放的深水区，利益格局变动和社会结构的调整带来了多元化的利益诉求和价值取向。在消费理念、就业理念等层面，大学生也表现出了较强的独立性、差异性和多变性。这样的社会背景下，大学生容易被拜金主义、享乐主义、利己主义、自由主义等不良社会思潮影响。少数大学生注重个人价值、忽视国家利益，追求物质获取、逃避社会责任，追崇个性解放、无视规章制度等现象时有发生。部分大学生在处理个人、集体与国家之间的关系，树立何种世界观、人生观和价值观时，经常犯迷糊。开展红色文化精神教育，就是引导学生要积极继承红色的优良传统，做到艰苦奋斗、迎难而上、勤劳勇敢、廉洁自律、团结互助等。而市场经济价值观念导致的大学生主体意识觉醒，个性因素增强，个人价值与利益需要的凸显，使得大学生在日常的学习和生活中充斥着一定的竞争或者敌对关系，也影响着他们日常生活中的行为范式。这些都对红色文化教育亲和力造成了一定的冲击。

（3）传统文化中的封建思想对红色文化教育亲和力的抵牾

审视中华传统文化应带着辩证的学术视野。中华传统文化有两大组成部分，一则是中华优秀传统文化，它是凝聚中华民族自强不息的精神追求和历久弥新的精神财富，是发展社会主义先进文化的深厚基础，是建设中华民族共有精神家园的重要支撑，也是社会主义核心价值观和红色文化的基因源泉。一则是传统文化中形成于古代社会的封建思想，它仍然是现当代人民群众解放思想和社会主义现代文明建构过程中的极大阻碍。中国封建社会的历史源远流长，从春秋战国绵延至辛亥革命。几千年的封建社会中形成和演进的封建思想，并不会随着封建制度的消亡而彻底覆灭，这是源于社会意识具有相对独立性的特点。尽管社会存在决定着社会意识，但社会意识相对独立性的特点，能够使其表现出强大的反作用力。百足之虫，死而不僵，作为社会意识的各种封建思想和封建思维方式并不会随着封建体制一起消亡，几千年的封建残余是不可能靠一次或几次革命就能够完全肃清的。封建思想对红色文化内涵的抵牾主要体现在：红色文化教育大学生迎难而上、百折不回，封建思想却"引领"大家故步自封、甘于现状；红色文化教育大学生开拓创新、勇攀新峰，封建思想却"告诫"大家墨守成规、因循沿袭；红色文化教育大学生追求民主法治、崇尚科学，封建思想却"教育"大家"三纲五常"、迷信天命，等等。在思想政治教育推崇全社会合力育人的背景下，封建思想对红色文化教育亲和力造成了一定的冲击。

(4) 新媒体中的不良言论对红色文化教育亲和力的削弱

网络和新媒体是一把"双刃剑",对教育实践的开展利弊交加。这里主要是把新媒体宏观地上升到社会环境的高度,论述其对红色文化教育的消极影响。当今时代是一个信息大爆炸的时代,各种网络信息和新媒体终端映入人民群众的眼帘,可谓"乱花渐欲迷人眼"。就信息技术来说,它已经成为推动全球经济合作和发展的重要推动力。红色文化精神教育实践的开展,与社会环境是密切联系在一起的。当前,随着全面深化改革的不断推进,信息技术市场的对外开放程度愈来愈高,以美国为首的西方发达资本主义国家强势挤占我国的信息市场,对我们利用新媒体开展意识形态教育带来了巨大的挑战,主要体现在三个方面:一是党和国家对新媒体的掌控及舆论的引导力有待提高。新媒体传播自由和便捷的特点让大学生拥有了信息传播的自主权,大家可以在新媒体终端上自由探讨、发表言论,点赞转发等等。虽然国家在网络上开始推行实名制,同学们要对自己的相关言论负责,但国家人口基数大,网络监管体系还不很完善,也给这些图谋不轨的反党发社会分子散播反动言论提供了可乘之机,大学生容易被新媒体上的不良言论影响,思想受到荼毒。这对国家的舆情把控能力和网络监管能力提出了新的要求。二是以美国为首的西方发达资本主义国家充分利用其信息技术的优势,推行以普世价值为典型的文化渗透。美国总是以"救世主"的身份自居,打着人权的幌子到处干涉别国内政。同时,美国也是最早开始大范围运用和在民众中普及互联网的国家。美国借助网络信息传输的便捷性,向世界各国尤其是社会主义国家兜售其所谓的普世价值,大力推销西方社会的生活方式、消费模式以及意识形态,力图打造出更多的"美国信徒"。青年大学生总是善于带着一种好奇的心态去看待事物,在主观辨别能力还没有完全形成的同时,容易被西方价值观念所渗透,理应引起社会和高校的警惕。三是高校运用新媒体传播红色文化的能力还有待提升。此与国家的现代传播能力是直接挂钩的。由于国家的信息技术水平还有很大的上升空间,对许多先进的传播方式和理念还有待时间来消化,开展新媒体红色文化教育的有效办法还不多,加上泛娱乐化的网络环境和一些明显违背社会主义意识形态的错误言论在新媒体上的频繁出现,这些都掣肘了高校利用新媒体开展红色文化教育亲和力的成效。

总的来说，多元化的互联网信息中充斥着不少与红色文化相对立的"异质性"的不良言论，这些不良言论与红色文化相斥，无法形成相互理解的范式。对于红色文化中蕴含的爱国主义、集体主义思想，在这个反传统、反权威、崇尚个性自由的后现代化社会中，面临着较大的"生存压力"。

（二）微观原因

1. 方法技术原因

方法"就是人们在认识世界和改造世界的过程中，为达到预期目的所采用的手段或方式"①。列宁在《哲学笔记》中指出："在探索的认识中，方法也就是工具，是在主体方面的某个手段，主体方面通过这个手段和客体相联系……"②也就是说，方法是主体和客体之间建立联系的桥梁，也是主体认知客体的中介。没有了方法，认知客体便也无从谈起。对于红色文化资源育人来说，剖析育人方法中存在的问题，并在未来的实践过程中有针对性地改正，助推育人成效的提高。总的来看，红色文化精神教育的方式方法问题，主要体现在没有做到理论教育与实践教学的相统一、理性引导和情绪感染的相统一、理想塑造和现实关怀的相统一等。

（1）过于注重理论灌输，缺乏体验、感悟式的实践教育方法

"灌输"的方法，在任何理论教育刚刚开始的时候都是容易收到成效的，因为人不可能不学而会，知识也不会自己飞进教育客体的头脑中。但早期"灌输"的意义在于帮助教育客体在头脑中形成对所学理论的一种感性认知，这为教育客体后续的理性认知奠定了必要的基础。由于传统的教育观念在大部分高校教师的头脑中占主导地位，教师们也惯性地把大学生当成纯粹被动的受教育者，也习惯在教育全程采用自上而下、由外到内的单向度的灌输式理论教育，无视大学生的心理诉求。大学生处于自我意识和价值观念趋于成熟的过程中，他们渴望独立，也希望得到他人的赞美和表扬，一种强烈的追求自我价值的欲望在心理弥漫开来。灌输教育，往往片面地

---

① 郑永廷主编. 思想政治教育方法论[M]. 北京：高等教育出版社，2010：2.
② 中共中央马克思恩格斯列宁斯大林著作编译局编译. 列宁全集（第55卷）[M]. 北京：人民出版社，1990：189.

从教师的主观态度出发，缺乏对大学生内心世界的把握，完全忽视他们在教育过程中的主体性地位，而大学生迫于教师的权威往往不敢发声，只能被动接受。灌输式的理论教学，是一种经院式的教学模式，从理论到理论，从思维到思维，不依赖各项实践活动的开展。久而久之，学生疲于应对，甚至连被"灌输"而来的对理论所形成的表层认知都会遗忘，产生倦怠的心理。理论与实践相结合的魅力就在于，理论在实践过程中得到了审视，实践的过程中又会上升出新的理论观点。课堂上的理论教育让大学生掌握的只是感性的知识，只能用思维去"想象"，而实践教学就是把大学生放置在与理论教学主题密切相关的实践场景中，通过亲力亲为的动手操作，或是耳濡目染的场景观察等，在实践场景中唤醒停留在脑海中的感性认知，增加他们对理论知识的认同，并以实践的方式将认同的理论知识外化出来。如果高校教师片面侧重理论灌输，忽视实践教学过程中的体验与感悟，便割裂了知与行之间的有机统一，也不利于理论知识由感性认知向理性认同的转变。

（2）榜样教育没有做到理想和现实的统一，脱离大学生的生活实际，欠缺可效仿性

榜样教育法，是指"通过具有典型、榜样意义的人或事（正面的、先进的抑或反面的、落后的人或事）的示范引导、警示警诫作用，教育人们提高思想认识、规范自身行为的方法"[1]。榜样教育，无论是在血雨腥风的革命战争年代还是热火朝天的社会主义建设时期，都激发了广大人民群众劳动创造的积极性，促进了社会进步与发展。对于红色文化精神教育来说，开展榜样教育一定要实事求是，选择榜样时一定要紧贴社会热点问题和大学生的生活实际，以利于走进大学生的内心，被他们所接受。但这一点恰恰是部分高校教师所忽略的。榜样教育贵在真实。榜样的选取，既要能够突出主旋律色彩，也要兼顾大学生的现实生活状况，做到理想性与现实性的统一，增强大学生内心的认同感。在开展红色文化精神教育实践的过程中，为了兼顾意识形态教育的需要，塑造了一大批革命英雄榜样。育人主体在大学生心中塑造他们可歌可泣的完美英雄形象的同时，也要注重挖掘革命

---

[1] 陈万柏，张耀灿，主编. 思想政治教学原理[M]. 北京：高等教育出版社，2007：226.

英雄人物"接地气"的一面，如性格特点、生活习惯、言语方式等，以此拉近英雄人物与大学生日常生活的距离，不仅要做到让大学生对英雄人物心里敬仰，也是让大学生做到对英雄人物优秀行为习惯上的可模仿。然而在现实的红色文化精神教育实践中，部分育人主体运用榜样教育一味地进行宏大叙事，注重政治说教，只看到了英雄人物在理想教育层面的功效，忽视了他们散发出来的现实关怀气息。实然，在多元文化激烈碰撞的当下，红色文化教育过程中选择的榜样不仅仅局限于革命英烈，同样也包含了对社会主义现代化建设做出了突出贡献的英雄人物、至纯质朴的道德模范、爱岗敬业的先进工人代表，等等。如钟南山医生是当之无愧的人民英雄，他在抗击疫情中沉着冷静、英勇无畏、出谋划策，保障了人民群众的生命安全，荣获了"共和国勋章"此般不朽的荣耀。育人主体在开展抗击疫情精神的内涵解读时，可以把钟南山作为充满正能量的先进榜样，增强教育的说服力与感染力。对于高校教师来说，要在关照大学生思想成长和生活实际的基础上，把不同革命英烈身上所具有的不同发光点和新时代社会在发展过程中遇到的大事、难题相结合，让榜样人物接地气，也让大学生认为其具有可效仿性，这需要育人主体掌握大量翔实且细致入微的红色史实、及时把握大学生心理成长的走势等，是值得深入思考的问题。

（3）红色文化教育的内容脱离时代背景，主题滞后

从思想政治教育心理学的角度来说，红色文化因其不具备大学生所需要的具体而又实用的价值，同时又具备鲜明的意识形态性，大学生更倾向于认同能够直接创造价值的自然科学，对红色文化的认同度略低一些。在缺乏高校教师主观引导的前提下，大学生对红色文化的理解和接受往往依赖于他们在成长过程中形成的固有思想观念、价值取向和个人需求。改革开放带来的多元社会思潮导致人民群众价值追求的多元化，大学生的自我发展、自我实现的方式也变得五彩斑斓，这就给红色文化精神教育内容的选择带来了新的要求。但部分教师在开展红色文化精神教育时采用的内容脱离了时代发展的主题，误把红色文化的内容片面地理解为武装斗争和"暴力革命"，没有做到与社会发展的主题相结合，也没有做到根据大学生的身心发展水平和兴趣点来选择恰当的育人内容，所以红色文化对大学生逐渐失去了吸引力。高校教师群体应该充分理解新时代大学生的价值观念变

革是全方位的。在新媒体时代，大学生能够轻易地接触到形形色色的价值观念，他们对个人价值的追求、人生信仰、精神需求、思维方式、交往方式等都发生了显著的变化，对于开展的红色文化精神教育，他们在教育内容、方式、价值上也存在自己的见解。他们不拒绝品德高尚、形象高大的革命先烈，但也拒绝把崇高的"帽子"戴在自己头上。对于高校教师来说，要根据国情和社会发展主题的变化，在教育过程中积极地融入新时代各种富有时代特色的、正能量的红色教育主题，以调动大学生的学习热情。例如，为了增强大学生的身体素质和激发他们的劳动意识，我们可以开展新时代的劳动模范教育，还可以用奥运精神和载人航天精神培育大学生的坚毅拼搏和锐意进取的意识，用抗击疫情精神培育大学生的团结互助、共克时艰意识等。红色文化教育内容的丰富，既可以对大学生开展形象生动的国情教育，同时也满足了新时代大学生内在精神世界的成长需要。

2. 育人主客体原因

从唯物辩证法的角度来看，引起事物发展变化的原因可以分为内因和外因。内因也被称为内部矛盾，是事物自身运动的源泉和动力，也是事物发展的根本原因。外因被称为外部矛盾，是事物发展变化的第二位原因。正如毛泽东同志在《矛盾论》中所论述的："事物发展的根本原因，不是在事物的外部而是在事物的内部，在于事物内部的矛盾性。任何事物内部都有这种矛盾性，因此引起了事物的运动和发展。"[1] 对于红色文化精神教育过程中所产生的问题，社会环境和方式方法只能被视为诱发问题的外部原因，而内部原因在于育人的主客体自身。具体体现在以下几个方面。

（1）部分高校对红色文化教育的重视度不够

高校决策层对红色文化教育的整体规划属于"顶层设计"的范畴，能够为红色文化教育的开展提供财力、物力、人力等多面的支持与保障。从宏观上看，高校决策层是否认同并支持红色文化教育，直接决定了教育成效的高低。在大兴"四个自信"之风的社会背景下，高校理应拥有高度的文化自觉，也始终应该把红色文化作为立德树人、育人铸魂的宝贵教育资源，并用以提高新时代高校教职工和大学生的思想道德素质。但理想与现实总

---

[1] 毛泽东选集（第一卷）[M]. 北京：人民出版社，1991：301.

会出现偏差，部分高校一边倒地集中优势资源发展自然科学，忽视人文社会科学的规划和布局，没有意识到建设先进校园文化的重要性，利用红色文化的意识较弱，不同程度地存在着否认、看轻、淡化红色文化利用的思想倾向，具体问题体现在以下几个方面。

第一，常把红色文化资源"过时论"挂在嘴边。不可否认，旧的红色文化，因其历史久远性和脱离时代主题的局限，容易被人民群众淡忘、遗忘，但其中蕴含的感人事迹和积极的思想风貌对新时代社会主义现代化建设仍然有巨大的指导意义。部分高校决策层总是以历史断代学的视角来看问题，忽视了红色文化本身所具备的动态演进能力，忽视了它在党执政的不同历史时期诞生新形态。在红色文化资源等于"暴力革命"这种错误思想的引导下，他们认为红色文化已经过时了，与社会发展的主题格格不入，阻碍社会的进步与发展，不需要为红色文化"开疆拓土"，去"破坏"高校原有的育人格局。

第二，红色文化教育的科研和师资队伍建设跟不上。红色文化的相关科研，是从理性层面去探析红色文化本体及其对社会发展各个层面所具备的价值，能够深化社会各界对红色文化的共识，助推社会的进步与发展。高校是人才的聚集地，理应充当研究红色文化的桥头堡，但在人文社会科学研究风气低迷的高校，研究红色文化似乎成为一纸空谈。再从师资力量上看。高校教师既是大学生所获取知识和技能的传授者，也是内在优秀思想道德素质的建构者。在大力推行"课程思政"的背景下，无论自然科学还是社会科学的高校教师都应该具备这两种能力。红色文化因其内在体系之庞大，要最大化地发挥其育人功效，就必须配备懂红、信红、爱红的专业教师群体。就目前的实际情况来看，许多高校并没有专门的讲授红色文化课程的教师，都是由思政课教师、社会上的研究人员等兼任，师资力量与红色文化的教学任务不匹配。

第三，不重视思政课和红色文化的科学衔接。红色文化教育价值是丰富的，如马克思主义理想信念的塑造、爱国主义情感的培育、全心全意为人民服务思想的锻造等。在思政课中适时适量地融入红色文化，既可以增强思政课的趣味性和吸引力，也可以将众多优秀的思想道德元素融入课堂教学，继而作用于大学生内心世界的成长。思政课教师可以在深入把握不同红色文化的独有内核和价值表征的基础上,积极探索红色文化与思政课内容之间的匹配性和关联度,将不同内涵的红色文化科学地"嫁接"到不同的思政课内容之中,以红色文化促进大学生深入领会教材内容,积极内化红色精神。目前,仍有部分高校奉行本本主义的陈旧观念,把思政教科书中的内容视为独一无二的育人指南,割裂红色文化与思政课之间的内在关系,不重视两者之间的衔接。

第四,红色文化教育的共享意识淡薄。除了精神形态的红色文化之外,虽然各个区域的红色文化都略有差异,高校的校情也有所出入,如教师的教学能力、科研的平台、学生的知识储备等,但关于红色文化精神教育方法、教育经验都是可以相互借鉴和利用的。不同高校教师群体之间可以经常开展红色文化教育的研究讨论会,集中起来找寻教育过程中存在的共性问题,形成群策群力的教育氛围,而不是各自为战、孤军奋斗,把经验分享当成是"抢饭碗",把理论探讨当成是校际交流之间的走形式,缺乏共享的意识。如果不从"顶层设计"的层面去化解这些痼疾,高校教师利用红色文化精神育人的主观能动性的发挥就会大打折扣。

(2)部分育人主体的主流意识形态观念淡薄,对红色文化利用敷衍化

习近平在学校思想政治理论课教师座谈会上的讲话中指出:"办好思想政治理论课关键在教师,关键在发挥教师的积极性、主动性、创造性。……思政课教师,要给学生心灵埋下真善美的种子,引导学生扣好人生第一粒扣子。"[①] 会上习近平还对思政课教师提出了"政治要强""情怀要深""思维要新""视野要广""自律要严""人格要正"六点要求。第一点要求"政治要强",就是让广大思政课教师筑牢底线思维,时时刻刻保持清醒的政治立场,要坚定心中的马克思主义信仰,为社会主义教育事业作出积极的贡献。我们也要清醒地看到,随着国外不良社会思潮的持续性冲击以及市场经济的蓬勃发展,部分高校思政课教师利欲熏心,被金钱蒙蔽了双眼,甘愿被西方国家收买,并公然散播马克思主义无用论、抨击社会主义制度、丑化党的执政形象、出卖国家安全机密等。他们的主流意识形态观念颠覆,成为实实在在的"吃饭砸锅"者。对于红色文化教育来讲,他们的敷衍化

---

① 习近平主持召开学校思想政治理论课教师座谈会强调:用新时代中国特色社会主义思想铸魂育人 贯彻党的教育方针落实立德树人根本任务[N]. 人民日报,2019-03-19.

态势体现在以下两个方面。

第一,"戏说"红色文化。红色文化在其形成和发展的过程中,涌现出大量的感人至深、可歌可泣的动人事例,这些事例都凝聚了革命先烈和英模人物的理想信念以及优秀道德品质,是后辈们尊敬、缅怀、学习的榜样。对于思政课教师来讲,在讲授红色经典事例的时候,应该情感充沛、真情流露、言之凿凿,以英雄人物的感人事迹及其光辉形象去激励青年大学生英勇无畏、不怕吃苦、奋勇前行。现下,不少高校教师时而带着调侃的口吻去戏说红色文化,底线思维荡然无存,社会主义历史观念消失殆尽,妄图以罔顾红色史实的虚假话语去哗众取宠,行径令人咋舌。其戏说的行为无异于对几代人的理想和共产党人最宝贵的物质及精神财富视而不见。

第二,歪曲、丑化甚至亵渎红色文化。如果高校教师戏说红色文化是对红色文化的看轻和不尊重,那么歪曲、丑化和亵渎红色文化,更是对红色文化毫无底线的政治践踏,这种行为已经上升到了与社会主义意识形态相对抗的高度,同时也丧失了人民教师最基本的职业要求与道德素养。随着互联网技术的不断成熟和新媒体的普及,人民群众可以轻易接触到互联网上海量的信息,但这些信息良莠不齐,其中不乏攻击社会主义以及丑化红色文化资源的不良言论。部分高校教师在授课时将这样罔顾史实的负面言论搬上课堂,给价值观正在形成的大学生带来了巨大的思想困扰,也极大地阻碍了他们社会主义价值判断取向的形成。此外,从思想政治教育心理学的角度来说,教师的形象是大学生接受红色文化精神教育的重要影响因素。对于拿着社会主义酬劳却诋毁红色文化的教师,其所开展的任何思政教育都容易引起大学生的反感。对于高校教师来说,要从师德师风入手,从普通公民该有的社会良知入手,筑牢意识形态的底线思维,开展红色文化资源的自我教育和自我认同,提升育人能力和人格魅力。

(3)新时代大学生理想信念层面具有的"新特点"及其对红色文化的现有认知不够

大学生作为时代新人,是祖国的未来和民族的希望,同时也肩负着红色江山代代传的重要使命。换言之,他们对红色文化的认知和内化情况决定了他们将来以何种精神状态和思想道德风貌投身于社会主义现代化建设的浪潮之中。影响大学生认知红色文化的因素是立体化、多层面的,其中不乏社会环境、育人的方式方法等客观外在因素带来的阻力，但大学生自身主观层面的内在因素是导致红色文化认同乏力的主要原因且体现在以下两个层面。

第一，大学生迫于就业和生活的压力，重视专业技能的学习和培养，轻视红色文化。对于物质利益获取的重要性，经典作家早就提出了相关论述。如马克思在《德意志意识形态》文中指出的："……我们首先应当确定一切人类生存的第一个前提，也就是一切历史的第一个前提，这个前提是：人们为了能够'创造历史'，必须能够生活。但是为了生活，首先就需要吃喝住穿以及其他一些东西。因此第一个历史活动就是生产满足这些需要的资料，即生产物质生活本身，……"[1] 更如马克思在《第六届莱茵省议会的辩论（第一篇论文）》中说的："人们奋斗所争取的一切，都同他们的利益有关。"[2] 在马克思主义经典作家的论述中，物质利益的获取是为了更好地完成革命任务，最终目的是实现绝大多数人的利益。不可否认的是，物质资料作为满足人类生存和发展的基础，重要性是无可替代的。对于革命先烈和英模人物来说，饿着肚子闹革命和搞建设是不现实的；对于新时代大学生来讲，必须要掌握一技之长，才能在竞争激烈的社会中立足。人文社会科学不像自然科学可以直接创造出物质财富，其只能通过改造和改善教育对象内在的精神风貌和思想道德素质助力于物质财富的生产与获得。红色文化属于人文社会科学的范畴，加上它们浓厚的意识形态性特征，因此容易被大学生所忽视。在就业环境愈发严峻的社会背景下，大学生努力学得一技之长并投入到将来工作的实践中是很正确的。因为共产党人不仅讲理论，更讲理论与实践相结合；不仅讲精神，也讲求对正当利益的获取。也如马克思、恩格斯在《共产党宣言》中指出的那样："共产主义并不剥夺任何人占有社会产品的权力，它只剥夺利用这种占有去奴役他人劳动的权力。"[3] 新时代的大学生因为思想意识还不够成熟，很难处理好个人利益

---

[1] 中共中央马克思恩格斯列宁斯大林著作编译局编译. 马克思恩格斯选集（第一卷）[M]. 北京：人民出版社，2012：158.
[2] 中共中央马克思恩格斯列宁斯大林著作编译局编译. 马克思恩格斯全集（第一卷）[M]. 北京：人民出版社，1956：82.
[3] 中共中央马克思恩格斯列宁斯大林著作编译局编译. 马克思恩格斯选集（第一卷）[M]. 北京：人民出版社，2012：416.

与集体利益之间、短期利益和长远利益之间的关系。具体说来，大学生的个人利益关系到未来个人价值的实现和将来的生存发展境遇，这是大学生当下热烈追求的。但对于社会集体利益来说，开展红色文化精神教育就是唤醒大学生心中的社会集体记忆和爱国主义情感，保障党的执政合法性地位和国家治理的长治久安，这点恰恰是大学生在追逐个人利益时容易忽视的。大学生眼中的短期利益就是利用所学的专业知识和技能为社会创造财富，但也忽视了利用红色文化改造过后的精神世界为生产劳动提供源源不断的动力支持所产生的长远利益。所以，大学生必须要处理好个人利益与集体利益之间的关系。既注重专业知识、技能的修习与锻造，更要坚定红色文化自信，把红色文化传承好。

第二，和平的成长环境导致大学生对红色文化的理性认知缺乏。马克思在《1844年经济学哲学手稿》中指出："个人是社会存在物，因此，他的生命表现，即使不采取共同的、同其他人一起完成的生命表现这种直接形式，也是社会生活的表现和确证。"[①] 这就说明了人的生存与发展即便有属于自己的特征，但总是离不开社会大环境的规定。所以马克思又言："永远不会忘记，我们每一个人都是更多地受环境的支配，而不是受自己的意志的支配。"[②] 人和环境是相互创造的关系，人创造环境，但环境也能塑造人。新时代的大学生自呱呱坠地便享受着改革开放的胜利果实，社会主义生产力得到充分发展，物资生活资料较改革开放前也充沛了许多。在他们成长的过程中，整个社会呈现出生机盎然的拼搏、奋斗景象，人民丰衣足食、百姓安居乐业。生活在温馨的社会环境中，他们关注更多的是时代发展和演进过程中发生的大事小情，而对革命和斗争关注的较少。一是国家集中精力搞经济建设，在意识形态教育过程中弱化了"暴力革命"、武装斗争等党史的教育力度；二是大学生没有亲身经历过暴力革命和武装斗争，因此很难做到对它们感同身受。现阶段我们讲求实践教学，可以通过实地考察、参观和游览等途径，增强大学生对红色文化的体悟。但不是所有高校都能

---

① 中共中央马克思恩格斯列宁斯大林著作编译局编译. 马克思恩格斯全集（第42卷）[M]. 北京：人民出版社，1979：122-123.
② 中共中央马克思恩格斯列宁斯大林著作编译局编译. 马克思恩格斯全集（第32卷）[M]. 北京：人民出版社，1974：559.

够具备这样的客观条件。迎着红色文化研究和教学的热潮，许多位于革命老区的高校先后利用红色文化开展了育人实践，但主要还都是以课堂上的理论教学为主。理论教学只能将抽象的理论灌入大学生的头脑中，形成一层较为浅薄的感性认知，能不能内化红色精神的要义和优秀革命传统是个未知数，有待日后言行举止的检验。环境一旦形成，便不易更迭。尤其是和平的环境，因其来之不易，更是全人类共同的珍宝。对于高校教师来说，我们无法去改变大的社会环境，但可以积极创设课堂教学和社会实践中的红色微环境，通过丰富多样的教育手段，让大学生对红色文化形成理性的认知。

此外，新时代大学生在思想意识层面所具备的新特质，也是影响红色文化精神教育成效的重要因素。对于思想意识的产生，马克思指出："意识在任何时候都只能是被意识到了的存在，而人们的存在就是他们的实际生活过程。如果在全部意识形态中人们和他们的关系就像在照像机中一样是倒现着的，那么这种现象意识从人们生活的历史过程中产生的，正如物象在眼网膜上的倒影是直接从人们生活的物理过程中产生的一样。"[1] 大学生头脑中产生的这些新特质，并不是凭空出现的，而是被所处的生活和学习环境熏染出来的。具体体现在以下两点。

第一，全民消费视域下的泛娱乐化心理严重。泛娱乐化就是把娱乐作为衡量一切的标杆，任何宏大叙事、崇高的价值观念、优秀的道德品行都可以被娱乐和消解，在娱乐的过程中使它们的价值和意义荡然无存。对于新时代的大学生来讲，泛娱乐化心理的具体表现，就是痴迷于网络游戏、选秀偶像节目、明星八卦、影视动漫以及色情暴力等内容，并在言语或行动上表现出与社会主义核心价值观或主流意识形态的多处相悖。泛娱乐化心理对大学生的消极影响是巨大的：一则大学生的社会主义信仰被逐渐结构。浓厚的爱国主义情怀和对社会主义先进文化的敬畏，是新时代大学生该有的精神风尚。但在泛娱乐化心理的作用下，真实的历史成为虚构的假象，红色人物也成了被戏谑和调侃的对象，道德伦理皆被抛在脑后，内在的信仰体系坍塌。二则大学生对社会主义核心价值观的认同被削弱。西方

---

[1] 中共中央马克思恩格斯列宁斯大林著作编译局编译. 马克思恩格斯全集（第3卷）[M]. 北京：人民出版社，1960：29-30.

社会的价值观念通过互联网和新媒体嫁接到娱乐的内容之中，打着娱乐的幌子，兜售西方社会思潮。这时的娱乐已经不再单纯是放松身心的方式了，其中蕴含了意识形态浓厚的非社会主义价值取向。此外，泛娱乐化还有极强的排斥政治话语的能力。政治话语往往表现出理性、专业和抽象等特点，而泛娱乐化的话语呈现出轻松、欢愉、简单直接的特性，因而更容易被大学生所青睐。但也导致了大学生对政治的冷漠，社会责任感的欠缺、核心价值观的认同乏力等。三则大学生的个人能力和价值追求受到了束缚。大学阶段是求学生涯中非常重要的时刻，大学生本应为了将来更好地实现个人价值和社会价值，努力学习专业知识，掌握傍身本领。但泛娱乐化心理让大学生沉迷于娱乐和消费，玩耍和放松，丧失了学习的主动性和渴求知识的理性。他们在娱乐虚幻的世界中，追求短暂的感官刺激，妄图在不劳而获中享受幸福生活，彻底放弃了个人的价值追求。总而言之，泛娱乐化对大学生的消极影响是立体多维的，是他们健康成长道路上的绊脚石。

第二，个人主义思想严重。个人主义是与集体主义相对应的一种价值观念。个人主义强调个人的绝对自由和个人利益至上，是一种以个人为中心进行为人处事的价值观念。随着我国改革开放和市场经济的深入推进，个人主义思潮也就拥有了滋生和成长的土壤。市场经济让人民群众的价值主体意识觉醒，计划经济时期一切等分配的时代已经过去了，多劳多得，不劳不得的理念也已经深入人心，人民群众的主观能动性也被发挥到了极致。个人主义思潮并不是自发产生的，而是社会主义现代化转型中的必然产物。大学生生活在市场经济的社会环境中，必然也会受到个人主义思潮的影响且呈现出国家意识淡化、集体主义势微、个体心灵虚化等消极特征。个人主义在一定程度上消解了社会凝聚力、不利于培养新时代大学生的民族精神和团结合作意识，也弱化了大学生的公民意识。但个人主义终究不同于利己主义，我们还是应该用辩证的眼光看到个人主义对大学生成长的积极一面，如个人主义能够培养大学生的民主意识、创新精神和反思能力。但无论如何，个人主义思想与国家的主流价值观念如集体主义、团结协作精神等是不相融的，也与红色文化的内涵有众多相悖之处，是阻碍意识形态教育的主观因素之一。

第五章　新时代大学生红色文化教育亲和力构建的基本原则与成效评价

　　思想政治教育是一门需要反复实践并从实践中凝练经验的学科。红色文化是中国共产党领导人民群众在长期的革命斗争和社会建设实践过程中形成的具有群众性、先进性和时代性等特征的科学实践结晶。红色文化教育内在地从属于思想政治教育的大系统，它的教育原则的形成也是建立在对大量育人实践进行理性探讨和经验凝练的基础之上的，具有比方法论更为宽泛的指导价值。思想政治教育过程是一项复杂的系统性活动，构建具有亲和力的思想政治教育，必须坚持一定的原则，才能保证建构的科学性。因此，这里的总体原则涵盖红色文化教育亲和力的所有构成要素，具有总体性的指导意义，是其他要素建构过程中应该遵循和贯彻的基本准则。本章除了探讨红色文化教育亲和力构建原则以外，也试图对红色文化教育亲和力的评价工作进行较为深入的剖析。通过对红色文化教育亲和力进行评价，可以判断红色文化教育是否达到了应有的价值。这样既可以肯定育人成绩，巩固和扩大育人的成效，也可以直面育人存在的问题，及时采取措施规避和解决。因红色文化教育的本质是一项改造教育客体内心精神世界的实践活动，育人的成效带有浓厚的主观色彩，这给评价评估工作的开展带来了较大的挑战。

一、新时代大学生红色文化教育亲和力构建的基本原则

（一）共建共享原则

　　共建与共享两者是辩证存在的关系，共建是共享的前提与基础，共享

是共建的最终目的。此外，共建可以发扬社会主义制度的特有优势：集中力量办大事；共享则体现出社会主义的本质要求：人民的利益和福祉是党和国家至高无上的奋斗目标。

对于红色文化来说，因其部分物质内容存在的历史久远性和分布地域的散发性特点，就必须依赖全国各地的人民群众发挥主体作用，群策群力，形成开发和保护"一盘棋"的局面。对于不同地区开发出来的物质形态的红色文化资源，可以依托其建立相关的纪念馆、博物馆等，在全国范围内免费开放。对于精神形态的红色文化，也可以通过新媒体网络平台实现资源共享。这些都是红色文化共建共享的基本内容。对于红色文化精神教育来讲，共建共享原则同样适用。

首先，红色文化教育的共建可以分为校内与校外两个层面的共建。从校内层面来讲，高校的决策层（育人政策制定层）、育人管理者、育人主体、育人客体都应该明确各自的责任与义务，发挥好自身的力量，协调并配合红色文化教育实践的开展。如教育政策的制定层决定是否开展红色文化教育实践，需要把开展教育实践的益处和将要面对的困难考虑清楚，做好顶层设计的保障；教育管理者需要协调好支撑教育实践开展的各项物力、人力和财力等多方面的支持，还要定时开展教育成效的评估，经验的总结，反馈具体问题；教育主体需要考虑以何种方式开展红色文化教育，怎样才能够将教育成效最大化等；教育客体则要以端正的学习态度投入到课堂理论学习和课后的实践教学之中，积极将红色精神和优秀的红色传统内化于心，外化于行。从校外层面来讲，就是各个地区、相关部门和高校要联起手来，共同建设，使有限的红色文化发挥更强大的教育功效。

其次，红色文化教育的共享。对于实践教学过程中需要的红色文化教育共享，高校间可以采用"引进来"和"走出去"的方式，互惠互利。比如高校间可以建立校际合作关系，分别组织学生们前往不同地区的红色教育基地进行参观考察、瞻仰缅怀。对于那些便于移动的红色文化，不同高校之间也可以采取异地送展的形式，进行红色文化的共享等。对于理论教学层面的红色文化教育共享，高校间可以经常性地开展红色主题的学术论坛、经验分享会、教学探讨会等，将优秀的育人模式和经验及时在高校间传递和分享，在结合校情实际的基础上做到互通有无，以长补短，促进彼

第五章　新时代大学生红色文化教育亲和力构建的基本原则与成效评价

此教育成效的提高。值得一提的是,在红色文化教育共建共享的过程中,一定要关注到不同地区红色文化的地域内生性和本身固有的个性特质,不能对以此为依托的理论教学层面的教育模式照搬照抄。

(二) 实事求是原则

习近平在纪念在毛泽东诞辰 120 周年座谈会上的讲话中指出:"实事求是,是马克思主义的根本观点,是中国共产党人认识世界、改造世界的根本要求,是我们党的基本思想方法、工作方法、领导方法。"① 实事求是原则是马克思主义和毛泽东思想的精髓,也是党开展一切工作的指导原则。红色文化精神教育是一项改造人的主观世界的实践活动,"就应该从受教育者的思想实际出发,从社会生活的实际出发,按照教育对象的不同层次、不同的思想觉悟和认识水平,采取灵活多样的教育方式和手段,有针对性地开展教育工作。"②

红色文化教育过程中的实事求是,应该做到以下三点。

首先,教育主体对红色文化的认知要做到实事求是,尊重史实。历史是不能假设的,历史也不是虚构的。红色文化是中国共产党领导人民群众以钢铁般的意志在流血牺牲和艰苦奋斗的过程中形成的。其中的每一份历史文物、每一件感人事迹都是党成长过程中不容抹杀和歪曲的见证。对于思政课教师来说,理应率先认知红色文化,并感悟、领会其中的精神内涵,力求无偏差地将其投射到育人的实践过程之中。思政课教师更要积极地反对历史虚无主义,同那些丑化、歪曲和诋毁红色文化的现象作斗争。

其次,教育主体在开展教育实践的过程中要做到实事求是。教育主体应该在教育实践开展之前,就对不同类型红色文化的内涵界定、价值功能、利用途径等进行综合把握,对不同层次教育客体的心理特点和精神世界的发展诉求进行系统性的认知,对国际国内社会发展过程中出现的难题、大事有所了解,然后把不同红色文化的特性、内涵与教育目标、要求以及大学生的现实需求结合起来开展教育实践,做到因材施教、因时而教。

最后,在面对红色文化教育的成效时也应该做到实事求是。红色文

---

① 习近平. 在纪念毛泽东同志诞辰 120 周年座谈会上的讲话 [N]. 人民日报, 2013-12-27.
② 陈万柏, 张耀灿, 主编. 思想政治教育学原理 [M]. 北京: 高等教育出版社, 2007: 208.

是众多文化中的一种，因其是党执政过程中的直接产物，所以具备科学性、群众性、时代性、广泛性等特点，是意识形态教育的绝佳教材。同时我们也应看到，红色文化因其历史久远性、分布零散性、价值潜在性、意识形态性等特点限制了它在思想政治教育过程中功能的发挥。尤其需要注意的是，新时代大学生接受红色文化教育的环境已经发生了巨大的变化。新民主主义革命、社会主义革命和建设时期，人们的思维观念高度统一，价值观念单一化，开展意识形态教育的环境相对较为封闭，思想政治教育的开展也就更容易取得成效。改革开放以来，国外不良社会思潮的大量涌入，导致人们思想价值观念不可避免地多元化，大学生的自主性和选择性意识不断增强，对于能否接受红色文化、能接受多少，都存在着较大的个体差异。所以我们应该冷静审视红色文化教育将面临的巨大挑战，既不能忽略和贬低红色文化教育功效，也不能盲目乐观地夸大其成效，更不能在红色文化教育刚起步受挫时就彻底否认它的教育功效，要做到实事求是，机敏应对。

（三）以生为本原则

胡锦涛在党的十七大报告中指出："必须坚持以人为本。全心全意为人民服务是党的根本宗旨，党的一切奋斗和工作都是为了造福人民。要始终把实现好、维护好、发展好最广泛人民的根本利益作为党和国家一切工作的出发点和落脚点，……"[1] 习近平在继承和创新"以人为本"理念的基础上，提出了"以人民为中心"[2]的发展思想。他指出："党的十八届五中全会鲜明提出要坚持以人民为中心的发展思想，把增进人民福祉、促进人的全面发展、朝着共同富裕方向稳步前进作为经济发展的出发点和落脚点。这一点，我们任何时候都不能忘记，部署经济工作、制定经济政策、推动经济发展都要牢牢坚持这个根本立场。"[3] 无论是"以人为本"还是"以人民为中心"的发展理念，都体现了党全心全意为人民服务的根本宗旨，也体现了意识形态教育的根本遵循——促进人的自由全面发展。因此，红色文化教育也必须要树立"以生为本"的指导原则并贯穿于教育的各个环节

---

[1] 胡锦涛. 高举中国特色社会主义伟大旗帜，为夺取全面建设小康社会新胜利而奋斗——在中国共产党第十七次全国代表大会上的报告[N]. 人民日报，2007-10-15.
[2] 习近平. 习近平谈治国理政[M]. 北京：外文出版社，2014：154.
[3] 习近平. 论坚持全面深化改革[M]. 北京：中央文献出版社，2018：188.

第五章　新时代大学生红色文化教育亲和力构建的基本原则与成效评价

之中。

首先，要充分尊重教育客体的主体地位。教育主体应该站在时代的前沿，积极主动研究社会发展变化的实际情况和大学生内在精神世界的发展诉求以及心理特点的新变化，综合全面地把握不同形态、不同内容红色文化的特性和内涵开展教育实践。也就是要把大学生的心理诉求作为选择红色文化的客观依据。不同学科背景的大学生对红色文化有不同的需求，比如理工科的大学生对艰苦奋斗、勤劳实干、锐意创新等为主题的红色文化更感兴趣，教育主体便可以选择类似性质的如铁人王进喜的忘我奋斗、钱学森的报国精神等红色文化开展教育实践，以增强他们的劳动意识、创新意识等；人文社会科学专业的大学生更容易被动人的红色故事打动内心，引发他们对红色文化深层次的关于内涵和特征的理性思考。他们往往对爱国为民、党的宗旨、理想信仰、忧患意识等为主题的红色文化兴趣更浓。尽管在教育过程中，我们要尊重教育客体的主体地位，但仍然要树立意识形态教育的底线思维，那就是在教育过程中一定要突出理想信念教育、爱国主义教育、历史感教育、三观教育、实践劳动教育等，为社会主义现代化建设培养出政治方向坚定、理论功底扎实、实践动手能力强的时代新人。

其次，教育主体要在教育过程中突出服务意识。"只有不断强化服务意识，让受教育者真正感受到我们所做的一切，都是为他们服务，都与他们的切身利益密切相关，才会自觉地接受教育，从而增强思想政治教育的实效性。"[①]要让新时代大学生明白，红色文化资源既是按照党和国家的要求把一定的思想观点、政治观念、道德规范、价值取向等有计划、有组织、有目的地传授给他们，最终形成新时代中国特色社会主义所需要的思想道德素质，这个过程既是服务于国家、政党、社会发展的需求，也是在践行思想政治教育的本质——为大学生的自由全面发展服务。

（四）知行合一原则

理论与实践相结合，一直是党开展思想政治教育工作的优良传统。对于红色文化精神教育来说，既要坚持不懈地开展课堂上的理论教育，用红

---

① 张耀灿，郑永廷，吴潜涛，骆郁廷，等. 现代思想政治教育学[M]. 北京：人民出版社，2006：454.

色文化精神的内涵去武装大学生的头脑,又要结合新时代社会发展的实际状况和大学生内在心理诉求的发展变化,实事求是地开展育人实践。与此同时,教育主体又要把所教授的理论在实践过程中予以体现,促进大学生在校园和社会实践中提高对红色文化的认知,内化红色文化的内涵与要义,最终达到知行合一的境界。红色文化精神教育理论与实践的相结合,要做到以下两点。

首先,要在知行合一理念的指导下进行理论教育与实践教育的两手抓。先通过有目的、有组织、有计划地向大学生讲解和传授红色文化的内容、内涵、特征、价值等基础的理论知识,引导大学生对红色文化形成感性的认知,然后再通过开展红色主题的校园或者社会实践,在实践的过程中去领悟和体会红色文化,达到巩固和强化课堂理论教育成果的目的,最终形成对红色文化的理性认同并用于指导日后实践活动的开展,对红色文化从理论的传承演进至行为传承的高度。

其次,理论教学与实践教学要做到合理衔接,灵活运用。在开展红色文化教育的过程中,理论教学的每个阶段都要与适量的实践教学相结合。不能一直是理论教学"打头阵",实践教学扮演"客串嘉宾"的角色。如理论教学的早期可以配合开展简单的校内实践,如校园环境卫生治理、组织开展红色主题的文艺活动等;理论教学的中后期,通过观察和测验等途径得知大学生对红色文化有了较深的认知以后,可以积极开展社会实践如社区志愿活动,参观红色文化教育基地、名人故居等方式加速心中对红色文化的认同。此外,在开展实践教学的同时,也一定要有明确的教育目的,要时刻把相对应的红色文化的内涵、价值等放在心中,在实践教学结束后要及时地进行书面总结或是召开讨论会等,不能陷入形式主义的泥淖。

(五)灵活多样原则

习近平在第二届世界互联网大会的开幕式上指出:"现在,以互联网为代表的信息技术日新月异,引领了社会生产新变革,创造了人类生活新空间,拓展了国家治理新领域,极大提高了人类认识世界、改造世界的能力。"[①] 由此可见互联网以及新媒体对社会发展的重要性作用。红色文化的

---

① 习近平. 在第二届世界互联网大会开幕式上的讲话 [N]. 人民日报, 2015-12-17.

第五章 新时代大学生红色文化教育亲和力构建的基本原则与成效评价

线下教育,是指教育主体在固定的时间和空间范围内,对育人客体开展的面对面的理论教学与实践教学的总和;线上教育主要是指依托互联网新媒体技术对教育客体开展的红色文化教育。线下教育和线上教育相结合,有助于突破红色文化教育的时空限制,也有助于拓宽教育的途径和教育的吸引力,提高教育的成效。

新媒体给红色文化教育带来了无限可能性,其丰富了育人的渠道,拓宽了教育的途径。新时代大学生可以通过网络课堂、慕课、微博、微信、微视、红色网站等进行线上学习,师生之间也可以通过新媒体进行及时的互动与交流。此外,新媒体技术为红色文化的传播增添了图片、声音、视频等现代性元素,极大地提高了他们的学习兴趣。但需要注意的是,因为大众在使用新媒体过程中的"媚俗"倾向以及高校使用新媒体技术的能力不够强等弊端,加上大学生在开展线上学习的同时容易受到互联网中良莠不齐的信息的影响,这些都给红色文化线上教育的开展带来了挑战。因此,我们必须要坚持线下教育与线上教育的相结合。具体要做到以下两点。

首先,要明确线下教育是线上教育的基础与保障。线上教育的内容、方法、手段、过程等很多内容来自线下长期积累的课程教学,它为线上教育的开展提供了知识保证,是线上教育的基础和依托。对于红色文化精神教育来说,线下教育最突出的优势在于师生之间可以进行面对面的高频率互动,学生在教学过程中的体验感要远远优于线上教学,也便于教师随堂进行教学成效的检测,及时搜集学生对于教学的反馈信息。此外,红色文化教育的实践教学,也只能以线下教育的形式开展。其次,要积极利用线上教育作为线下教育的延展与补充。一是线上教育突破了地域的制约和时间的限制,教师可以灵活机动地调整授课时间,大学生也可以在任何时间、任何地点自主地选择感兴趣的红色文化进行自我教育;二是线上教育变课堂上的讲授式教学为网络上的互动式教学,变封闭的线下课堂成为开放合作的网络教室,能够提升大学生的课堂参与度和调动他们思考的积极性。三是线上教育更利于育人主体开展渗透式的隐性教育。通过与技术人员的配合,育人主体可以结合社会发展的热点事件并在微信公众号、抖音、微视频、微博等平台及时推送应情应景的红色文化,让大学生在耳濡目染的过程中进行心灵的熏陶。

二、新时代大学生红色文化教育亲和力构建的成效评价

红色文化教育亲和力的评价，是高校针对育人实践开展的为了测量育人实践应用于对象的价值实现程度的客观评价活动。评价工作的开展，既能够反映出高校对红色文化教育的价值认同，也能够凸显出育人实践取得的成效和存在的问题，促进红色文化教育实践的优化。总的来说，新时代大学生红色文化教育亲和力的评价可以从评价原则、评价指标、评价方法、评价标准的设立依据等方面展开。

（一）评价原则

红色文化教育亲和力的评价原则，在评价活动中既有导向功能，也能够及时地对评价活动予以规范，既能够体现出红色文化教育的目的要求，也遵循了教育实践开展的规律。由于红色文化教育的意识形态性、动态性、渗透性以及时代性等特征，这就决定了其育人成果会表现为物质成果与精神成果的相统一、短期效果与长远效果的相统一、显性效果与隐性效果的相统一等。因此，在确立评价原则时也必须要注重辩证统一。

1. 历史性与时代性的统一

红色文化教育亲和力评价是在历史继承与时代创新的辩证统一中与时俱进的。首先，红色文化教育亲和力评价离不开继承与借鉴。新中国成立以来，红色文化教育一直围绕着培养合格的社会主义接班人这个中心任务开展，改造青年大学生的世界观，培育他们的革命人生观，并致力于把大学生的爱国热情融入巩固新生政权和建设新中国的实践浪潮之中。如1950年印发的《高等学校暂行规程》中就提及："进行革命的政治思想教育，肃清封建的、买办的、法西斯主义的思想，树立正确的观点和方法，发扬为人民服务的思想；……"[1]，既是思想政治教育的目标，也是红色文化资源育人的根本任务。此时的育人评价指向是否能够培养出"又红又专"的共产主义事业接班人。改革开放以来，党中央坚持"一个中心，两个基本点"[2]的总路线，提出了一手抓物质文明建设，一手抓精神文明建设，重视开展

---

[1] 高等学校暂行规程[J]. 人民教育，1950（05）：68.

[2] 中共中央文献研究室编. 十三大以来重要文献选编（下）[M]. 北京：人民出版社，1993：1869.

第五章　新时代大学生红色文化教育亲和力构建的基本原则与成效评价

包括红色文化教育在内的精神文明建设，重视思想意识的导向、激励和凝聚作用，印发了《中共中央关于进一步加强和改进学校德育工作的若干意见》（1994年）、《中国普通高等学校德育大纲》（1995年）、《关于进一步加强和改进大学生思想政治教育的意见》（2004年）等一系列助推高校精神文明建设的政策性文件，用以促进高校的意识形态建设和大学生的思想道德培养。这个阶段的育人评价指向是能否培养出主动践行社会主义核心价值观的"四有"新人。红色文化教育亲和力评价的发展并不能抛弃传统的教育评价指向，因为传统的教育评价指向是保证党执政稳固和社会良性运转的根基与保障。其次，红色文化教育亲和力评价必须要随着时代发展的步伐开拓创新。进行教育亲和力评价是为了育人实践更好地开展，同样是为现实社会发展服务的。新时代的教育亲和力评价一定要重新审视红色文化教育的社会环境、目标和具体要求的变化，适应新时代社会主要矛盾转化的实际状况，创新教育评价指向。红色文化教育亲和力的评价机制不能封闭僵化，要体现出鲜明的时代性，因为一切划时代的体系的真正内容都是由于产生这个体系的那个时代的需要所形成的。新时代的教育亲和力评价既要坚持原有的评价指向，也要根据社会发展的需要和大学生内在精神世界成长的诉求进行重构，将"立德树人""育人铸魂"等思想政治教育的目标融入评价体系之中，致力于培养出一批批合格的时代新人。总的来说，新中国成立后至改革开放前推崇的红色文化教育评价具有浓厚的一元性政治色彩，而改革开放以来进行的教育评价逐渐融合了政治性、知识性、生活性等元素，更加凸显出社会进步与人的自由全面发展相统一。

2. 理想性与现实性的统一

红色文化教育亲和力评价的理想性是指其评价过程既要坚持底线思维和正确的政治导向，也要讲求科学评价、高效评价。红色文化教育亲和力评价的理想性可以细化为政治性和科学性的双重特性。对于政治性来说，就是在评价的过程中要以社会主义意识形态为导向，坚持正确的政治方向。也就是说，红色文化教育亲和力评价的内容、方法、依据的设立等都必须要紧紧围绕立德树人的目标和要求，把立足点放在培养社会主义事业接班者的基本要求上来。当前，高校是各种社会思潮进行激烈斗争的主战场，新时代大学生不可避免地面临各种社会思潮的冲击、渗透以及分化，因此必须要在教育亲和力评价过程中坚持政治性方向，突出马克思主义在意识形态领域的指导地位和共产主义的伟大理想信念。对于科学性来说，就是要设定合理的评价内容，坚持正确的评价目标，追求评价成效的最大化。新时代大学生红色文化教育包括了教育资源的选择、教育师资力量的建设、教育实践过程的开展、教育的保障机制建设等范畴，这些范畴既是红色文化教育的业务范围，也可以作为制订科学评价标准的主要依据。也就是说，评价科学性的选材源于教育实践的各个环节。除此之外，还应突出的是红色文化教育亲和力评价的现实性。红色文化教育的归宿是促进大学生自由全面的发展，积极内化红色文化的内涵与要义，再将其在开展实践活动的过程中外化出来，最终回归于生活。新时代社会主要矛盾的转化，意味着大学生追求更多的是与生产力、实践、民主法治、美好生活等主题密切相关且贴近自身实际的红色文化，因此开展红色文化教育亲和力评价，不能仅重视教育中的意识形态教育成效，也应该探讨红色文化对大学生日常生活的贡献。红色文化教育亲和力评价应该将红色文化教育能否解决大学生的思想困惑、价值观迷茫以及物质生活上的困难等作为参照，否则就会成为片面地为政治服务的工具。我们在开展红色文化教育亲和力评价的过程中，既要围绕"为谁培养人"这个根本问题，也要注重从大学生的生活实际出发，以真挚的情感感化人、以热切的行动打动人，真正做到科学性与现实性的相统一。

3. 主观评价与客观评价的统一

红色文化教育亲和力评价包含了多个范畴的评价内容，这些评价内容贯穿于红色文化教育的全过程，既涵盖了育人政策、方针和目标等顶层设计层面的内容，也包括了教育内容、方法等中观层面的内容以及理论教育、实践教育等微观层面的内容等。红色文化教育亲和力的主观评价是指高校成立评价工作组，自行拟定评价指标并开展评价活动，具有灵活性、针对性以及多样性的特征，此举有助于不同校情的高校探索出不同层次、具有个性的育人评价体系，建构出灵活多样的评价标准与运作规范，也有利于不同的高校及时发现在开展红色文化教育过程中面临的特殊问题，为下一步教育实践的开展提供了参照，扫除了障碍。我们同时也要注意到主观评价的局限性。在主观评价的过程中，无论是评价目标的设立，评价资料的收集,还是具体评价过程的开展以及评价信息的反馈,都不可避免地掺杂着主观思维层面的价值判断,尤其是对大学生接受红色文化教育的内化程度等主观性较强的评价指标很难做出客观翔实的判断,继而影响到评价的可信度。红色文化教育亲和力的客观评价属第三方开展的对评价对象的评价活动,评价主体一般由国家教育行政部门、相关的科研机构、意识形态教育领域的专家等组成。客观评价的特点是自上而下的,由第三方的评价主体制定评价指标和标准,并以电话或者书面通知的形式告知被评高校做好充分准备。被评高校要认真总结红色文化教育过程中的"功"与"过",收集并汇总支撑材料,形成正式的书面报告,评价主体以听取汇报、入校实地考察、临时发放调查问卷、召开师生座谈会等形式了解和掌握被评高校开展红色文化教育实践的真实情况,最后依据评价主体预先制订的评价标准,形成正式的评价报告。客观评价以事实为依据,相对于主观评价来说更为客观和公正,具有较强的说服力和权威性,具有深刻的督导、指导等功能。评价主体可以在层次和办学力量大致相当高校间进行横向的评比,略施奖惩,以调动高校开展红色文化教育实践的积极性和主动性。高校也可以根据评价主体提供的测评结果规避、消除教育实践过程中存在的问题,确定下一步开展教育实践的方向,推动教育实践创新性发展,提高教育成效。但客观评价也存在一定的局限性,那就是只以高校开展红色文化教育实践过程中的某个时间节点开展集中性评价,忽视了红色文化教育的具体过程评价和长远成效。因此,要做到公正、全面、整体、客观地评价教育实践,就必须要做到主观评价和客观评价的相统一。

4. 结果评价与过程评价相统一

随着改革开放的不断深化和中国特色社会主义事业的稳步向前,红色文化也处于动态的演进过程之中,利用红色文化开展的育人实践及其评价同样也是不断发展和变化着的。在开展红色文化教育亲和力的评价过程中,我们既要关注当下育人实践开展的成效,也应该用动态性和发展性的眼光去审视育人实践的发展过程以及长远成效。也就是说,红色文化教育亲和力评价要坚持结果评价与过程评价的相统一。教育亲和力的结果评价是指评价主体通过个案访谈、发放调查问卷、听取汇报等形式了解和把握红色文化教育的开展情况和成效,其中重点关注的是教育的各个环节以及教育实践开展后大学生的精神风貌。教育亲和力的过程评价是指评价主体通过较长时间的观察、追踪以及反馈，认知红色文化教育的变化过程及未来走势，重点关注的是红色文化教育产生的长远成效。之所以要坚持结果评价与过程评价的相统一，原因如下。首先，两种评价的结合是推动红色文化教育实践创新性发展的客观需要。现阶段的教育评价多以结果评价为主，因其较容易获取高校在某一时期开展教育实践活动的全面资料，也容易进行不同高校之间的横向评比，评价标准相对比较容易制订，可操作性较强。结果评价的局限性在于不能全面考察红色文化教育开展的故有基础、发展的历程、潜力以及走势等。这种局限只能依赖过程评价来弥补。过程评价更多注重的是红色文化教育的具体过程以及发展脉络，可以把高校开展的红色文化教育实践划分为不同的阶段进行纵向的评比，有助于探析红色文化教育的发展变化历程以及真实成效。过程评价的局限性在于评价指标不能固定化，操作起来的难度较大。其次，两种评价相结合有助于全方位地了解红色文化教育的实际状况，实事求是地反映教育的质量和水平。结果评价有益于高校间进行横向比较，过程评价有利于高校自身开展处于不同历史阶段的纵向比较，横纵结合，也就建构起了教育亲和力评价多维立体的结构，更加有利于教育实践的创新。红色文化教育是一项立足当下、放眼未来的改造大学生内在精神世界的客观实践，但实际工作的开展往往带有一定的滞后性，如育人主题的滞后、主客体思维的滞后等，将结果评价与过程评价相结合，有助于多角度、全方位探视育人过程中产生的问题及其根源，为制订针对性的改进措施如优化教育方案、调控教育过程等提供了有益的参照。

（二）评价指标

红色文化教育亲和力的评价指标是衡量育人状况与成效的尺度。要想对红色文化教育实践进行检测评估，就必须确立合理的评价指标体系。若是不按照一切从实际出发的原则制订出合理、有价值的评价指标体系，实际评价工作的开展就会产生主观随意性和形式主义等问题。红色文化教育亲和力的评价指标源于国家和社会对红色文化教育的要求，源于红色文化教育的目标和任务。教育目标决定了评价指标的基本内容，评价指标的基

第五章　新时代大学生红色文化教育亲和力构建的基本原则与成效评价

本内容映射出教育目标的要求。评价指标的双重作用在于，既能反映育人的方向、目标和要求，又能检测、衡量教育的具体成效。在红色文化教育亲和力评价的过程中，单一的指标只能反映出评价客体的某一个侧面，若要形成多维立体的客观评价局面，就必须建立起与之相对应的评价指标体系。总的来说，红色文化教育亲和力评价的指标体系包括要素评价、过程评价和成效评价三大组成部分。

1. 红色文化教育亲和力的要素评价

红色文化教育亲和力的要素是构成教育实践不可或缺的条件或元素。红色文化教育内含着不同的主客体关系，但不能把教育实践的要素笼统地概括为传统的教师主体和学生客体，应该从教育实践开展的各个方面去理解它的要素。红色文化教育整体亲和力是要素亲和力形成合力的结果，具有复杂性和综合性。

（1）对教育目标亲和力的评价

教育目标关系到红色文化教育工作的全局，对红色文化教育实践的开展富有重大决策和理性指导的功能，即根据国情和校情明确教育目标的定位、制定教育工作规划、建立相应的制度、健全领导体制等，为红色文化教育实践的开展夯实基础。就目标定位来说，能否准确的定位直接关系到教育实践开展的成败。这就要求高校紧贴社会发展过程中的前沿事件以及最新的教育方针，根据校情明确教职工在人才培养中的作用与位置，进而确定高校在一段时间内开展红色文化教育的总体目标。对于目标定位的评价主要是观测高校在开展红色文化教育实践时，能否坚持社会主义的办学方向以及全面贯彻党的教育方针；能否主动适应国家对于人才培养的需要，明确红色文化教育在"立德树人""铸魂育人"中的地位；就工作规划来说，就是要制定红色文化教育的远期目标和近景规划。规划就像是在盖房子的过程中搭房梁，目的是保证工作的顺利开展。教育的规划应要凸出目标定位且能全面反映出教育目的。对于工作规划的评价主要是检视红色文化教育是否被纳入高校德育工程的总体规划；制订的红色文化教育目标是否切实可行且重点突出；就制度建设来说，就是要制订出育人主客体在开展教育实践过程中必须遵循的处事章程或行为准则。制度是红色文化教育实践开展的坚强保证，也从一定程上反映出教育主体的管理水平。对于制度建设的评价主要在于高校是否健全红色文化教育的党政联席民主商讨制度、教育奖惩制度以及教育主体定期轮训制度等；就健全领导体制来说，奋发图强、积极向上的领导班子是保证教育目标落实的组织保障。对领导体制的评价在于高校是否有党委或行政领导负责分管红色文化教育工作，是否设立了专职管理红色文化教育的相关机构；机构内部的不同岗位是否职责明确等。

（2）对教育者、教育方法和教育对象亲和力的评价

红色文化教育主体是教育实践的组织者和具体实施者，一支强有力的红色文化教育队伍必须具备结构合理、成员相对稳定、素质过硬等基本要求，以此才能全面助推教育实践的良性开展。红色文化教育队伍囊括了思政课教师、党政干部、优秀学生干部、班主任、辅导员等。他们业务能力以及个人素质的高低在一定程度上影响着红色文化教育的成效。学高为师，身正为范。思政课教师要以高尚的道德情操进行言传身教，在教学过程中展示个人魅力以给学生潜移默化的影响。班主任及辅导员也要及时关注大学生内心世界的发展诉求，贴近他们的实际，走进他们的内心，将红色文化的内涵和要义在与大学生日常接触的过程中表现出来，使大学生受到潜移默化的熏陶。对他们的评价主要考察其是否具有社会主义的底线思维，是否真正懂红、信红、爱红，是否严格围绕育人目标开展育人实践，是否懂得多种育人路径的交叉与融合等。

大学生作为教育对象，具有双重身份。一方面，作为教育者施加有目的、有计划的教育活动的对象，表现出客体性；另一方面，在参与、认知、接受红色文化教育的过程中，以自己的认知方式诠释、接受、内化并践行教育者传递的政治观点、价值理念、文化思想等，表现出主体性。因此，红色文化教育对象是客体和主体双重身份的统一体。就优秀的学生干部来说，因其本身属于大学生的一份子，是大学生最为亲密的同辈群体，他们的一言一行对比教师来说更加具有可信度和感染力。此外，优秀的学生干部是沟通高校与大学生之间的桥梁，他们可以向育人主体反馈大学生内心最真实的想法，因此是加强和改进红色文化教育的重要推动力。对于他们的评价，主要是观察其是否能够以身作则、敢为人先、真正做到为同学的学习与生活服务。

第五章　新时代大学生红色文化教育亲和力构建的基本原则与成效评价

（3）对环境亲和力的评价

红色文化教育实践的开展总是处在一定的环境之中，而环境对人的影响决定了环境本身兼具着潜在的育人功效。从宏观上看，红色文化教育的环境可以分为社会环境、政治环境、经济环境、文化环境等；从学校的微观层面来看，教育环境可以分为物质环境、校园文化环境、校园舆论环境等。限于篇幅以及与此节论述主题的关联度，这里笔者只对校园微观层面的教育环境亲和力进行评价。就物质环境来说，物质资料是保障教育实践开展的基本与前提。恩格斯指出："人们首先必须吃、喝、住、穿，……然后才能争取统治，才能从事政治、宗教和哲学等等，……"[1]同样，红色文化教育实践也必须要建立在强大的物力、财力和人力支撑的基础之上才能开展，否则只能是空谈。这些物力、财力、人力共同构成了红色文化教育的物质环境。对物质环境亲和力的评价主要体现在：高校是否规划出用于红色文化教育的专项资金聘请兼职人员或作为科研奖励；是否投入了资金开展校外实践基地建设；是否引进了专职研究红色文化的人才等。就校园文化环境来说，它总能以一种"润物细无声"的姿态对大学生的内心进行隐性的渗透教育，因此备受教育主体的青睐。红色文化教育的校园文化环境主要包括了校园内的红色人文景观建设、红色文化长廊、红色文艺活动的举办等。对其开展的评价主要体现在：是否将校内的红色人文景观建设纳入了高校建设的总体规划；是否有针对性地开展红色主题的校园文艺活动且收到了较高的评价；是否注重校园红色校史的开发与利用；是否会在重大时间节点开展的重大校园活动中融入红色文化等；就校园舆论环境来说，它是学校传播红色文化的重要渠道，主要的评价内容如下：校报、学报中是否增设了红色专刊；校园广播是否定期推送红色主题的故事或红色人物的先进事迹；是否充分利用校园网络弘扬主旋律、开展舆论引导等。

（4）对教育条件和教育内容亲和力的评价

唯物辩证法告诉我们，事物之间的联系具有普遍性。红色文化教育实践并不能够脱离联系单独开展，必须要以一定的条件作为基础和支撑。红色文化教育的条件保障主要包括了政策趋向、资金的投入力度、办公的硬

---

[1] 中共中央马克思恩格斯列宁斯大林著作编译局编译. 马克思恩格斯选集（第三卷）[M]. 北京：人民出版社，2012：723.

件设施配置等内容。就政策趋向来说,主要是考评高校对于红色文化教育主体是否有保障待遇的文件和具体举措,是否制定了评定级别的标准;是否有不定期的关于教育主体的培训等;就资金的投入力度来说,主要是考评高校是否将红色文化教育纳入学校预算的科目范围,教育经费的使用是否规范、合理等;就办公的硬件设施来说,主要考评教育主体是否有固定的办公场所;教育过程是否有互联网及新媒体技术的支撑;办公器材是否完备等。

对教育内容亲和力的评价,主要考评红色文化在思想政治教育课堂教学中的理论内容亲和力、课外红色文化教育实践活动的主题内容亲和力及网络虚拟场域中的红色文化宣传教育内容亲和力等。另外,根据红色文化本身的人文性、真理性、价值性、通俗性而使教育对象产生的亲近感与认可感,考评教育内容的选择是否准确、接地气、活泼,能否获得教育对象的信服与理解。

2. 红色文化教育亲和力的过程评价

红色文化教育的过程是育人主体根据国家、社会以及高校的育人要求以及新时代大学生内在精神世界的发展规律,对大学生施加有目的、有计划、有组织的教育影响,不断提高大学生内在思想品德素质以达到或趋近育人主体和社会的客观要求。能否达到这种要求取决于育人实践的路径是否正确、方法是否恰当合理。因此,对红色文化教育亲和力的过程评价主要是窥测育人实践的路径和方法是否遵循党的教育方针和国家政策,是否符合大学生内在精神世界成长的需要,是否具有针对性和科学性,主要包括红色文化教育过程中的理论教学、实践教学、主题教育活动、学生的服务以及新媒体育人等几个层面。

(1)对理论教学过程的评价

红色文化教育的理论教学既是在大学生思维意识中形成对红色文化感性认识,提高红色文化认知率和传承度的重要途径,也是帮助新时代大学生树立正确的世界观、人生观和价值观,提高思想道德素质的重要环节。对红色文化理论教学的评价主要应从课程建设、教学效果、教学改革三大层面予以体现。就课程建设来说,主要是评价高校是否将红色文化教育列入课程规划并制定相应学分,是否有引进或者组织校内专家、学者编纂相

第五章　新时代大学生红色文化教育亲和力构建的基本原则与成效评价

关的红色教材、制作红色课件等；就教学效果来说，主要是看理论教学是否具有吸引力和感染力，结业考核是否难度适宜并能够客观反映学生学习的效果，学生对主观上对理论教学的满意度和认同度等；就教学改革来说，主要是评价理论教学是否在"灌输"的基础上采用了启发式、研讨式、互动式的教学方法，是否充分利用新媒体和互联网进行理论教学等。

（2）对实践教学过程的评价

理论与实践相结合是中国共产党人世代传承的优良作风，理论教学与实践教学相结合也是红色文化教育的基本原则之一。在红色文化教育的过程中积极引导大学生开展校园实践和社会实践，有利于他们及时内化红色文化的内涵与要义，同时也能够培养他们了解社会、认知党情和国情、奉献社会的高尚情操。对实践教学的评价，主要围绕保障机制、实践内容、基地建设、实践成效这几个层面展开。就保障机制来说，主要考评高校是否将实践教学纳入教学的总规划，教育主体是否积极参与对实践教学的指导，是否划拨专项经费用以实践教学的开展等；就实践内容来说，主要是看高校是否能够建立与理论教学内容相一致的实践主题，是否能够让校内实践和社会实践形成恰当的比例等；就基地建设来说，主要是考评高校是否建立了一定数量且相对稳定的红色校外实践基地；就实践成效来说，主要是考评新时代大学生对实践教学的参与率，实践教学报告的质量高低，实践教学总结汇报会的参与程度等。

（3）对主题教育活动的评价

红色文化的主题教育活动是融合了爱国主义教育、理想信念教育、党史教育、思想道德素质教育等功能的重要载体。红色文化的主题教育活动应积极把德育、智育、体育、美育等元素渗透其中，让大学生在参加主题活动时受到潜移默化的影响，继而充实他们的精神生活，升华他们的精神境界，提高对红色文化的认同。对主题教育活动的评价主要从活动主题、活动举措、活动载体、活动效果四个层面展开。就活动主题来说，主要考评高校是否能够紧密围绕爱国主义、理想信念、党史等大方向，开展贴近大学生学习和日常生活的主体活动，如红歌会、劳动知识竞赛等；就活动举措来说，主要考评高校是否形成了多个职能部门密切配合、齐抓共管的生动局面，如是否形成了学工部（处）、团委、马克思主义学院等职能部门共同组织、携手并进的态势；就活动载体来说，主要考评教育主体是否充分利用主题班会、重大节日庆典形成思想性强、吸引力大的红色主题活动；就活动效果来说，主要是考评新时代大学生是否乐于接受、积极参加，主题活动是否能受到学生的普遍好评。

（4）对学生服务的评价

红色文化教育本质上是一项做人的活动，应该让大学生切身感受到红色文化教育与他们的利益相关。所以说，红色文化教育实践既要塑造人、引导人，也要关心人、帮助人。这也是红色文化教育"以生为本"原则的生动体现。因此对学生服务的评价主要立足在如何加强对大学生心理健康教育和就业指导，如何关怀大学生的日常生活等。就心理健康教育来说，主要考评育人主体是否能够利用红色文化培养大学生的爱国主义、集体主义、勤劳拼搏、锐意进取等意识；就就业指导来说，主要观察红色文化教育是否能够让大学生树立远大的志向，不好高骛远并且脚踏实地、勤劳能干，是否能够把集体利益置于个人利益之上等；就关怀大学生的日常生活来说，主要是考评红色文化教育是否能够让大学生养成节俭朴素、讲究卫生、团结进取等生活习性，还要考评红色文化教育的校外合作基地是否能够给贫困学生提供用以保障生活的兼职机会等。

（5）对新媒体育人的评价

红色文化教育必须要占据互联网的主阵地，要把握好新媒体育人的主动权。随着互联网技术的迅猛发展，新媒体已经深入到大学生日常生活的方方面面并产生了广泛且又深刻的影响。红色文化的新媒体育人，要求育人主体善于把控制网权，积极引导网络舆论。对新媒体育人的评价，主要围绕新媒体中的红色文化宣传、舆论引导、舆情监控三个层面进行。对于新媒体中的红色文化宣传来说，主要考评育人主体是否积极利用红色网站、微信公众号、抖音等平台，紧贴社会发展过程中出现的热点问题，进行红色文化资源的传播；对于舆论引导来说，主要考评高校是否建立了一支政治立场坚定、知识储备丰富、熟悉网络语言文化的"评论员"队伍，并是否能够在网络中弘扬主旋律、宣传正能量，还要考评是否有自下而上且畅通的网络舆情收集与反馈机制；对于舆情监控来说，主要考评高校是否能够及时在网络上捕捉到诋毁、戏说红色文化的相关信息，并及时化解关于红色文化的不良舆论，净化舆论氛围等。

3. 红色文化教育亲和力的成效评价

红色文化教育相较于传统的思想政治教育来讲，具有更强的时代性、多样性等特征，是德育大家庭的新成员，无论是其教育方法、教育话语还是保障机制的建构都处在"摸着石头过河"的阶段，这就意味着红色文化教育既面临着大跨步向前的发展机遇，也随时会遇到突发的困难和阻碍。从宏观的角度来看，红色文化教育亲和力的成效评价与要素评价、过程评价共同了完整的评价体系。从微观的角度来看，对红色文化教育亲和力的成效评价，既是探究高校开展大学生红色文化教育实践的力度、深度和广度的必要环节，也是及时发现、整理和分析教育过程中存在的问题的必要途径，为问题的解决提供参照和依据。总的来说，对红色文化教育亲和力的成效评价主要围绕教育主客体的思想道德素质、校园风貌、校园安全稳定和教育的社会声誉这四个层面展开。

（1）对教育主客体思想道德素质的评价

教育主体在开展育人实践之前必须先接受教育，且在教育的过程中主客体的身份会相互转化、变化不居。教育主体在开展教育实践的过程中，也会同步接受二次或多次的自我教育，其内心情感和思想状态会在反复的自我教育中产生变化，因此，也应把教育主体的思想道德素质状况纳入考评的范围之中。具体说来，教育主客体高尚的思想政治素质是高校开展德育工作的重要体现，也是评价红色文化教育亲和力成效的重要指标。但教育主客体的思想政治素质因其是主观思维层面的内容，具有极强的隐蔽性和一定程度的滞后性，若是缺少足够的观察时间，缺少有效搜集评价信息的方式方法，便难以得出全面客观的结论。关于该指标的评价，可以适当延长评价所需的观察期，在日常的学习、工作和生活过程中观测育人主客体外化红色文化内涵与要义的程度，也可以直接利用匿名评测的方式来扩大评价所需的反馈信息的搜集，例如通过实体或网络问卷调查的形式来获取教育主客体最新的思想政治素质状况，以此获得开展评价的直接依据。

（2）对校园风貌的评价

校园风貌是红色文化教育实践过程中多种因素综合作用力的结果，能够生动形象地展示红色文化教育的成效。对校园风貌的评价主要围绕师德师风和学习氛围两个层面展开。就师德师风来说，它是高校教师的育人观念、治学态度以及生活习性的综合体现。良好的师德师风充满着积极向上的正能量，不仅能够在日常生活中给予大学生潜移默化般的影响，也能够促教师队伍整体素质的提高，促进高校学风的建设。对师德师风的评价主要窥测育人主体是否甘于奉献、治学严谨、为人师表、以"红"化人。此项考评应极力避免教育主体的参与，要以大学生对教师的普遍认同作为评判依据；就学习氛围来说，它是大学生通过学习和认知红色文化之后，对学习目的、态度、能力以及品质的外在表现。红色文化教育助力良好学习氛围的营造，同时，良好的学习氛围也是巩固红色文化教育成效的必要因素，是红色文化教育目标的重要内容。对学习氛围的考察主要体现在：大学生是否认同并自觉遵守校纪校规，学校是否有学风建设的相关举措，是否有利用红色文化调动大学生学习积极性的相关办法等。

（3）对校园安全稳定的评价

以历史的眼光来看，红色文化实然包含着武装斗争、"暴力革命""断头不断志"等远离当今时代主题的革命话语，但这并不意味着我们就可以遗忘革命先烈为新中国的成立和建设奋斗过的那段峥嵘岁月，我们应该时刻缅怀并深刻怀念这段不屈的历史征程。但在高校中，总有居心叵测之人，妄图以红色文化煽动大学生内心的"革命斗志"，鼓吹带有暴力色彩的不良言论，以形而上的眼光看待红色文化，看不见其中涵盖的艰苦奋斗、锐意进取、开拓创新等和平层面的要义，误导了大学生内心精神世界成长的发展趋向。校园的安全稳定是高校各项事业开展的根本保障。对校园安全稳定的评价主要从政治稳定、教研教学秩序稳定以及校园环境安全三个层面展开。就政治稳定来说，主要是考评育人主客体是否拥护习近平新时代中国特色社会主义思想，拥护中国特色社会主义制度，拥护党和国家的各项路线、方针和政策；除此之外，还要考察教育主客体是否以积极向上的姿态参与到各项政治活动之中；就教研教学秩序稳定来说，主要测评教育主体是否主动参与到红色文化相关的科研任务之中，是否不定期有相关科研成果的诞生，红色文化教育实践的开展是否能够按照教学计划准时完成，教育客体参与到教学实践中的客观表现等；就校园环境稳定来说，主要是考评经过红色文化教育后的校园生活是否更加井然有序，是否有更多团结友爱、乐于助人等风清气正的正能量行为出现,食品卫生问题、消防隐患以及宿舍环境卫生问题等是否得到明显的改善。

(4) 对教育产生的社会声誉的评价

红色文化教育实践的目的就是促进大学生思想道德素质的全面提高,为社会主义现代化建设培养合格的时代新人。高校是衔接大学生与社会的最后一环,大学生的精神风貌将直接体现在他们将来的工作岗位与家庭生活之中。对育人产生的社会声誉的评价主要体现在用人单位的评价、家长的评价、社会评价三个层面。正因为红色文化教育的基本矛盾同思想政治教育的基本矛盾相一致,都属于教育实践的成效与社会需要之间的矛盾,新时代大学生步入社会的精神状态便成为衡量红色文化教育成效的标准之一。此外,在红色文化教育的过程中需要家庭与社会的大力支持并形成三方协同育人的合力,所以对于红色文化教育的主阵地——高校所开展教育实践评价和检测是必要的。关于此项考评,应该将大学生毕业后在家庭生活以及日常工作中的行为表现和精神状态作为考评的主要内容,同时也应该考虑到这项评价开展的复杂性和评价信息搜集的难度,建议使用网络评价的形式开展。

(三) 评价方法

从宏观上看,上述红色文化教育亲和力评价的基本原则和评价指标中也蕴含了一定的评价范式,但评价原则和指标必须要通过详细的、可运作的评价方法才能够得以彰显。从微观上看,红色文化教育亲和力的评价方法既是红色文化教育实践与成效的联结点,也是育人价值与育人过程中存在问题的"放大镜",更是实现育人目的的重要保证。总的来说,红色文化教育的具体评价方法是整个评价系统中最具活力的环节,在运用中更加切合实际。

1. 观察法

观察法是教育心理学中的重要方法之一。它是指育人主体通过感官或者借用一定的科学仪器,在一定的时空范围内开展的有目的、有计划的观测、考察并描述育人客体行为的方法。观察法从本质上说,是一种观其行、听其言的客官感知活动。红色文化教育的归宿是让大学生在日常学习和生活中积极外化红色文化的内涵，以自身的行为将内心高尚的道德情操展演出来。因此，观察并准确把握大学生的行为举止是出于增强育人实践的针对性以及实效性的需要。使用观察法来评价红色文化教育的成效，必须要做到以下三点。

第一，观察者一定要有明确的目的和计划。对于不同层次的观察对象，观察者要根据他们身心发展的规律以及不同的育人目的明确观察的目的，以此目的来指导观察者的行动。如果没有明确的观察目的，观察的行为只能被称为一般感知，不具有观察研究的学术特性。育人主体在开展观察前，一定要规划好观察的时间、观察的主体、观察的具体任务、观察要解决什么问题等事项，在观察中围绕这些指标展开细致的观察，不能眉毛胡子一把抓。若是在观察的过程中出现了新的状况和问题，观察者理应及时调整并提出新的观察目标，继续开展观察。此外，观察者要在观察的过程中注意观察演进的顺序，按照初步观察—深入观察—分析判断的顺序，剖析大学生在日常生活和学习中反馈出来的行为实质。

第二，育人主体要客观公正地反映观察的情况。首先，观察的行为应该是在极为自然的状况下开展的，适宜选择大学生的日常生活作为观察场景，且不能让大学生被意识到他们正在被观察，继而让自身的行为带有遮蔽性和表演性的元素，最终导致观察失去意义。其次，教育主体在向管理层反馈观察结果时，应实事求是，客观公正，必须如实地反映观察情况，绝对不能带有主观情绪和掺杂个人偏见。教育主体在对熟悉的观察对象进行观察时，尤其要注意克服主观情感因素造成观察偏差，如掩盖过失或夸大其词等。

第三，教育主体要坚持全面地观察，摒弃形而上的观察劣习。观察的结果是为了反映出观察对象在经过红色文化资源教育之后仍然存在的思想问题，但不能依据只观察了某一方面就对其思想进行定性。大学生因受到多种思潮的共同影响，其行为会表现出一定的复杂性和不确定性。如某个大学生在逛街时看到老人跌倒会急忙跑过去搀扶，同时也会因为追求爱情耽误学业；某个大学生经常和朋友一起去网吧打游戏，并不是因为他真正喜欢玩游戏，而是想通过打游戏的方式去维护他与朋友之间的感情。因此，教育主体在进行观察时，一定要做到全面系统的观察，尤其是要注重联系观察对

第五章　新时代大学生红色文化教育亲和力构建的基本原则与成效评价

象的学习与生活环境以及社会大环境，综合认知被观察者的行为表现。

2. 测验法

测验法是学习测评理论研究中最早和最为成熟的部分，它是通过让学生回答结合教育目标制订的且与教育主题密切相关的代表性问题，并从学生的回答中充分提取信息，并根据预设的标准进行判断的重要评价方法。测验法是测评红色文化教育成效的核心方式，是检验学生接受红色文化程度的重要抓手。传统的测验法指的是书面测验，而现代测验方法则包括了书面测验、情景测验和投射测验三部分。

第一，红色文化教育的书面测验法。书面测验指的是书面考试、笔试，是检测教学成效最常用的评价方式之一，它能够为红色文化教育成效提供最为直观的反馈信息，但其弊端在于标准化的测试题目无法顾及不同育人客体独立的个性，难以彰显红色文化的个性化育人特点。在开展书面测验时，一要充分尊重大学生对育人实践的接受律，紧贴他们的生活实际和社会发展过程中的热点问题，根据不同年级、不同学科背景的大学生设计不同类型的测试题；二要注意测试题型的多样化。既要有客观题，也要有开放性较强的主观题。目的是评测学生对红色文化资源的理解能力、内化能力和他们分析、解决实际问题的思维能力。

第二，情景测验法。情景测验从属于心理测验方法，指的是在真实的生活情景或经过育人主体人工设计的特定情景中观察育人客体完成测试任务情况的方法。情景测验比书面测验更能够反映育人客体对红色文化的内化程度，较为真实地反映大学生对红色文化的情感和态度。又因真实生活情景中的情景测验与观察法存在功能重叠的情况，如大学生是否会处理走廊上的废纸、被茶叶残渣堵住的洗手台、倒地的垃圾桶等，所以情景测验一般被用于教师主观预设但避免大学生提前知晓的育人情景之中。如在课堂教学中，育人主体可以随机利用五四运动、南昌起义、红军长征、大生产运动、党的七大等重大的红色历史事件作为主题，细化情景测验的场景，随机抽取若干数量的大学生作为情景剧中人物的扮演者并自主进行角色的选取与情景的创设，在表演的过程中通过观察大学生的言行举止以反馈他们对红色文化的内化程度。当大学生扮演某个红色人物时，会产生一种强烈的身份代入感、时代穿透感以及价值认同感，不仅情绪得到感染、心灵得到净化，"三观"也能够得以校正。但值得一提的是，在情景测验的创设过程中，应尽量为了追求形式而过早的透露主题并提前开展彩排，力求把主观因素的干扰降到最低。

第三，投射测验法。红色文化教育的投射测验，是指教育主体为客体提供内涵丰富的多义"刺激物"，然后要求教育客体在短时间内作出反馈的一种测试。由于这种测试要求在接受刺激过后作出较快的反映，教育客体很难进行全面细致地思考，测试的结果便能够体现教育客体内心最深处的真情实感以及需要、动机、信念等心理活动。这种测试的优点在于能够让教育客体的个性得到充分自由地彰显，克服了书面测试对于个性的局限。但需要指出的是，投射测验与情景测验一样，缺乏较为客观的评价标准，因此对测验的结果不容易作出全面地解释。

总的来说，以上三种测试方法各有利弊，教育主体可以选择恰当的时机，结合红色文化教育的不同主题，将三种测试方法有机地融合起来，以助力提升红色文化教育亲和力评价的成效。

3. 调查法

毛泽东在《反对本本主义》中指出："调查就像'十月怀胎'，解决问题就像'一朝分娩'。调查就是解决问题。"[①] 红色文化教育亲和力评价方法中的调查法，同样是为了解决教育评价时效不高而设立的评价方法。调查法是以设想的目的为导向，在一定的时期内较为全面地搜集、分析和掌握教育客体对红色文化的感性和理性认知程度的相关材料，继而得出客观的结论。调查法的优点是能够在短期内搜集到大量的材料并进行量化处理，节省时间，节约成本，但缺陷在于：调查法得到的材料是基于教育客体主观思维产生的，难以避免带有一定的虚假性。调查法因所开展的调查对象的范围大小，可以分为针对个体和小集体的访谈法以及针对群体的问卷调查法。

第一，访谈法。又称谈话法，是指教育主体在既定研究目的的指导下，通过有计划、有步骤地与教育客体进行口头交谈，以了解红色文化教育的大致情况，获取有益信息，了解实际成效的一种工作方法。访谈的实质是

[①] 毛泽东选集（第一卷）[M]. 北京：人民出版社，1991：110-111.

教育主客体之间充分开展的双向互动。新时代的大学生朝气蓬勃，具有较强的语言沟通能力以及人际交流的心理诉求，通过与大学生进行面对面、敞开心扉的沟通，能够较为深入了解大学生对红色文化教育实践开展的价值取向与满意程度，并获取他们内心真实的建议与想法。将访谈得到的数据记录并分析，能够为适时调整育人主题、育人方式、育人话语提供有益的参照。访谈法的优势在于，它是直接介入人内心的工作方法，具有过程的可控性和低成本性。访谈主体在开展访谈工作的过程中，通过真情实感的流露和善解人意的话语打动访谈客体的内心，这就使得访谈不仅能够接收到调查所需要的基本材料，还能够得到一些与访谈主题密切相关的附加信息，这些一手资料对我们有针对性地改善育人实践提供了宝贵参照。在访谈的过程中必须要坚持自愿自主自觉的原则，不能够强迫大学生参与访谈，也要注意对访谈的内容进行保密，保障大学生的个人隐私。

第二，问卷调查法。问卷调查法是开展评价工作中使用较为广泛的方法，它是本质是教育主体根据"控制式"的调查结果对所研究的问题进行度量，继而搜集到所需要的信息。问卷法较之于访谈法来说，它的优势在于调查的问题能够更为详细和完整，而且因其匿名性的特点不容易使大学生产生抵触心理，使得教育主体能够知悉一定范围的大学生群体对红色文化教育的态度、动机以及需求，掌握目标群体的期望值。但同时也要看到，问卷调查法会存在一定的误差，这主要体现在问卷的回收率方面，不可能会达到百分之百；问卷调查法的干扰因素具有不确定性，如大学生在填写问卷时会收到填写环境的影响，在教室或图书馆中的填写会认真得多，而在食堂或是购物街等地的填写会显得更为随意，尤其是对不理解的题干或是多项选择题较为敷衍；问卷调查法也缺乏变通。问卷调查法搜集来的资料最终都会转化为数据和概率，如此便丧失了生动和具体性。问卷题目的表达、逻辑结构展演、相关性都必须合乎一定的标准，其中任何一项出现偏差，都会影响最终结果的生成。所以在设计调查问卷时，一定要带着辩证法的视野设计出目标明确、主题突出、逻辑结构严谨、前瞻性强且针对不同大学生群体的调查问卷。

4. 第三人称评价法

第三人称指的是说话者与听话者以外的并以旁观者自居的第三方。红色文化教育的第三人称评价可以避开教育主客体对评价过程的干扰，评价的时间、地点以及主题相对来说也较为自由，但对开展评价工作的个人素质要求较高，开展评价工作时的态度要和蔼谦逊，更要及时地做好相关记录工作。此外，开展第三人称评价必须建立在第三方对红色文化及其教育实践有一定程度了解的基础之上，否则便失去了教育评价的公正性和客观性。另鉴于本书的研究视域限于高校，这里提及的第三人称评价主要包括教职工群体评价和同辈群体评价。

第一，教职工群体评价。高校中的教职工，可以根据具体分工的不同，划分为开展育人工作的教师以及为大学生的学习、生活等提供后勤服务的教师及工勤人员。教职工群体评价，主要是通过访问的方式了解大学生经过红色文化资源育人后在日常学习和生活中通过外化内心的思想道德素质表现出来的行为范式，多走访，多取样，以量归质，综合评定育人的成效。就职工评价来说，例如可以询问食堂工作人员大学生是否存在餐饮浪费、取餐插队等情况，询问宿舍管理人员大学生是否注重宿舍的环境卫生、注重个人仪表等，询问图书馆工作人员大学生是否会大声喧哗、损坏书籍等。就教师群体评价来说，必须要避开育人客体自身的任课教师，让其余参与到红色文化教育的教师群体进行班级间的交叉互评，以提高评价结果的公正性，具体可以通过第三方教师对教育客体的独立访谈、班级互调授课等形式获取评价结果。

第二，同辈群体评价。"所谓同辈群体是指由家庭背景、年龄、爱好、特点等方面比较接近而形成的关系比较密切的群体。"[1]同辈群体评价对大学生的行为规范的校正具有十分重大的意义，因为大学生会把同辈群体理解成为一个充斥着熟人的"小社会"，同辈群体的评价直接关系大学生的"尊严"以及否能够被这个群体所接纳。在开展同辈群体评价时，评价的组织者应尽可能地选取优秀的学生干部作为具体的评价者：一是他们学习能力较强，属于较早内化红色文化精神的一批人，更容易与评价的组织者达成各个方面的默契；二是他们组织能力较强，属于大学生群体的"领头羊"，实施评价具有公信力；三是他们具有较强的前瞻性，本身就是大学生的他

---

[1] 陈万柏，张耀灿. 思想政治教育学原理[M]. 北京：高等教育出版社，2007：109.

第五章　新时代大学生红色文化教育亲和力构建的基本原则与成效评价

们，站在时代发展的"风口浪尖"，更利于反映出红色文化教育过程中存在的问题。但在开展同辈群体评价时也要注意，大学生因其心智仍处于发展和成熟期，开展评价工作时不一定会严丝合缝，所以评价的组织者一定要做好监督和指导工作。此外，由于新时代大学生的民主观念早已深入人心，开展同辈评价工作时，可以适当向优秀的学生干部倾斜，但不能忽略其余大学生群体的能动作用，不能搞"一言堂"，要多听其余大学生的意见，适时引导他们开展互评，既增添了评价的说服力与公平性，也让评价结果更加全面和客观。

5. 自我反馈评价法

红色文化教育的自我反馈，是指大学生在红色文化教育的过程中，尤其是在教育实践结束一段时间以后，就内化红色文化精神的内涵、特征、价值的程度及外化红色文化精神的行为进行反省和思考，如哪些值得肯定和发扬光大，哪些仍存在缺陷需要改进，如何改进等。红色文化教育的成效最终还是需要大学生的外化行为才能得以体现。在接受红色文化教育后，大学生若是能够在崇高品德的指引下完成某些具有社会正义感的行为，便会产生充实、满足、自豪、喜悦等充斥着正能量的心理体验，并且这种心理体验会巩固他们继续这样做的信心。反之，若是大学生做了违背红色精神和红色优良传统的事情，甚至是做了坏事，他们就会受到良心的谴责，产生内疚、羞愧、自责等负面的心理体验，然后进行自我反省，告诫自己不再犯同样的错误。自我反馈评价的成效，取决于行为主体的道德意识水平和社会责任感，所以从本质上看，自我反馈评价是大学生对自身行为开展的自我道德评价。红色文化教育的自我反馈评价主要变现为自我总结，既可以是公开在班会、总结会上作出的自我肯定和自我批评，也可以是私下里进行书面形式的自我总结、自我鉴定等。自我反馈评价与育人客体的自我教育、自我修养是密不可分的。自我教育的程度越高，自我修养越自觉，自我反馈评价就越具有说服力和效度。自我反馈评价的核心是自我判断。在自我反馈评价中，大学生要对红色文化教育的内化和外化展开两个层面的判断。从内化层面的自我判断来讲，大学生要自问内心是否认同红色文化、是否认同党的执政历史、是否认同中国梦和中华民族的伟大复兴等内容；从外化层面的自我判断来讲，大学生亦要自问自己是否认真践行红色优良传统和社会主义核心价值观等。需要指出的是，大学生在开展自反馈评价时，一定要选择适合自己的衡量尺度。要实事求是，既不能拔高评价标准，也不能过低；既不能自高自大，骄傲自满，也不能自暴自弃，看低自己。

第六章　新时代大学生红色文化教育亲和力构建的现实路径

通过分析大学生红色文化教育亲和力的生成机理发现，红色文化教育亲和力是红色文化教育目标、教育主客体、教育内容、教育方法、教育环境各要素综合作用的产物，故要构建大学生红色文化教育亲和力也应当注重增强各教育要素的亲和力。为此，高校及各教育主体应不断强化高校红色文化育人目标导向，提升教师的红色文化教育素养，强化大学生自我教育，优化高校红色文化教育内容供给，丰富高校红色文化教育方式，加强高校红色文化教育环境建设等，以此增强红色文化教育对大学生的吸引力、凝聚力和亲近感。

一、新时代大学生红色文化教育目标亲和力构建

新时代大学生红色文化教育目标是高校开展红色文化教育的方向引领，其实质在于发挥红色文化的育人价值以培养全面发展的时代新人。因此，新时代提升红色文化教育亲和力首先便要强化高校红色文化育人目标导向，增强红色文化教育目标亲和力，不断促进育智与育德相融通、层次化与生活化相结合及社会价值与个人价值的相统一。

（一）促进育智与育德相融通

习近平指出，高校"要坚持把立德树人作为中心环节，把思想政治工作贯穿教育教学全过程，实现全程育人、全方位育人"[①]。新时代高校增强

[①] 习近平在全国高校思想政治工作会议上强调：把思想政治工作贯穿教育教学全过程 开创我国高等教育事业发展新局面[N]. 人民日报, 2016-12-09.

大学生红色文化教育目标亲和力必须摆脱一味追求提高大学生理论知识与学习能力的目标束缚，应当将立德树人、培育"五育并举"的时代新人作为核心目标任务，重视大学生的道德养成，实现育智和育德并举。

1. 高校红色文化课堂教育目标制定应体现红色文化道德育人的价值导向

长期以来，不少高校将大学生红色文化教育视为一种简单的学理性教育，在教育目标的设定上过分注重传授真理性、知识性的红色文化理论及思想，忽视了红色文化教育本身具有的道德育人价值。当前，过多学理性红色文化知识的传授导致大学生应试性、功利性心理浓厚，而对红色文化教育本身蕴含的道德精神价值亲近感不高，使得红色文化教育目标亲和力总体较低。为此，高校应突破知识与能力的教学目标要求，深化对大学生红色情感、道德与价值观的培育，在设定红色文化教育目标时紧紧围绕立德树人的培养目标，重视红色文化本身的道德引领价值，在提升大学生对红色文化认知的基础上升华大学生对红色文化的情感，促进其养成热爱祖国、艰苦奋斗、百折不挠、敢拼敢闯、团结向上的精神风貌。

2. 日常红色文化教育活动目标中要渗透红色文化精神教育

高校应重视红色校园文化活动建设，积极营造浓厚的红色文化环境，使日常红色文化教育目标与红色精神相辅相成，以潜移默化的精神熏陶培养大学生的红色革命道德，促进大学生由"经济人""政治人"向"道德人"转变。

3. 在红色文化教育中分阶段制定德育目标

高校应分阶段设置近期德育目标、中期德育目标、长期德育目标，并结合大学生红色文化道德养成情况制定相应的测评标准，如测评大学生对某一红色精神内涵的理解、大学生的集体主义意识情况、爱国主义情感情况等，以道德测评体系的形式检验红色文化教育目标的价值性与人文性，促进红色文化教育目标实现育智与育德相贯通，从而提升红色文化教育目标亲和力。

（二）注重层次化与生活化相结合

红色文化教育目标并非一成不变，需要在教育实践中不断丰富与发展。

第六章　新时代大学生红色文化教育亲和力构建的现实路径

增强红色文化教育目标亲和力必须坚持实事求是的指导原则，在教育目标制定上既不能搞"一刀切"，更不能不顾现实情况变化而简单地奉行"拿来主义"，而应结合不同大学生群体的年龄阶段、认知水平等特征，兼顾新时代社会环境及主要矛盾的变化，制定不同层次、有针对性、现实性的红色文化教育目标，以此提高大学生学习红色文化的主动性，增强红色文化教育亲和力。

1. 提升红色文化教育目标亲和力应注重教育目标的层次化

高校应注重红色文化教育对象的差异性特征，依据教育对象的教育背景和思想需求设定教育目标。大学生因年龄、专业等差异，其思想道德素质和科学文化认知等存在一定的差距，使得其接受红色文化教育的能力和水平也不完全相同。如在本科阶段，大一、大二的本科生对红色文化的感性认知较高，而高年级的本科生则对红色文化的理性认知居多；在研究生阶段，研究生对红色文化教育的要求更高，他们不仅关注红色文化教育中的理论知识，还更加聚焦红色文化教育的时代意义、内涵传承等科研价值，对红色文化教育的期待值较本科生更高一些。在不同专业之间，文科类大学生对红色文化教育的重视度、理解能力、接受能力明显高于理工科类大学生，专业学科的不同也导致大学生对红色文化教育的兴趣不尽相同。因此，高校提升红色文化教育目标亲和力不能搞"一刀切"和趋同化，应当结合不同年龄、不同专业大学生的实际特征，结合红色文化教育规律和大学生身心发展规律，设定适合不同层次大学生的教育目标。例如，对本科生而言，重点培养其对红色文化内涵、红色文化精神的基础认知，培养其对红色文化理论知识和科学体系的接受能力，促进其形成正确的世界观、人生观、价值观和实践观；对研究生而言，重点培养其对红色文化教育的情感认同，激发其挖掘红色文化资源及其价值的热情，增强其参与红色文化科研的信心，促进其形成吃苦耐劳、甘于奉献、不怕牺牲的道德观。针对不同学科的大学生，在开展红色文化教育过程中可以对文科类、师范类大学生增加难度较高、视野更广、更为全面深层次的红色文化教育内容，对理工科类大学生则可适当放低教育目标要求。高校在设定教育目标时，只有保证因材施教、尊重差异，才能吸引更多大学生参与红色文化教育实践，对红色文化教育产生亲近感。

159

2. 提升红色文化教育目标亲和力还应保证教育目标"三贴近"

第一，红色文化教育目标应贴近时代。教育目标具有时代性，能够随着教育实践的发展而不断丰富与拓展。高校在制定红色文化教育目标时也应紧密联系新时代社会环境变化、新时代思想政治教育特征、红色文化教育特征及新时代大学生特点等，重视解决红色文化教育的基本矛盾，坚持新时代的问题导向，将社会热点问题融进红色文化教育目标的重难点，动态调整红色文化教育目标，使其达到因事而化、因时而进、因势而新的理想效果，帮助大学生理解红色文化的新时代内涵，认清自身肩负的新时代使命。第二，红色文化教育目标应贴近生活。"全部社会生活在本质上是实践的。"[1] 理论与目标的生成离不开生活实践的养料，红色文化教育目标要"接地气"就需要贴近大学生生活实际本身。当前，红色文化教育目标的制定应当回归学生生活实际，结合生活中存在的鲜活案例，纠正现实中有关红色文化"过时论"、红色文化内容高大上等认识误区，在目标设定上尽可能具体地解答大学生对红色文化教育的困惑，实现教育目标与学生生活的统一。第三，红色文化教育目标应贴近学生。提升红色文化教育目标亲和力需要重视学生的个人需要，避免宏观层面的空泛目标，而应从微观层面着手，坚持以学生为本的价值取向。红色文化教育的最终目的在于服务学生，旨在培养德智体美劳全面发展的社会主义建设者和接班人，这便要求高校在制定红色文化教育目标时深入了解大学生，全面了解大学生的思想动态、心理动态、生活动态、文化道德修养等情况，关注大学生对红色文化教育的情感需要变化和新期待，在此基础上制定能够被大学生广泛认可的红色文化教育目标，从而增强大学生红色文化教育亲和力。总体而言，新时代红色文化教育目标的设定必须秉持求真求实的要求，既要重视学生的层次化差异，又要走进现实了解学生的实际需要，也只有形成具有层次化、生活化的教育目标才能对教育对象产生亲和力，从而真正增进大学生对红色文化教育价值目标的认同。

---

[1] 中共中央马克思恩格斯列宁斯大林著作编译局编译. 马克思恩格斯选集（第一卷）[M]. 北京：人民出版社，1995：56.

（三）实现社会价值与个人价值相统一

全国学校思想政治理论课教师座谈会上，习近平强调推进思想政治理论课改革创新"要坚持价值性和知识性相统一，寓价值观引导于知识传授之中"[①]，强调了思想政治教育的价值性，为新时代高校制定红色文化教育目标提供了价值导向。红色文化教育目标的价值性表现为社会价值和个人价值两方面，故提升教育目标亲和力既要在实现红色文化教育社会价值的同时兼顾个人价值，又要以个人价值的满足促进社会价值的达成，切实做到社会价值与个人价值的统一。

1. 制定红色文化教育目标应体现社会主义性质的教育方向和社会全面进步的价值导向

红色文化教育归根结底属于思想政治教育的有机组成部分，其教育目标的设定应以党和国家的最新理论成果为基础，围绕思想政治教育发展的最新动态。当前，随着各国文明交流互鉴程度的加深，教育在走向开放化与国际化的同时，也面临着多种错误思潮的冲击，对教育的动态指向提出了更严格的要求。为此，各高校在增强红色文化教育目标亲和力的同时必须首先握紧社会主义的教育方向，将党的最新理论体系成果及时转化为红色文化教育教学体系，保证教育目标的中国特色社会主义性质。

2. 调整红色文化教育目标应正确处理红色文化教育社会价值与个人价值的关系

马克思曾指出，教育"不仅是提高社会生产的一种方法，而且是造就全面发展的人的唯一方法"[②]。红色文化教育不是自上而下的单一性教育，也不是单纯依靠国家、社会支撑的外在型教育，而是主张学生主动参与、师生平等交流的互动型教育，因此，高校在制定红色文化教育目标时必须理清红色文化教育的双重价值，应当以实现学生个体的成长成才需要和合理期待为基础，以实现社会和谐、文化繁荣、教育兴盛为最终目的，将个人与国家、社会相糅合，保证社会发展目标与个人发展目标相统一。

---

① 习近平主持召开学校思想政治理论课教师座谈会强调：用新时代中国特色社会主义思想铸魂育人贯彻党的教育方针落实立德树人根本任务 [N]. 人民日报，2019-03-19.

② 中共中央马克思恩格斯列宁斯大林著作编译局编译. 马克思恩格斯选集（第一卷）[M]. 北京：人民出版社，2012：230.

3. 践行红色文化教育目标应秉持以学生为中心的原则和增强对大学生的人文价值关怀

红色文化因其自身具有的政治性、革命性等特征，使其在育人的过程中过多地强调了坚持社会主义、为人民服务、为中国特色社会主义现代化建设服务的教育方向及马克思主义意识形态、社会主义核心价值观等社会主流价值，导致过分突出红色文化教育目标的社会政治价值，而对学生本身的成长成才、理想信念培育、人生价值观选择、个人未来生存发展指向等个体发展的重视程度不够高，对个体的人文关怀不足。为此，一方面，高校应有力地促进红色文化教育目标由"又红又专"向兼顾社会目标与重视人的全面发展相结合转变，不断满足学生的合理需要与道德期待，增强大学生的人文关怀，以此提升教育目标亲和力。另一方面，高校必须摒弃过分强调知识性达标的目标思维，在重塑红色文化教育目标时真正做到尊重学生的主体地位和关心学生的合理需要，以学生对当前红色文化教育的意见、看法及新期待为出发点及时调整红色文化教育目标，以期最大程度地发挥红色文化对塑造大学生理想信念、完善道德人格、培养爱国主义情感等方面的德育目标价值，使红色文化教育走进学生的内心情感世界，从而构建充满亲和力的红色文化教育目标体系。

二、新时代大学生红色文化教育主客体亲和力构建

（一）新时代大学生红色文化教育主体亲和力构建

教师是教学活动的引导者、知识的传输者，在教学实践活动过程中所产生的有利作用和积极效能是不可忽视的。教师的行为与艺术会让学生产生感染力，会转化为学生对红色文化教育的吸引力。教师亲和力的高低直接作用于教学效果，是红色文化教育亲和力生成的关键。

1. 更新教学理念，提升亲和力意识

知、情、意、志、行中知是行为的先导，是基础。教师首先要从知上下功夫，树立"以生为本""为生服务""平等交流"等与亲和力理念相符的教学理念，才能在教学实践活动中将教学亲和力内化为自己的思想并贯彻这些理念，转变传统的教育观念。

第六章　新时代大学生红色文化教育亲和力构建的现实路径

首先，教育者应树立科学的教学理念。红色文化教育教学活动都是由教师为主导展开的。教师亲和力的提升，就是通过各种方式的改造转变理念，形成科学的教学理念，以达到提升教学亲和力的效果。习近平提出的因事而化、因时而进、因势而新[①]的理念，是高校思想政治理论课教学方法论的内核。教学理念作为一种意识形态，在不同的发展阶段是随着时代的变化而变化，教学理念不会自己钻进人的意识。现如今，国家与社会已经开始重视教育理念的范式转换，但高校和教师转换教学理念的步伐还需加快，才能在实际教学活动中增强亲和力意识。

其次，科学的教学理念需要审时度势。部分高校依然存在思想政治理论课，教学理念没有根据时代的变化而创新，没有做到因势而新。个别教师还是存在照本宣科，没有达到以"事"化人，学生也就无法对课程产生亲和感。审时度势，科学理念树立了，亲和力意识增强了还不够，还得结合实际，将其作为开展红色文化教育教学的实践指南。开展红色文化教育教学应在坚持遵循教学规律，增强教师亲和力意识的基础下，坚持因事而化、因时而进、因势而新，不断将新的教学理念融入教学实践活动中，增强教学亲和力意识。

2. 创新教学话语，增强语言亲和力

话语是思想政治教育生态系统的重要因子，也是红色文化教育进一步发展必须解决的问题。话语转换指"教育者用更喜欢听、更容易懂，从而更能够接受的话语，来表达思想政治教育的内容，以提高受教育者的兴趣和积极性，从而增强思想政治教育实效性"[②]。红色文化宣传者要将革命话语、政治话语、学理话语、传统话语转化为现代话语和生活话语。新时代的大学生红色文化教育必须注重关注大学生的认知水平、思想实际和接受需要，增强话语表达趣味性和说服力，帮助大学生"以现代化的视角认识、理解红色文化的精髓，并与自己现在所处的时代，所面临的发展问题，所表现出的现实生活有机联系起来，并由此获得精神上的启迪、道德上的提升、

---

① 习近平在全国高校思想政治工作会议上强调：把思想政治工作贯穿教育教学全过程　开创我国高等教育事业发展新局面[N]. 人民日报，2016-12-09.
② 刘建军. 思想政治教育话语转换的三重基础[J]. 思想理论教育导刊，2016（05）：120.

生存能力的发展"[①]。具体表现为：要从大学生喜闻乐见、易于接受的生活语言中汲取养分，丰富教学话语，通过教学实践不断完善。为了便于使学生接受、认同，要增加情感话语，并将二者有机结合，增强红色文化教育话语的亲和力。

3. 情怀要深，塑造亲和的教师形象

教师亲和的形象，能让学生产生想要亲近、接近的力量。亲和的教师形象是通过教师的内在修养、情怀折射出来的，一颦一笑、举手投足都展现了教师对这份职业的情怀，教师形象与教师内在修养及理论知识的提升是相辅相成的。

首先，在教学过程中充满热情、注入真挚情感。教师的情怀是指教师对教学的心境、怀有的心情。高校思想政治理论课要在提高质量和水平方面多做探索，有情有义，将情与义结合，带着感情去讲课。[②]复旦大学教师陈果，将原本枯燥无味的思修课变得生动有趣，将纯熟的专业知识转化为妙语连珠，饱含激情的讲解受到无数学生的青睐，这离不开她对课堂的热情对教学的情怀。高校教师必须充分发挥主观能动性，学习古今中外优秀的教师事迹，择其善者而从之，其不善者而改之，培养自省意识。塑造亲和的教师形象离不开教师对教学真挚、热情的情怀，更离不开在教学过程中着装得体大方、亲和个性的形象。

其次，在生活中自律要严。自省自律是一个优秀教师的崇高品格，良好的教师形象是教学感染力产生的基础。教师形象最忌讳千人一面，在遵守国家着装要求的共性之下适当展示自己的个性特点，找到适合自己的个性形象会产生意想不到的亲近感。教师着装既不宜过分前卫，也不应过分古板，过分前卫过分古板都会降低个人魅力，让学生产生疏离感。"首因效应"展现出第一印象在人际交往中的重要性，而教师的外在形象往往是受教育者对教师印象的初次体验，一旦固化改变很难。例如，态度亲和、会共情、理解学生、活泼开朗的教师会让学生产生亲和感。教师必须坚持言传与身教同向同行，无论是在教学，还是师生相处中，都要自省自律、以身作则、

---

① 中共中央办公厅印发《关于培育和践行社会主义核心价值观的意见》[N]. 人民日报，2013-12-24.

② 陈宝生. 教育要提高群众满意度扩大受益面[N]. 中国教育报，2017-04-29.

率先垂范,以高尚的形象吸引人,消解师生间的"信任危机"。外在形象与内在素质相辅相成,良好外在形象的通过内在的素质学识变现出来。教师在注重塑造得体大方的外在形象的同时,加强内在修养、加深理论功底,将外在形象与内在素质有机结合起来,才能从根本上让学生产生亲和感、信服感。

4. 自我审察,增强教师人格亲和力

人格魅力是教师最重要的话语权。教师人格魅力通常具有相对稳定性,但不可避免地会受到周围环境的影响因而要时常自我审察。在教学过程中充分利用教师的人格魅力,能给学生强烈的示范,在潜移默化中影响学生。

首先,人格魅力具有强烈的示范性。人格是教师行为与艺术的统一,教师兢兢业业、自律严、政治强、关爱学生等品质都会于无形之中影响学生。习近平指出:"在学生眼里,老师是'吐辞为经、举足为法',一言一行都给学生以极大影响。"[①]教师的行为与教学艺术会产生极大的影响力,教师自身的品格是教育他人最好的示范,人格魅力是能说服人的力量,具有不可抵御的魅力。教师的人格因素会影响学生良好道德品质的养成。教师自身要形成健全的人格,才能给学生以示范。教师工作以示范性强著称,学生会被教师的言行举止、生活作风所深深影响。高尚品格的教师会让学生产生亲近感,高尚人格的教师具有榜样力量。教师以身作则、高尚的品格会产生感染力,高尚的信仰、崇高的人生境界会让学生产生亲近感进而逐步向教师靠近,无意识地效仿追随老师。

其次,人格亲和力需要教师自我审察、及时反思。教师要即时进行自我审察,树立反思意识,有对真善美的追求,以自身的人格魅力感召教育对象。在教学内容呈现方式上应有美感,举手投足微笑动作都应合时宜,应对自己所讲授的教学内容真正做到真信、真懂、真用。一知半解、政治敏锐度低的教师会让学生产生枯燥无用的感受,难以说服学生。"其身正,不令而行,其身不正,虽令不行。"(《论语·子路》)正人先正己,以身立教,教师实践知识的态度决定学生学习知识的态度。教师言行不一、表里不一会弱化学生的信任感,对教师没有信任就不会相信教师传授的知

---

① 习近平在北京大学考察时强调:抓住培养社会主义建设者和接班人根本任务 努力建设中国特色世界一流大学 [N]. 人民日报,2018-05-03.

识，教师传输知识的效果会大打折扣。倘若一名教师在面对大是大非时犹豫不决、意志不坚定，自己的品德先出现问题，出现表里不一的现象，那么讲再多的道理都是空话，会有损教师的威信，就不会被学生所信任，难以产生亲和之感。

（二）新时代大学生红色文化教育客体亲和力构建

大学生生活在和平稳定的环境中，享受着祖国繁荣发展的成果，这一切归根结底正是基于中国共产党的正确领导、无数革命先烈前赴后继、奋不顾身和社会主义制度的优越性。从这一角度而言，新时代大学生是红色文化的受益者，红色文化是新时代大学生全面发展的基础和前提。由此观之，新时代大学生理所应当责无旁贷地担当起红色文化的传承者、守护者和践行者的角色。大学生最终要走向社会，实现个人角色的转换，协调个人价值与社会价值的统一，从而完成个人社会化的过程。在这一过程中，每一名大学生都具有成为英雄人物和先进榜样的可能。而建立在对红色文化正确认识基础上的主体意识，就是激励大学生实现更高水平层面上对自我超越的精神力量。

1. 学思并重，形成对红色文化的正确认识

唯物史观认为，理论一旦被群众所掌握，就能够转化为物质的力量。大学生在红色文化精神教育中的主体意识不容忽视。教与学是实现理论掌握的具体途径，大学生应当加强相关领域知识的理论学习，形成扎实的学识和高尚的品德，通过教学相长洞悉泛娱乐化现象的深层次原因，重视泛娱乐化现象的负面影响，从思想层面树立起对各种诋毁、攻击红色文化现象的警惕，提高自身辨别过度娱乐方式的能力，在多元思潮交流碰撞中，始终保持"乱云飞渡仍从容"（毛泽东《七绝·为李进同志题所摄庐山仙人洞照》）的思想定力。

"从以往的学生课堂展示内容来看，学生普遍会选择讲述并分析当下的热点问题，说明学生对于社会事件的关注程度较高。但是，学生往往只了解到热点事件的表面，不能以马克思主义基本原理来思考和解释，也就

难以实现通过思想政治教育课推进马克思主义大众化的要求。"[1]新时代大学生思维状态活跃，关心时事热点，主动表达观点。这是良好的倾向，从一定程度上能够反映大学生对于国家和社会的关切。但是在分析具体问题时，大学生往往不能基于马克思主义的基本原理出发，存在着主观色彩较为浓厚、掌握事实不够全面等问题。对于红色文化的认识，大学生也应当坚持马克思主义进行分析，利用唯物辩证法方能得出正确的符合客观事实的结论。通过理论学习和深度思考的紧密结合，将现实中的自我与红色文化中的英雄人物和先进榜样进行比照，进行自我认识、自我否定和自我重塑，从而在对红色文化正确认识的基础上，建构起对红色文化更高层次的信仰。

2. 以学促行，将红色精神外化为实际行动

以学促行，通过学习促成良好行为习惯的养成，通过学习比照自身行为从而端正自身行为。功夫下在平时，精力放在实处。日常学习中，大学生要注重对红色文化相关知识的积累，仅限于书本上的既有知识则无法建立起深厚的理论功底。通过理论学习，可以逐渐培养起对红色文化的兴趣，形成对英雄人物和先进榜样的敬仰。在对于英雄人物和先进榜样的成长历程与光荣事迹的学习中，比照自身实际行为，对自身不足进行改正，在发展中实现自我成长，在行动中传承红色精神。学习知识是为了更好地指导实践，因此红色文化教育仅仅依靠课堂教学的确是远远不足的，还需要将高度凝练的理论知识转化为大学生对红色文化的实际行动。大学生的自我学习，能够使其自身真正认识到红色精神的重要指导作用，通过读原著、悟原理，在全方位掌握丰富红色文化资料的基础上，将红色精神外化为自身的实际行动。使大学生从内心深处认识到学习红色文化的重要性，而并非只是获得学分式的被动学习状态。

3. 知行统一，实现红色基因的传承与发扬

"知者行之始，行者知之成。"（明·王守仁《传习录》）通过学习获得知识是进行实践活动的开始，实践活动则是获取知识的完成。对于大学生自身通过学习获取的与红色文化相关的知识，更为重要的是如何运用的问题，也就是说如何在现实生活中开展实践活动，从而深化大学生自身

---

[1] 韩振峰. 新时代思想政治教育理论与实践问题研究[M]. 北京：社会科学文献出版社，2019：46.

对红色文化的感悟。作为红色教育的参与者，大学生在接受教育的过程中既是教育客体，又是教育主体。心理学家让·皮亚杰（Jane piaget）认为，各个阶段的学习都是一种双向的"自我建构"的过程，"认识由主客体之间的相互作用而引起，这种相互作用同时包括着主体和客体……"[1] 坐而论道的空谈注定只能是虚无缥缈的空中楼阁，在获取知识的基础上躬行实践才能实现红色基因的传承与发扬。大学生应当在尊重认识产生的客观规律的基础上，积极主动参与学校、学院和班级组织的各种类型的红色文化教育活动。将所学知识与实际行动高度统一起来，将对红色文化的信仰和崇敬更多地体现在自身的具体行动中，才能让全社会看到，在大学生群体上所表现出的由红色文化激发所形成的欣欣向荣的积极力量。

大学生党支部是推动红色教育走入大学生内心深处的重要力量，是开展红色文化精神主题教育相关实践活动的常规主体。大学生党员作为大学生群体之中的优秀代表和先进分子，应当主动探索创新大学生党支部工作方式，以更为自觉的思想觉悟学习借鉴大学生样板党支部的相关成功经验，根据自身的各项实际情况，将先进经验转化为党支部工作方式方法的创新之处。充分发挥大学生党员的创造性，在平时的组织生活中，主动将红色文化的相关内容融入支部"三会一课"制度，以朋辈群体的角色作为基点扩大对大学生红色文化精神教育效果。将参观红色纪念场馆与支部党日主题活动结合，从实际出发主动探索，丰富红色文化精神教育途径，将基层党建工作的效果推向全新的高度，将大学生党支部打造"成为学校教书育人的坚强战斗堡垒"[2]。以往的参观由纪念场馆的讲解员及相关工作人员所主导，基于强化大学生自身的主体意识、提升教育的效果的目的，可以选拔大学生讲解员利用课余时间，在纪念场馆讲解一段红色历史，以实现对所学知识的检验与巩固和红色基因的传承与发扬，既能够探索出一条红色文化教育的创新路径，又能够创造出一种主题实践活动的全新类型。

4. 反复强化，笃定崇高信仰坚定正确方向

在心理学中，"强化"的定义是"得到鼓励或符合理想结果的行为将

---

[1] [瑞士] 让·皮亚杰. 发生认识论原理 [M]. 北京：中国商务出版社，1997：21.
[2] 习近平. 论坚持党对一切工作的领导 [M]. 北京：中央文献出版社，2019：278.

第六章　新时代大学生红色文化教育亲和力构建的现实路径

会重新出现"[1]。根据新行为主义理论奠基人伯尔赫斯·斯金纳（Burrhus Frederic Skinner）所提出的观点：所有正强化的行为在个体水平上出现的概率更高，而没有正强化的行为在个体水平上出现的概率更低甚至消失，强化理论对于大学生红色文化教育具有重要启示。大学生对红色文化的认知处于发展的动态的社会宏观环境下，受到来自现实社会的多元信息的联结作用。错误的信息会冲击大学生已经形成的正确思想。对于这种冲击如果不进行抵制，就有可能使教育对象产生思想动摇，放弃已形成的正确认知反而与客观真理和事实真相背道而驰。关于正确的认识的形成过程与客观规律，毛泽东指出："即由实践到认识，由认识到实践这样多次的反复，才能够完成。"[2]因此，大学生对红色文化的正确认识的形成，也需要通过反复强化的教育方式，使大学生将红色文化固化为内心的坚定的信念和崇高的信仰，既不人云亦云，也不盲目跟风，从而由内而外抵制错误思潮的侵染，追求更有品位、更有高度、更有境界的人生。

"思想政治教育的任务，就是要善于发现、树立、宣传、推广先进典型"[3]，通过典型对青年群体开展教育，是党在教育方面的成功经验。对于大学生进行红色文化精神教育，既要重视正面典型，又要审视负面典型。一方面，红色文化中的英雄模范人物，其自身的先进思想和模范行为具有强大的说服力，是激励鞭策大学生积极上进的直接动力。另一方面，负面典型有人物、事例和教材三种类型，自觉运用负面典型开展教育，剖析篡改历史、侮辱英雄之流的动机，帮助大学生认清错误思潮的根源及危害，不仅能够起到还原本真、以正视听、引以为戒的积极成效，而且能够强化正面典型的教育效果。通过反复强化的典型教育方法，教育者帮助大学生明确辨析正确与错误、真理与荒谬、高尚与丑陋的鲜明界限，有助于端正大学生思想，培养辩证思维，笃定崇高信仰，坚定正确方向。

---

[1] 黄庭希. 心理学导论[M]. 北京：人民教育出版社，2007：66.
[2] 毛泽东著作选读（下册）[M]. 北京：人民出版社，1986：840.
[3] 国家教委思想政治工作司编. 思想政治教育方法论[M]. 北京：高等教育出版社，2013：152.

三、新时代大学生红色文化教育内容亲和力构建

红色文化教育内容的亲和力是红色文化教育总体具有亲和力的重要承载。内容的亲和力是新时代大学生红色文化教育亲和力层次中的理性亲和力的基础,是一种强大的感召力和对科学探究、真理追求的向往力。改进教育内容是增强新时代大学生红色文化教育亲和力的必然要求。

(一)挖掘大学生红色文化教育资源

红色文化资源是红色文化信息的载体,是红色文化教育的重要依托。2017年12月教育部印发的《高校思政工作质量提升工程实施纲要》中明确指出,高校思想政治工作必须要注重以文化人,积极实施红色文化教育资源库建设工程。红色文化教育资源的挖掘表现为通过理论研究凝练红色文化教育精神,并进一步加强现有的红色文化物质资源利用,同时要将红色文化"原生"资源进行创造性转化。

1. 注重红色文化的基础理论研究

进入新时代,大学生红色文化教育在新形势下面临着一系列新挑战和新问题。红色文化教育者和研究者应加强红色文化理论研究深入,系统地梳理红色文化史料,深挖红色文化精神,提炼典型红色人物事迹、典型案例,加强富有时代性和针对性的红色文化的解读与传播。一方面,使红色文化理论研究始终立足于红色文化历史资源向红色教育资源的转化。另一方面,红色文化理论研究必须与时俱进,促进红色文化理论与新时代大学生思想政治教育相结合。

2. 加强红色文化物质资源的利用

红色文化物质资源具有极强的思想政治教育价值,每一处红色文化遗址都承载着一段厚重的历史,都有着许多可歌可泣的英雄故事。念旧、立新、传承、保护红色物质文化资源,各地在行动,使红色文化遗产在传承创新中焕发新的活力。新时代,加强大学生的红色文化教育必须加强利用红色文化物质资源,既要发掘与利用高校地方红色文化资源,又要注重对不同区域、不同形式红色文化物质资源的整合,如革命老区需要秉持让红色文化"活"起来的发展理念,整理红色文化资源,抢救红色文化资料,对红色遗迹、红色文物进行修复和保护,永续传承文化遗产;大学生通过

到红色文化教育基地"重走一段红军路""吃一餐红军饭""参观一次红色纪念文物""听一堂革命历史课",从灵魂深处接受深刻的红色文化教育。

3. 推出丰富多样的红色文化产品

红色文化产品作为一种精神产品,具有铸魂育人的重要作用,因此必须重视对红色文化产品的开发,包括加强对红色文化读本、读物的编撰与利用,创造具有时代气息的红色文化影视作品等。首先,在新时代的大学生红色文化教育过程中必须宣传推广红色经典读物,尤其是传播中国故事、弘扬红色文化精神、反映中国人主流价值追求的红色经典作品,还要适应新时代发展,编撰更符合时代要求、更能满足大学生文化需要的红色文化读物,与高校思政课教学形成红色文化教育合力。其次,注重红色文化影视作品的创作,新时代的红色文化影视作品创作必须充分挖掘利用红色经典资源,适应当代受众审美习惯,运用新的表现形式、表现手法、表现技巧,推动历史经典再创作再传播,焕发红色文艺经典的时代魅力。只有让这些优秀的红色文化产品不断走到大学生,中国才能真正发挥凝聚共识、价值引领,以文化人、成风育人的作用。

(二)增强红色文化教育内容趣味性

生动有趣的教育内容多指那些能够遵循教育对象心理情趣,符合教育对象个人心理特征,满足教育对象期待感,并能对教育对象产生吸引力的理论知识内容、教学内容及课程内容的总称。教育内容趣味性强,则会激发学生的求知欲和探索欲,提高教育内容的亲和力。因此,要实现红色文化教育内容的亲近和谐,高校应不断增强教材理论课程内容的新鲜感,增加红色文化课堂教学内容的兴趣点,提高日常红色教育内容的风趣性,实现以"趣"促亲。

1. 减少红色文化教材内容的重复率,增强教育素材的新鲜感

当前红色文化教育教材体系尚未完全建立,在高校教学中多依托思想政治理论课教材或不尽系统完整的红色文化校本教材,红色教材内容在中学与大学的衔接中不够完善,存在重复率较高、内容较为陈旧单一、缺乏地域特色等问题。过于重复或熟知的教材内容难以燃起大学生的兴趣点,导致部分大学生错误地认为红色文化内容较为有限和枯燥无味,认为自身

对红色文化内容已经非常熟悉，产生了学习红色文化只需应付考试即可的错误心理，主动学习红色文化教材内容的积极性并不高。为此，各高校应当制定科学合理的红色教材内容体系，减少内容的重叠部分，在结合大学生的年龄、心理特征基础上不断融入新的专题内容，实现中学与大学红色教材内容的有效衔接。同时，不断增强教材语言的通俗化、幽默化，适当运用有趣的革命故事丰富教材内容，以教材内容的新鲜感增加教育对象对红色文化知识的阅读量和浏览量，从而不断提升红色教育内容的新鲜感和亲和力。

2. 增加红色文化课堂教学内容的兴趣点，做到生动活泼

高校应积极促进红色教材内容转化为红色教学内容，保证教学内容的精炼条理、生动幽默和重难点突出，不断提高教育对象对红色文化教育内容的整体兴趣值。一方面，提炼加工红色文化教学内容。当前，红色文化教育对象多为二十岁左右的大学生，在红色文化教学课堂中具有选择性地听讲的特点，其在教学过程中缺乏自律定力和专注的注意力，容易受到网络信息等外界因素的影响，对于笼统宽泛、面面俱到的教学内容极易缺乏耐心和丧失兴趣。为此，教育者应当注重红色文化教学内容的提炼加工，在系统把握红色文化教育目标的基础上将庞大的红色文化内容进行专题性、主题性浓缩整合，做到拿捏有度，重点难点鲜明，突出红色文化精神及其价值、先进人物事迹及其品质的讲授，以此提高学生的可接受程度。另一方面，选取感染力和共情力强的教学素材。教育者要选取有趣味性的红色人物故事、有意义的红色革命典故、有感染力的红色影片等内容来吸引教育对象的注意力，进一步提升红色课堂教学内容的亲生性。

3. 优化日常红色文化教育内容设置，增强风趣性

日常红色文化教育多指在正式的红色文化课堂之外的教育实践活动，如相关的红色文化课外实践教育、重大纪念日和重大节日教育、英雄事迹讲座教育，等等。红色文化教育者在开展日常红色文化教育时，应给予教育对象更多自主学习探究的权利，运用漫画、短视频、图画等呈现趣味性红色文化课程内容，在课程内容设置中既要安排理论性、知识性和庄严肃穆的红色文化内容，也要增加富有感性色彩和趣味性的部分。如在向教育对象介绍某一英雄或先进模范时，既要讲清楚人物的精神品质、优秀事迹，

也可以穿插人物的性格、情感经历、家庭家风情况、加入党组织的历程等，增强内容的吸引力。此外，教育者在追求内容风趣幽默时，也应注意保证课程内容的真实性与可信度，避免出现为抓学生眼球、追求趣味而夸大革命史实、刻意捏造革命人物事迹的泛娱乐化现象。

四、新时代大学生红色文化教育方法亲和力构建

红色文化教育方法作为教育内容的表达手段，是推进红色文化教育内容进学生头脑、进学生内心的有力载体。教育方式若能被教育对象广泛接受则有利于红色文化教育"活起来"，产生亲和力。

（一）将红色文化融入高校思想政治理论课的课堂教育

思想政治理论课是高校进行大学生思想政治教育的最直接形式，是引导大学生树立坚定理想信念、培育践行社会主义核心价值观的重要途径。现阶段，高校思想政治理论课普遍存在的问题是教育的内容空洞、枯燥、乏味，教师讲课方式生硬、刻板，不足以调动学生的积极性和学习的兴趣。因此，高校应当对课程内容的开发引起重视，积极运用红色文化这一优质的教育资源，并将红色文化融入思想政治理论课的教学和教材中，用红色文化丰富大学生思想政治教育的内容，编写以红色文化为主要内容的教科书，创新教学方法，在思想政治理论课的课堂教学中提升大学生对红色文化时代价值的认同。

1. 红色文化进课堂

高校思想政治理论课教师在教学过程中，应该有意识地将红色文化的精神内核渗透到思想政治理论课的课堂教学中，有效地将红色文化与课程教学内容糅合起来。例如，在"思想道德修养与法律基础"这门课中，在讲授大学生的成长与理想这一章节时，就可以将红色精神融入进来，让大学生通过典型案例深切地感受到红色精神中坚定理想信念的深刻内涵。在"马克思主义基本原理概论"的课程教学中，将体现红色精神的实际案例融入教育教学，使原本刻板、枯燥乏味的课程内容变得生动起来，从而激发大学生的学习兴趣。在"毛泽东思想与中国特色社会主义理论体系概论"这门课中，教师可以将红色精神与党的先进性结合起来实施教学，使教学

内容更加充实。在"中国近现代史纲要"的课堂教学中,教师应当将红色文化的精神内核详细地讲授给学生,帮助大学生更好地掌握党的基本路线、方针和政策,正确认识我国的基本国情,从而增强大学生的家国情怀,帮助大学生积极践行社会主义核心价值观。此外,高校还可以设置关于红色文化的选修课来提升大学生红色文化教育的实效性。例如,浙江理工大学在2016年首创将"红色文化研究"设为二级学科。

2. 红色文化进教材

组织专家教授编写红色文化教育的校本教材,例如,浙江理工大学马克思主义学院院长渠长根教授在总结经验的基础上,领衔开设创意性课程新生互动课程"红色文化概论"。另外,在围绕红色文化研究与实践的基础上,浙江理工大学还编写并出版了《马克思主义中国化、大众化的红色文化研究》《红色文化名人印记》《红色文化与高校思想政治教育》等学术著作。当前,高校使用的思想政治理论课的教材都是国家统编教材,很少针对本校的实际情况编写教材。因此,在红色文化融入大学生思想政治教育过程中,可以有效结合拥有红色资源的本土红色文化及本地高校大学生的思想特点和身心成长的规律编写具有本地特色的红色文化校本教材、期刊。扎实推进红色文化进教材、进头脑,让学生通过这些专门的教材深入接受红色文化教育,领会红色文化的精神内涵,增强对红色文化的深入了解,进而间接地提高大学生思想政治教育成效。

3. 探索新的教育方法

红色文化内容丰富,形式多样。将红色文化融入大学生思想政治教育的课堂教学中,要积极寻求新的不同以往的教学方法。例如,可以因地制宜地邀请当地的老一辈革命家做课堂访问,将这些老一辈革命家亲身体验的革命事迹更加直观、形象地展现给大学生;还可以利用当前先进的多媒体技术,高校不定期尤其是在重大节日期间播放相关纪录片,使大学生更好地了解红色文化的精神内涵,这样通过创新教学形式,既将知识传授给了大学生又能实现教育的目标。

(二)将红色文化融入大学生思想政治实践活动

实践是检验真理的唯一标准。"纸上得来终觉浅,绝知此事要躬行。"

（南宋陆游《冬夜读书示子聿》）大学生课堂上经过相关理论知识的学习，必须通过实践来消化所学的理论知识。

1. 建立高校红色文化实践教育基地

高校应当积极与当地具有红色文化特色的单位建立长久的合作关系。以重庆高校为例，可以建立红岩精神教育实践基地，为本地高校运用红色文化开展大学生思想政治教育提供便利条件；通过组织大学生参观红岩村、红岩博物馆、渣滓洞、白公馆，使大学生能够亲身体验到红岩精神的魅力之处。此外，学生通过课堂上相关理论知识的学习，需要实践将其消化吸收，进而渗透进大学生的头脑，因此，教师在课堂授课的同时要注重将理论与实践融合，不断地将红色文化深刻的精神内核和时代价值传授给学生，使大学生在潜移默化中不断提升自己。例如，重庆交通大学常年与重庆红岩联线文化研究中心合作交流，积极开辟思想政治教育第二课堂，从而提升大学生的社会责任感。

2. 开展红色旅游

红色旅游是以革命战争时期遗留下来的革命遗址遗迹、纪念场馆、伟人故居等承载红色精神的物质资源，将娱乐放松与学习红色精神和教育结合起来的一种社会实践活动。红色旅游通过寓教于乐的方式将红色精神内化于心，从而在潜移默化中提升了人们的思想道德修养，提升人们的爱国情感。比如，重庆市高校可以充分利用小长假以及寒暑假组织学生可以组织学生到红岩村进行参观学习。在参观游览的同时，教师可以详细的讲解红岩精神的内核和时代价值，引导大学生深入挖掘红岩精神的时代价值，通过现场教学，宣传红岩精神，提升大学生的思想境界和精神境界。组织大学生参与红色旅游，在活动结束之后，要提醒大学生总结其心得体会，引领大学生对其更深层次的意义进行思考，从而既培养了大学生的思维，又提高了教育的实效性。

此外，高校党委组织部和宣传部要正确认识到在高校大学生思想政治教育中融入红色文化教育的重要意义，在实际的工作中，灵活主动将红色文化运用于大学生思想政治教育中，根据本校发展的实际情况，实事求是，有针对性地开展思想政治理论课与实践课相结合的工作，在课程设置中，加入红色文化实践课程，并实行签到考评机制组织学生参与其中，以实际行动来发挥红色文化特有的育人功能，进而不断提升大学生的思想政治教育的质量。

（三）运用新媒介提升红色文化的传播力

利用新媒体在校园中传播红色文化，宣传主流意识形态，是抵御西方意识形态侵害的重要途径。同时宣传红色文化的当代价值，也能引导大学生积极看待红色文化，应对市场经济弊端带来的社会负面现象对大学生的干扰。当今科学技术的迅猛发展，互联网网站、微博、微信、QQ等一系列现代信息传媒手段成为日常生活的一部分，是文化传播、知识传授、信息传送的主要载体。高校作为马克思主义宣传的主阵地，必须要加强红色文化的传播力度。正确的思想不去占领，错误的思想就会趁机占领，因而高校要充分发挥新兴媒体在校园文化传播中的推动作用，牢牢把握新媒体传播的主动权，坚持社会主义主流意识形态，揭露西方错误思潮的本质，使新媒体成为校园红色文化宣传的新阵地，弘扬红色主旋律，抵制西方意识形态对大学生的侵害。高校可依据自身情况创办大学生校园文化网站，建立红色文化微信公众号、QQ群，微博等新媒体平台传播红色文化，充分利用新媒介信息传播速度快，互动性强的特点。在建立新媒介传播平台的过程中注意：一要注重大学生的实际需求。新媒体平台要突出思想性和服务性，比如开设时政要闻、党建思政、理论学习、校园文化、交流讨论等专题栏目，用丰富的信息资源、生动活泼的形式、及时便捷的信息反馈来满足大学生的不同需求。以微信公众号为例，其具有传播、转发、评论等特点，文字、声音、图片、视频都可作为传播的载体，制作成本低，推送便捷，是大学生喜闻乐见的获取知识的平台，因此可以成为弘扬红色主旋律，传播主流意识形态，培养大学生爱党、爱国、爱人民的信息共享平台。新媒体平台在筹建初期可以采取问卷调查、走访学生等多种调研方式了解大学生的内心需要和实际想法，采纳好的建议，使平台能够真正帮助大学生获取红色文化知识，解决生活中的思想困惑和对政治理论的疑惑。开设交流互动平台可以提高大学生政治参与的积极性，抒发对祖国各项事业发展的看法。同时平台也可以发布对错误思想的批判信息，揭露西方意识形态的危害性和历史虚无主义思潮的本质，使大学生提高思想境界。考虑到一些学生的心智还不够成熟，思想表达难免会有偏见，因此平台要建立审查机制，肯定学生好的见解，纠正片面、错误的言论。二要提升传播平台的吸引力。丰富多彩的内容和形式是提高新媒体平台吸引力的主要因素。红色文化的内容具有权威性和严肃性，因此在表现形式上可以适当增强活泼性和趣味性。比如在校园文化网站的背景设置上可以使用当地红色文化标志性的建筑、人物头像、风景名胜等；利用3D虚拟技术，模拟红色旅游胜地，再现革命历史场景等。平台的设置要考虑学生的使用和接受习惯，将一些点击率较高的热门内容放在醒目位置，方便学生操作。在特殊的纪念日，比如建党节、建军节等，结合纪念日的主题发布相关背景内容，使大学生及时接受红色文化的熏陶感染。同时也可以借鉴其他学校、权威性官方网站的创意。比如延安大学"积极打造红色经典艺术教育网、'红色经典艺术大讲堂'课程网站、'红色经典影视作品赏析'课程网站等信息教育平台，通过红色经典读书心得征文、学校特色图书馆藏建设、红色经典作品推荐、专家红色经典导读报告等，营造浓厚的红色经典艺术自主学校氛围"[1]。校园红色文化新媒体平台的建立可以为本校思想政治理论课提供丰富的素材和资源，教师可以利用这些贴近学生，具有较强吸引力的教育资源改善红色文化课堂教学内容枯燥、形式单一的缺点，激发学生学习的兴趣，增强红色文化精神教育的效果。在发挥新媒介平台作用的同时，也要整合校园传统教育媒介。校报是学校发行量较大，在大学生群体中较有影响力的传统平台。高校可以结合所在地方的区域红色文化或是结合学校的历史，在报刊中创办红色文化专栏研究和宣传红色文化精神，营造校园红色文化精神教育的良好氛围。校园广播电台也可以播放红色主题电影、歌曲以及红色专题教育节目，及时报道校园红色文化活动新闻，潜移默化地引导学生爱党、爱国、爱学校。校园的宣传橱窗可以张贴红色主题海报、宣传标语、先进事迹，等等。另外还可以在校园中树立革命人物雕像，在校史展览馆展示革命遗物，建设红色历史校园景观，把名人题词刻在建筑物上，弘扬主旋律，传递正能量，时刻熏陶和感染大学生。

---

[1] 王炳林，张泰城. 高校红色文化资源育人发展报告（2016）[M]. 北京：人民出版社，2017：152.

五、新时代大学生红色文化教育环境亲和力构建

环境对人的教育具有潜移默化的熏陶作用,大学生红色文化教育亲和力的生成与提升同样离不开浓厚红色文化教育氛围的烘托。红色文化教育环境亲和力的目的指向是为教育对象提供具有人文化、稳定和谐有保障的红色文化学习场域,使其在接受红色文化教育过程中能够感到亲和有趣。因此,提升大学生红色文化教育亲和力需要不断优化教育环境,通过营造和谐的红色校园文化加以完善,以此增强红色文化教育的感染力和亲和力。

(一)引导校园红色文化活动健康发展

校园文化活动作为大学生的第二课堂,可以弥补课堂教育相对枯燥,形式单一以及红色文化精神教育渠道单一的不足,突破时间和空间上的限制,促进课堂知识的吸收,提高教学的有效性和学生的参与度,充分发挥育人"润物细无声"的隐性特点。健康向上的校园文化丰富了红色文化实践活动的形式,既激发学生参与活动的积极性,又可以使大学生潜移默化中接受教育。校园文化的主体是大学生,大学生是校园文化活动的组织者和参与者。将红色文化融入校园文化活动中,可以避免红色文化实践活动流于形式,使大学生真正在活动中提高科学文化素质,促进大学生全面发展。校园文艺活动具有参与程度高,接受范围广的特点,深受大学生的喜爱。通过将红色文化的价值精髓融入校园文化艺术活动中,对于引领大学主流意识形态导向,丰富大学生校园生活,提升大学生思想文化素质,扩大红色文化精神对大学生的影响具有重要的价值和意义。高校可以将红色文化精神融入校园文化艺术节,举办红色主题艺术展演活动,定期举办红色诗歌朗诵比赛、红歌大合唱比赛、革命历史知识比赛、演讲大赛、辩论大赛、征文比赛以及红色故事会、红色主题宣讲、中共党史学术讲座等丰富多彩的文艺活动。这些活动的举办既繁荣了校园文化,又调动了大学生了解中国共产党的发展历程、接受革命精神教育的积极性。

具体来说,高校可以在革命伟人的诞辰纪念日、重大革命历史事件纪念日、国庆、校庆等特殊节日开展以红色精神为主题的征文活动;开展红色文化主题讲座,邀请红色文化专家、抗战老兵或者老一辈无产阶级革命家的后代回顾中国共产党革命实践的艰辛历程,讲述红色故事,重温红色

经典；组建本科生、研究生红色精神宣讲团，选择理论基础扎实的学生为宣讲员，定期根据重大纪念日或是党中央精神，制定宣讲主题，走进学校各学院，在学生群体中巡回宣讲，宣传党的理论精神。有条件的高校还可以将红色文化与高雅艺术相结合，组建和打造大学生艺术团，让红色文化以震撼人心的视觉冲击力、优美的歌声旋律、高雅的艺术风格展示中国共产党艰苦卓绝的光辉历史，使大学生在极具艺术表现力的氛围中感受红色文化丰富而深刻的思想内涵。"北京交通大学排演的《长征组歌》不仅仅成为全国高校学生艺术团中有活力、高品质的校园文化精品活动，而且也成为学校运用红色文化资源育人、发挥艺术教育育人作用的良好载体，将大学生理想信念教育和校园文化艺术活动高度融合，在促进大学生全面成长成才方面发挥了重要作用。"[①]高校还可以将红色文化融入校园社团建设，创办红色社团，成为红色文化宣传的重要校园力量，可以组建诸如"革命历史宣传小组""马列主义研究协会""红色旅游协会"等特色组织，举办"红色文化艺术节""红色社团活动"等，提高红色文化在大学校园中的影响力。高校要选择红色文化理论知识深厚、责任心强的教师指导红色社团工作，把握正确的政治方向。高校校园红色文化活动的开展离不开学校领导的重视和指导。高校要高度重视校园文化活动对学校发展和人才培养的重要作用，建立健全校园文化活动的管理机制，充分利用自身优势推动校园文化活动创新，开展丰富多彩的校园红色文化活动。只有学校重视程度高，在制度、经费上提供有效保障，学生参与的积极性强，校园红色文化活动才能健康有序开展，焕发勃勃生机。

（二）加强校园红色文化的交流与合作

习近平在党的十九大报告中指出："加强中外人文交流，以我为主、兼收并蓄。推进国际传播能力建设，讲好中国故事，展现真实、立体、全面的中国，提高国家文化软实力。"[②]高校在红色文化走出校门、走出国门，传递红色文化肩负着重要使命。

---

① 王炳林，张泰城. 高校红色文化资源育人发展报告（2016）[M]. 北京：人民出版社，2017：237.

② 习近平. 决胜全面建成小康社会 夺取新时代中国特色社会主义伟大胜利——在中国共产党第十九次全国代表大会上的报告 [N]. 人民日报，2017-10-28.

校内与校外要增强红色文化的交流与合作。高校要加强与地方党史部门、纪念馆、档案馆、博物馆的合作，建立爱国主义教育基地和革命传统教育基地。校园内红色文化资源十分有限，高校要积极将校外优质红色文化教育资源引进校内，与校园文化相对接，相结合。高校可以邀请国家、省、市各级艺术团体，将优秀经典的红色话剧、歌舞剧引进校园演出，让大学生现场感受红色艺术的震撼力和独特魅力，了解历史真实发生的革命故事，体会其中蕴含的革命精神；加强与教育实践基地的合作，校园文化活动比如朗诵大赛、演讲大赛的举办地可以离开校园，到红色文化氛围更浓厚的革命教育基地，这更能增加校园活动的感染力，使活动更加有意义。校园红色文化大讲堂可以邀请校外合作的研究基地、研究所的资深专家给大学生进行党史国情教育，让更多大学生了解革命历史，感受革命传统，增强砥砺前行的理想信念。在国际学术交流中传播红色文化是增强红色文化的自信的重要方式。一部红色文化发展史，就是文化自信意识不断增强的历史。文化自信来自人民群众对所拥有文化的肯定，并且是对国家自身的文化和文化影响力的高度肯定。文化自信，是对文化自卑和防御心理的克服，是对本民族文化的高度认同和充分自信。文化自信的最显著标志是文化交流，只有对自己本土文化充分自信，才有底气"走出去"。因此高校只有自身坚定对红色文化自信，才能在培养学生树立红色文化自信时更具说服力。在很长一段时间内，由于受到西方国家鼓吹的"西方价值观优越论"以及"社会主义失败论""文明冲突论"等影响，中国红色文化在国际交流很难突破意识形态的障碍，红色文化的国际传播没有取得良好效果。红色文化在国际中的"失声"不利于高校红色文化精神教育工作的开展，也不利于对培养大学生树立红色文化自信。为了让世界更好地了解中国的红色文化，中国高校要把红色文化的对外交流作为校园红色文化建设的一部分。高校可以举办中外文化交流艺术节，邀请国外大学生来中国高校交流访问，彼此之间介绍自己国家的发展历史，增进相互间的了解。中国大学生利用与国外大学生交流的机会，向对方介绍中国的文化历史、中国共产党的成长史，向不同国家的大学生展现中国的红色文化，让他们了解中国人民选择中国共产党、选择社会主义道路的历史必然性，消除国外不实报道而产生的对中国的偏见。中国大学生可以借助交流的机会扩大红色文化在外国大

第六章　新时代大学生红色文化教育亲和力构建的现实路径

学生中的影响力，促进红色文化的国际传播，增强中国文化软实力，让外国大学生真实地了解中国国情，了解中国的红色文化，消除误解，增进友谊，使中外青年成为国家之间和平友好的使者。中国大学生在向外国大学生介绍中国红色文化的过程，也是进一步了解自己国家本土文化，坚定红色文化自信，坚持走中国特色社会主义道路的过程。党的十九大报告指出："文化自信是一个国家、一个民族发展中更基本、更深沉、更持久的力量。"[1] "文化自信，是一个国家或民族对自身文化能够自立于世界文化之林的信心，是一个国家或民族的文化自主性和自豪感的体现。"[2] 开展大学生红色文化精神教育的目的不仅要让大学生对红色文化认同，还要上升到红色文化自信的高度。新时代高校培养出来的大学生必须是又红又专、德才兼备、全面发展的中国特色社会主义合格建设者和可靠接班人。大学生红色文化教育的核心目标就是使大学生树立对红色文化的坚定自信。红色文化自信不仅是在全球化时代维护国家文化安全的天然屏障，也是建设文化强国和实现民族复兴的重要引擎。树立红色文化自信就是要大学生真学、弄懂、相信红色文化中所蕴含的深刻道理。建立对红色文化的自信心，有利于大学生自觉把红色文化的教育内容以及蕴含的价值理念转化为自己的实践准则。即便大学生离开校园，走上社会，在没有课堂知识"灌输"的情况下，也能自我"灌输"，从红色文化中主动自觉地寻找真理，提高自身文化修养。

---

[1] 习近平. 决胜全面建成小康社会 夺取新时代中国特色社会主义伟大胜利——在中国共产党第十九次全国代表大会上的报告 [N]. 人民日报, 2017-10-28.
[2] 刘建军. 寻找思想政治教育的独特视角 [M]. 北京：中国人民大学出版社, 2017：91.

第七章　新时代大学生红色文化教育亲和力构建的保障机制

思想政治教育是一项系统的工程，作为一种实践活动，始终离不开系统的支持和保障，完善有效的保障机制也是红色文化教育亲和力科学构建的需要。事实上，不同高校因为重视程度的差异和本身具备的条件限制，红色文化教育的保障成了深刻影响红色文化教育进一步发展的瓶颈，并成为当前提升红色文化教育效果的难点。因此，加强红色文化教育的保障研究，从物质、制度和人员等方面提供充足的资源保障，推动红色文化教育链有效发挥链接作用，有效提升新时代大学生红色文化教育整体亲和力，否则一切都只是停留在纸上谈兵的阶段。

本章从做好物质保障、健全制度保障、加强人才队伍建设和推进"三全育人"工作机制四个维度探讨新时代大学生红色文化教育亲和力构建的保障机制。

一、做好物质保障

俗话说，兵马未动粮草先行，我们开展大学生红色文化教育，没有一定的物质保障，只能是一句空话。我们要改变过去只靠一张嘴开展大学生红色文化教育的状况，将大学生红色文化教育有机纳入思想政治教育体系之中，并且作为一个相对独立的重要子系统，加强规划，给予专项经费，加大人力物力财力投入，改善工作条件，为深入持久地开展大学生红色文化教育奠定坚实的物质基础，以开放性的红色文化教育氛围提升红色文化教育亲和力。

（一）政府的主导功能保障

在红色文化教育过程中，政府政策就是导向，各项社会政策对人们的价值取向、道德行为有着直接的影响。各地区、各部门在制定政策时，要发挥政策对红色文化建设的导向作用，不仅要注重经济和社会事业发展的需要，而且要体现红色文化和社会主义核心价值体系建设以及大学生成长成才的要求。

1. 引领政府对红色文化建设的政策导向

政府的领导是在对红色文化宣传领域内具体政策和政策执行中发现存在的问题的基础上，进行政策修改和完善，领导红色文化政策的执行。政府领导发挥着具体把控的作用，健全政府领导就是要在构建红色文化教育的具体政策制定和执行过程中心中有人民、心中有大局，制定的政策要符合红色文化发展的需要，要符合经济社会发展需要，要符合大多数人民的整体利益。同时，政府要奖励和倡导为社会和他人做贡献的弘扬红色精神的行为。各地各部门要大力宣传和表彰具有鲜明时代特点、广泛群众基础、具有红色文化特征的社会主义核心价值观的倡导典型，为人民树立学习榜样，鼓励人们积极向上。

2. 提升领导者对红色文化的领导艺术

各级领导干部是传承红色文化、构建红色文化精神教育的核心领导者、贯彻落实者、具体执行者、典范践行者。要构建统筹机制，必须从领导者领导艺术着手，提升领导者的综合素养和领导水平。要充分发挥领导干部的示范和导向作用，为红色文化传承工作提供强有力的组织保证。要不断提高领导干部的马克思主义理论水平，用马克思主义中国化最新成果武装头脑，提升领导干部的红色文化领导艺术。通过对领导干部的红色文化精神教育和党史国史教育，激发领导干部传承红色文化的责任感和使命感，通过红色基地实践锻炼、群众路线教育实践活动、"两学一做"实践教育、"不忘初心、牢记使命"等活动提高领导干部的领导能力和领导水平，加强领导责任意识、管理意识、服务意识、大局意识和领导水平。

3. 创造完善的红色文化建设外部环境

在重视红色文化内部各要素的同时，政府也应非常重视创造和完善相应的外部环境，保证红色文化建设的整体性和一致性。比如，从中央到省市县乡各级政府都应建立各种各样的红色文化博物馆、纪念馆、革命遗址、名人烈士故居等，这些场馆故居从各个不同的角度和侧面记载着红色文化精神，承担着传播红色文化的任务，是向人民群众进行政治、思想和道德教育的重要基地和生动教材。除了硬件设施以外，更主要的是软件环境的创建。政府应当通过一些具体的社会政策，使人们在长期的生活实践中自觉践行红色文化精神。第一，充分发挥党组织和群众组织的作用。党委各部门、群众组织如工会、共青团、妇联等在传承红色文化中，都承担着一定的职责，都能在联系群众中发挥着组织、指导、协调等职能。第二，要充分发挥政府各部门的协同作用，形成党委领导、政府主导，各有关部门分工协作、社会力量积极参与的工作机制。如党史部门和文史学习部门要协调、指导其他部门的工作，督促各项工作任务的落实；党委宣传部门要拟定红色文化宣传活动和红色文化知识推广活动方案，要加强红色文化宣传的监管，明晰职责，实现教育与培训的全员覆盖。

4. 政府部门加大财政支持对红色文化资源进行开发

对有教育意义的革命遗址、遗迹进行管理和开发，并且保证宣传过程中的资金支持。同时，政府部门还可以利用激励政策来获取社会资本，让更多的社会资源接触到红色文化，强化市场与政府之间的合作，丰富红色文化资源的宣传途径。由于红色物质文化资源都分布在不同的地区，可以将当地的自然环境以及地区文化，与红色文化相结合，建立具有当地特色的红色文化教育基地。

5. 各级政府部门掌握舆论宣传主阵地，发挥红色文化教育功能

通过一些优秀的作品进行激励和教育，将舆论的主动权掌握在政府手中；鼓励优秀的导演和作家进行创作，可以设立基金对其进行支持，使更多的学生可以通过各种各样的途径来学习红色文化；对舆论进行监督，让正面教育宣传成为舆论的主要内容，对有红色文化教育意义的个人和集体进行宣传；坚守团结稳定的原则以及加油鼓劲的原则，创新和丰富红色文化宣传的方式方法，使其更加具有感染力、说服力以及吸引力，从而让更多的人了解和学习红色文化；坚守网络舆论阵地，对网络舆情进行实时监测，及时进行引导。此外，政府为相关单位制定宽松的政策，鼓励影视制作部门拍出受人民群众喜爱的红色影视剧等。这些都是经过历史洗礼的精品，

第七章　新时代大学生红色文化教育亲和力构建的保障机制

可以让大学生从中感受到红色文化的内涵，利于发挥红色文化的教育功能。

（二）学校主渠道功能保障

当前，经济社会发展日新月异，高校师生的日常学习、生活以及工作，与社会联系越来越紧密，我们开展红色文化教育，就必须依托一定的场所、设备和设施，尤其是要运用一些当代新媒体、新技术、新手段，方能赢得当代大学生的青睐，从而取得一定的实效。常见的必备工作条件具体来说，主要有：一是开展大学生红色文化教育的恰当的活动场所。我们开展大学生红色文化教育，就自然而然地需要开相关活动，而要开展活动，则自然而然地需要活动场所，如举行红歌会，需要剧场或广场，举行报告会需要报告厅，举行学术沙龙需要会议室等，这些都需要学校提供支持与帮助。二是开展大学生红色文化教育的宣传载体。高校要认真办好校报校刊、校广播电台、校园电视台、校园网、文化长廊、宣传栏，加强硬件建设，为传播红色文化正能量提供良好平台。三是开展大学生红色文化教育的必要的办公条件。目前，大学生红色文化教育形式越来越丰富多彩，既有传统的讲座、报告等，也有观看影视作品、举行红色之旅等，还有多种多样的社团活动和各种社会实践活动。因此，需要提供必要的办公条件以及与学生交流的场所，配备电脑、打印机、照相机、摄像机、录音笔等以及提供快捷方便的校园网络，这是搞好大学生红色文化教育的物质基础。

夯实大学生红色文化教育物质基础，出台相关政策，加大政策扶持力度，稳定并加大资金投入是关键。高校行政部门要将大学生红色文化教育纳入思想政治教育的整体范畴之中，编列专门的经费预算，制定科学合理的资金分配政策，使资金真正落到实处，发挥作用。高校除积极争取上级部门的相关经费之外，还要将红色文化教育经费单独列入思想政治教育经费中，合理确定金额，保障各项活动正常有序开展。大学生红色文化教育专项经费投入除包括正常的办公经费外，还包括各种活动经费、教学基本建设经费、教师教育培训经费、科研经费、表彰奖励经费等。高校要树立精品意识，加大品牌活动建设力度，增强活动的吸引力和感染力，扩大活动的参与面。对一些社会实践活动和大型教育宣传活动，要编列专门的经费预算，做到重点活动，重点保证。要鼓励教师积极开展红色文化相关课题研究，并提供课题经费保障；鼓励教师积极参加各种相关学术研讨会、交流会和专题培训班等学术交流活动，并提供经费支持。要设立相关奖励基金，大力表彰在大学生红色文化教育活动中涌现出来的先进个人、先进集体，积极宣传他们的先进事迹，推广他们的先进经验。大学生红色文化教育经费要做到专款专用，勤俭节约，努力做到开源节流。在开源方面，要编列专门的预算科目，做到每年都随财力的增长有一定的增加，同时，要积极吸引社会力量参与大学生红色文化教育，多渠道筹集教育经费，做大红色文化教育经费总量。此外，还要积极鼓励相关博物馆、纪念馆、纪念园、革命历史遗址公园等公益单位免费对大学生开放。

（三）社会协同功能保障

大学生对红色文化的认识离不开社会这个大环境，深入研究红色文化更离不开社会各方面的支持。所以，社会要拓宽红色文化的传播渠道，搭建红色文化交流平台，使红色文化有更好的发展前景。

1. 善于开发红色文化资源

首先，社会运用新方式开发红色文化资源。随着科学技术的快速发展，新兴的教育方式、教学工具也相继出现。社会要积极应对科学的快速发展，就需要学习并吸收新的教育方式，引进新的教育教学工具，加强教学和指导能力。自媒体、社交媒体等新兴网络传播方式的出现，为现代化教育提供了更多更大的平台，呈现出多元化趋势。社会通过网络平台等手段来传播和共享文化资源，可以丰富大学生的红色文化知识，便于知识的积累。传播红色文化不仅需要传播者，还需要多种形式的传播途径。目前，鱼龙混杂的媒体环境，给传统文化的传播带来巨大的挑战。红色文化属于中国优秀传统文化中的主流文化，为了让这种主流文化吸引到更多的参与者，需要使用和建立新的交流传播平台，比如微信、微博、视频App、微电影等。平台的构建需要各种资源，作为一个庞大的社会项目，高校无法凭借自己的力量独自建立平台，因此，需要社会的广泛参与来确保红色文化得以传播。只有这样，才能确保红色文化能够循序渐进的传播。对于外在环境，社会还要完善红色文化教育基地的建设。能称之为红色文化教育基地的地方一般都在山区，这些地方交通相对闭塞且自然环境条件较差。在挖掘红色文化资源的同时，要加强对基地周边地区的建设，改善交通环境，为有教育需求的人们提供较为便利的条件。

其次，社会针对红色文化资源的多样性进行合理的规划和科学的安排。虽然红色文化教育基地分布在全国各地，但是在开发的过程中要进行统一的规划，构建系统的区域化红色文化基地。第一，红色文化的传播离不开教育，而教育主客体的自身素质影响着传播的质量，基地周围居民的文化和素养需要加强化。第二，建立地区红色文化特色品牌。红色文化的传承需要借用一些喜闻乐见的传播形式，树立具有地方特色的文化品牌，使人们乐于接受和传播红色文化。红色文化相对于其他文化具有一定的乏味性，因此增强趣味性是目前传播红色文化的重点。我们可以在还原历史的基础上，结合现代媒体的宣传方式进行红色文化的开发，让红色文化的宣传内容更接近人们的实际生活，从生活中发现并传播红色文化，从而让更多的人接受红色文化的熏陶。第三，创新开发红色物质文化的理念。红色物质文化具体指的是各地区的遗迹、遗址等，是先烈们进行革命时留下的重要见证，因为具有不可移动性的特点，所以要进行专门的管理和保护。在开发过程中不能随意破坏，要在还原历史的前提下进行红色物质文化的创新，比如对周围的环境进行美化和修改等，使其拥有更加深远的意义。

2. 发挥红色文化教育功能

利用爱国主义教育基地，发挥红色文化教育功能。我国拥有非常多的纪念馆、展览馆、博物馆纪念馆和烈士陵园等教育基地，社会可以通过这些红色文化教育基地来充分发挥红色文化的教育功能，还应该对爱国主义教育基地的软硬件设施进行维修和保护。社会还要加大力度实现爱国主义教育基地的教育作用，支持大学生免费参观学习。除此之外社会更应该鼓励大学生在课余丰富自身的精神生活，多参加一些公益性活动，尤其是具有红色文化内涵的教育活动，最大程度发挥红色文化的教育功能。

3. 创新红色文化传播方式

"互联网+"背景下，社会应该利用各式各样的平台号召社会大众对红色文化进行学习。一是利用新闻媒体宣传红色文化。尤其是在每年党的生日、国庆节这种对于人民群众来说熟知的重要节日，依托互联网，利用形式多样的媒介传播红色文化。二是创新途径传播红色文化。利用先进的

VR、AR技术打造虚拟空间，体验艰辛的红色年代。利用网络这个大平台，通过自媒体等大众日常所接触的方式建立红色文化新的传播途径，实现虚拟与现实的相互配合，最大程度达到宣传的目的。但是，中国大部分地区，尤其是革命老区，经济不发达，网络不能实现全覆盖，传播红色文化的途径就产生了一定的阻碍。因此，政府需要注意到这个情况，调拨资金进行网络覆盖，扫除障碍，打通网络的宣传渠道，使便捷的传播途径得到充分发挥，使红色文化能够传播到每个角落。要想使红色文化得到最大程度的宣传，离不开社会整个环境的支持。良好的社会环境是红色文化可以迅速传播的有力保障。大力借助社会环境这一有效途径，发挥宣传红色文化的功能。红色文化传播方式需要人们不断探究。

此外，社会各界建立关于红色文化的相关机构，营造浓郁的红色文化氛围，加大红色文化的传播力度，使大众接受红色文化的熏陶。

一是组织与红色文化相关的户外活动。通过让体验者穿上红军的制服，背上行李包，沿着崎岖坎坷的山路走进革命老区，重走长征路，感同身受，体悟艰辛岁月中，革命的残酷，以及战士们顽强的拼搏精神，更加珍惜来之不易的美好生活。

二是建立青年志愿者服务社团。学习红色文化的目的是为了更好地进行社会生活实践。以大学生为主体的青年人数众多，大学生们积极争当志愿者，为他人服务，尤其是在革命老区和相对落后的农村。大学生们身体力行地帮助困难群众，更加体会革命战争年代战士们的艰辛困苦，在实践中不断感悟红色文化所呈现出的宝贵精神，使心灵得到洗涤，思想得到升华。

三是打造大众喜闻乐见的红色文化佳品。针对不同的人群，打造不同的作品：对于长者，他们比较喜欢传统传播媒介，电视，广播、报刊等，因此，影视部门可以制作红色影视剧、红色电影，发行红色期刊让他们加深对红色文化的关注；对于新潮的年轻群体，尤其是大学生们，通过制作小视频来吸引大学生的注意力，新媒体在公众号发相关文章，微博上的置顶头条来对红色文化进行探究；对于年级尚小的孩童，电视台可以播放红色动画片来引起小孩的兴趣，从小培养他们的"红色意识"，最终达到红色文化深入人心的目标。

4. 造就红色文化社会共识

第一，在整个社会中，营造积极向上具有正能量的舆论氛围。舆论环境的优化能够激发、引起大学生主动了解红色文化的兴趣。如今，我国正处于全面深化改革、扩大改革开放的重要时期。经济全球化使我国的经济与世界紧紧相连，得到了突飞猛进的发展。随着经济收入的不断增加，生活条件日益优渥，人们对精神世界的追求也随之提高，但这也会引起各种不良社会思潮出现，大学生的思想观念和价值取向将面临严峻的挑战。此外，移动互联网的出现也导致大学生与社会舆论的关系异常密切，舆论对大学生的心理状态有着更为深刻的影响。要不断优化社会环境，充分发挥舆论的正确导向作用，积极利用新兴媒体进行引导，使社会的积极影响得到最大程度上的发挥。

第二，营造和谐的社会环境。创造一个良好的社会环境，营造一个教师乐于教学、学生快乐学习的社会氛围。激励大学生学习中国国情，了解中国革命、建设和改革的整个历史。还应该为大学生打造一个社会实践的平台，磨炼他们在实践中的意志，进一步提高自身的整体素质。总之，为了让大学生接受红色文化，必须要营造良好的社会环境。

第三，摆脱错误思想和文化的入侵。大学生世界观、人生观和价值观树立深受社会舆论以及社会思想文化环境的影响。即使是在校大学生也很容易受到各种社会思潮的影响。要为红色文化的传承创造一个良好的环境，就必须坚决抵制各种错误思想的入侵，不受谣言的干扰。

第四，优化网络媒体传播环境需要不断优化升级。当代大学生在生活学习中早已离不开手机、电脑等电子产品。不断发展，时时更新的网络媒体对新时代大学生的思维方式、行为方式，尤其是对思想道德产生影响，因此，大学生对就必须结合信息时代发展的特点来学习，利用网络媒体资源，加强对网络信息传播的管理，创造良好的网络传播环境。

二、健全制度保障

大学生红色文化教育制度指的是特定组织为了调节、引导、规范有关部门以及工作人员在大学生红色文化教育工作中的行为而制定的规划、计划、方案、措施、工作指南等。我们要加强对制度建设重要性的认识，积极探索，勇于实践，加强制度建设和制度创新，为大学生红色文化教育的顺利开展提供强有力的制度保障。

目前，由于种种原因，大学生红色文化教育制度建设还有许多与新任务新形势不相适应的地方。这种不适应突出表现在：一是制度建设的可操作必性不强。当前，教育行政部门和高校都出台了一些有关大学生红色文化教育的相关规定，条条框框也不少，文件制度的内在逻辑性条理性也很强，可是与当前师生的思想实际存在一定的距离，有些与大学实际条件不太吻合，导致制度看上去很好、可在实际工作中却没办法执行，可操作性有待加强。二是制度建设的不平衡性。就制度关涉的对象而言，出台的不少制度是要求大学生应该如何做的多，而对应如何保障这样做的内容则少，对大学生要求得多，而对教师的要求相对则较少。教育行政部门和高校对宏观的思想政治教育制度建设规定得多，而对如何具体抓好某一项微观的教育如红色文化教育，则规定得少。三是制度建设的滞后性。当前，大学生红色文化教育的现有制度，还存在一定的相对滞后性，与当前形势不相适应或者不完全相适应，从而影响了制度的有效执行，影响了教育效果的充分发挥。因而，针对所存在的问题，我们要认真加以研究并分析改进，不断加强制度的科学化建设。抓好制度科学化建设，关键在于建立健全与党的教育方针、与高等教育发展态势相匹配，与教育相关法律法规相协调，与大学生成人成才相适应的红色文化教育制度体系。

（一）完善国家层面宏观规划制度

要按照高等教育法的有关规定，认真落实国家的政策法规，保障大学生思想政治教育各项要求落到实处，同时在条件成熟的情况下，建立富有特色的地方性法规，从法律角度为做好思想政治教育提供制度保障。

新中国成立以来，党的历代领导集体对于如何利用革命文化、红色文化资源进行资政育人以及传承好红色基因进行了积极有益的探索，逐渐形成了具有中国特色的红色文化传播体系和领导体制。例如依托党委领导下的校长负责制，助力形成党、政、工、团分工负责、齐抓共管的红色文化资源育人大格局。可以考虑让马克思主义学院担任教学的牵头部门，宣传部门作为业务指导部门，学工处、团委、教务处、图书馆、校博物馆等职能单位作为主要参与部门积极配合育人实践的开展，为其提供便利。但各个部门所承担的职责一定要明确，防止推诿扯皮现象的产生。

（二）完善教育行政主管部门指导制度

作为高校思想政治工作开展的最高业务领导机构——教育部要加强思想政治工作开展的业务指导和督查。实际上，近些年来，教育部联合相关部委连续出台了涉及课程改革、教师队伍建设、教师业务培训、大学生思想政治教育评估标准等一系列制度，为有效推进思想政治工作的落实奠定了机制保障。同时，我们也看到，自习近平总书记在全国高校思想政治工作会议上发表讲话之后，教育部及时印发了《2017年高校思想政治理论课教学质量年专项工作总体方案》等文件，拉开了质量攻坚战的序幕，也为提升新时代大学生红色文化教育亲和力提供了良好契机。

（三）完善学校层面具体工作制度

我们要根据教育发展的新形势，及时修订完善校内相关规章制度。高校党委要加强红色文化教育的顶层设计，指明红色文化教育的发展方向。要完善党委领导下的校长负责制，促进学校党政构建包含红色文化教育内容在内的大德育工作体系，做到党政分工负责，齐抓共管。要明确大学生红色文化教育的具体牵头部门，可以考虑让高校的党委宣传部门担任牵头部门，从而使工作有一个部门总负责。还要明确红色文化教育的具体参与部门，如学工处、团委、教务处、后勤工作处、学校博物馆、马克思主义学院等部门的具体工作职责。要制定和完善目标管理制度和操作性强的评价考核办法，进一步加大奖惩力度，以充分调动学校相关人员共同抓好大学生红色文化教育的积极性、主动性和创造性，使教学、管理、服务三支队伍都能为抓好红色文化教育服务，并勇敢承担起相关责任，努力营造生活泼的教育局面。可以考虑将大学生红色文化教育情况纳入大学生素质拓展教育考核范围，因为大学生素质拓展教育不少高校已将其纳入教学计划，给了一至两个学分，所以同学们比较重视。总之，要通过不断加强和完善制度建设，靠制度约束人，靠制度和政策调控大学生红色文化教育系统各相关要素，最大程度地发挥相关要素的整体效益，不断提升大学生红色文化教育的科学性和实效性。

三、加强人才队伍建设

人是生产力构成诸要素中最为重要的组成部分。科学技术本身不能成为生产力，需要被具有一定知识、劳动技能和经验的劳动者所掌握并运用于现实的社会生产，才能转化为生产力。个体能力的强弱及主观能动性的发挥决定着实践开展的成效。人才是社会化人群中道德素质较高、实践能力较强且具有专业知识或技能的重要人力资源。红色文化精神教育实践的良性运转及其转化为改造大学生精神世界的生产力，离不开对开展教育实践的人才队伍的打造，他们是教育实践开展的组织保障。新时代大学生红色文化教育的人才队伍建设，既包括教师群体，也包括大学生群体。

（一）红色文化教育的教师队伍建设

打造一支政治强、情怀深、思维新、视野广、自律严、人格正的红色文化精神教育队伍，是弘扬和传播红色文化的前提。

1. 要推动红色文化教育的教师队伍专职化

眼下红色文化教育的教师大多由高校思政课教师、社会科研人员兼任，师资力量构成庞杂且教学能力参差不齐。原因在于部分思政课教师并非红色文化相关领域的研究人员，对红色文化的兴趣不浓，迫于完成教学任务才登上讲台，而社会科研人员和高校教师相比，演讲能力以及课堂教学的现场把控能力大都稍弱，话语的权威度没那么高。建设一支专职化的红色文化精神教育队伍迫在眉睫。高校可以积极引进专门研究红色文化的相关博硕士人才，既从学历、年龄等层面充实了教师队伍，也为这些刚毕业的高学历人才提供了"施展拳脚"的舞台。高校还可以为红色文化研究积极"造势"，鼓励那些对党史、社会主义史、改革开放史颇有研究的教师群体开展对蕴含其中的红色文化进行研究，将这类教师群体作为红色文化教育专业教师队伍的"常备军"，待时机成熟转岗成专职教师。

2. 强化红色文化教育教师的理论和实践培训力度

时代是思想之母。红色文化的时代性体现，依赖于党执政的不断深化和社会主义发展的稳步向前。每次党领导人民在开展重大社会实践、解决社会重大问题过程中形成的经验累积,都为新红色文化的诞生创造了契机。人不可能不学而会,教育者必定先受教育。育人主体要想把"新鲜的"红色文化引入课堂并讲清楚、分析透彻,就必须接受理论培训和开展自我教育。此外,开展理论培训能够为教师提供更多值得借鉴的教育思路,开拓教育视野。通过专家的指点和与其他教师的沟通,教育主体能够发现自身在开展育人实践过程中存在的短板,及时规避和改正。实践是理论之源。要想深层次的内化一种学说,实践是必不可少的环节。高校也应积极为教育主体开展相应的红色主题实践提供便利,使教师能够在做的过程中学,最终达到真知、真信、真用的理想状态。例如,教育主体要想理解抗疫精神的内涵,就必须亲力亲为,投身到疫情防控工作的一线,在体悟的过程中陶冶情操,深化对其内涵的认知。

3. 加强对红色文化教育教师的师德师风建设

习近平指出:"加强师德师风建设,培养高素质教师队伍,倡导全社会尊师重教。"[1]高尚的师德师风是育人铸魂的必然要求。红色文化精神教育要把师德师风建设放在首位,做到"打铁还需自身硬"[2]。意识形态教育必然要符合统治阶级的利益诉求。社会主义教育的目的是培养德智体美劳全面发展的社会主义建设者和接班人,这就要求意识形态教育者必须讲政治、有底线思维,在教育的过程中以实际行动诠释对马克思主义的信仰、对中国特色社会主义的信念。此外,红色文化精神教育除了是对红色文化的传承和弘扬以外,更是教育主客体在政治立场、价值观念、思想道德素质层面的碰撞与交互。在大学生眼里,育人主体是吐辞为经、举足为法般的存在,教师的一言一行都会对在大学生心理形成相应的评价。因此,高尚的师德能够在"拔节孕穗期"发挥积极的隐性教育作用。

(二)学生干部队伍建设

学生干部队伍是大学生中品学兼优的那部分群体,他们理论学习热情高涨、主观思维活跃,动手实践能力强,能够通过个人魅力引领小群

---

[1] 习近平. 决胜全面建成小康社会 夺取新时代中国特色社会主义伟大胜利——在中国共产党第十九次全国代表大会上的报告 [N]. 人民日报, 2017-10-28.
[2] 习近平. 习近平谈治国理政 [M]. 北京: 外文出版社, 2014: 4.

体内的舆论走势,是同辈群体中的佼佼者。美国社会学家戴维·波普诺（D.Popenoe）在其所著的《社会学》中,将同辈群体定义为"有大致相当的社会地位、并且通常年龄相仿的一群人"①。作为大学生的同辈群体来讲,他们是年龄层次相同、地位、兴趣、爱好、价值观等大体相同或相近的大学生个体组成的关系密切的非正式群体。同辈群体中的学生干部队伍在大学生个人价值观念整合、尝试社会角色转化、实现自我需要的过程中发挥着非常重要的作用。结合红色文化精神教育的角度来看,打造"懂红""信红""用红"的学生干部队伍,能够为育人的理论教学、实践教学等"正面战场"减轻压力。学生干部队伍能够为大学生在接受红色文化精神教育之余及时开展反思和自我完善提供新的"载体",这种"载体"发挥的功效就是让大学生在比较之中找差距,并通过自由平等的交流发现自身的问题。所以,学生干部队伍具有"润物细无声"的特点,能够在无意中发挥"近朱者赤"的教育功效。具体说来,要发挥学生干部队伍的教育功效,可以从以下两个方面去尝试。

1. 培养学生干部队伍中的"意见领袖"

"意见领袖"是在团队中构成信息和影响的重要来源,并能左右多数人态度倾向的少数人。尽管不一定是团体正式领袖,但其往往消息灵通、精通时事;或足智多谋,在某方面有出色才干;或有一定人际关系能力而获得大家认可从而成为群众或公众的意见领袖。红色文化教育中的大学生"意见领袖"是红色文化两级传播中的重要角色,是大学生群体中首先或较多接触红色文化相关信息,并将经过自己充分理解了的信息传播给其他大学生的人。"意见领袖"一般颇具人格魅力,在学生群体中具有较高的威望,同时具有影响其他大学生认知态度的能力,他们介入大众传播,加快了红色文化的传播速度并扩大了影响。当前,高校中仍不时出现各种戏说、歪曲、丑化红色史实的不良现象,这就需要"意见领袖"及时站出来澄清事实,与这些恶劣的行径作斗争。

2. 打造大学生"先知带后知"的红色文化传播氛围

不同的大学生由于成长环境、早期教育背景以及个人心智的发育成熟

---

① [美]戴维·波普诺,社会学（第十一版）[M]. 北京：中国人民大学出版社,2008：174.

度等差异，导致他们认知新事物的态度也会有所不同。部分大学生或是生活成长于红色文化丰富的地区，或是家庭中本就伴有红色"因子"，从小耳濡目染的熏陶能够让他们对红色文化产生一种与生俱来的亲切感，红色文化中的红色家风家训、优秀的道德品行、文化传统都是他们成长过程中最亲密的"伙伴"。部分大学生群体不具备这些先天优势，虽然他们在成长的过程中一直都在接受社会主义核心价值观教育，但因生活在大都市中，难以接触到地理位置偏远的物质形态的红色文化，久而久之就会产生陌生感，也就是我们说的社会记忆中的"红色记忆"板块缺失。打造"先知带后知"的传播氛围，就是让这部分"先知"的大学生，在课余饭后通过闲谈对话等形式对课堂讲授的红色文化资源予以适量的"补充"，谈自身的见解和感悟，带动其余大学生进行思考，积极拓宽红色文化资源的存在场域。此外，"先知"大学生群体要注重以实际行动打动"后知"群体的内心。不仅要知，更要行，要在日常学习和生活中将红色文化的内涵外化出来，做到言行一致，增强红色文化的可信度。对于高校层面来讲，要通过多样化的途径科学选拔"先知"大学生群体并对他们开展不定期的理论培训及实践养成，将他们心中对红色文化的感性思维上升到理性的高度，打造红色文化的小小宣传家。

四、推进"三全育人"工作机制

2017年2月，中共中央、国务院印发的《关于加强和改进新形势下高校思想政治工作的意见》指出："坚持全员全过程全方位育人。把思想价值引领贯穿教育教学全过程和各环节，形成教书育人、科研育人、实践育人、管理育人、服务育人、文化育人、组织育人长效机制。"[1] 其中对于高校思想政治工作，第一次明确提出了"坚持全员全过程全方位育人"，以下简称"三全育人"。"三全育人"机制的总体目标，是以习近平新时代中国特色社会主义思想为指导，坚持和加强党对高校的全面领导，紧紧围绕立德树人根本任务，充分发挥中国特色社会主义教育的育人优势，以理想信念教育

---

[1] 中共中央国务院印发《关于加强和改进新形势下高校思想政治工作的意见》_中国政府网[EB/OL]. http://www.gov.cn/xinwen/2017-02/27/content_5182502.htm.

为核心,以社会主义核心价值观为引领,以全面提高人才培养能力为关键,切实提高工作亲和力和针对性,强化基础、突出重点、建立规范、落实责任,一体化构建内容完善、标准健全、运行科学、保障有力、成效显著的高校思想政治工作体系,使思想政治工作体系贯通学科体系、教学体系、教材体系、管理体系,形成全员全过程全方位育人格局。"三全育人"通过全员参与,全程全方位育人,打通了育人工作"最后一公里",引导大学生在和谐的育人氛围中实现理性认知、情感共鸣与行为认同。

(一)推进新时代高校"三全育人"工作的价值意蕴

1. 提升高校思想政治工作的实效性

当前,国内外形势日益复杂,社会利益冲突日益凸显,大学生的思想行为日益复杂化。大学生的价值观不成熟,辨别能力有待增强,容易受到外界不良环境的影响。随着我国改革开放不断向纵深发展,各种不良信息、西方社会思潮、落后思想文化等不断冲击新时代大学生已有的思想观念,动摇其理想信念。如何引导大学生树立正确的思想观念,形成良好的行为习惯,是新时代高校育人工作的核心问题。"三全育人"模式从育人主体维度、时间维度、空间维度不断优化高校思想政治教育过程,提升了高校思想政治工作的实效性。

2. 满足大学生自由全面发展的需要

在当今社会,国际竞争的核心是人才竞争。个人的协调发展是社会全面发展的前提和基础。高校的主要职责是为社会培养全面发展的人。"三全育人"既是对当下育人项目、载体、资源的整合,更是对长远育人格局、体系、标准的重新建构,为办好中国特色社会主义大学、培养德智体美劳全面发展的社会主义建设者和接班人贡献力量。现实的个人是推进党的建设伟大工程的主体,是建设中国特色社会主义现代化事业的能动性要素。人的发展程度直接关系到国家富强、民族复兴、人民幸福。"三全育人"模式将思想政治教育过程贯穿于大学生学习、生活过程,意在增强大学生的理论知识素养,提升大学生的思想政治素质,塑造良好的政治行为,促进大学生自由全面发展,为建设社会主义现代化事业培养全面素质型人才。

3. 回应信息化社会引发的时代价值需求

进入 21 世纪，现代人类社会正从传统的农业社会向现代信息化社会转换，现代信息社会给人们带来的大数据、海量信息等在一定程度上提高了现代人类处理各种复杂事件的预测能力与决断能力，但与以往传统社会相比较，现代人类，尤其是正处于"三观"重要形成期的青年学生，当他们面对大量的各种信息时将不知如何判断，也更需要教育者在青年学生面对社会多元思潮与价值观念的冲突时帮助他们提高分辨真假是非的能力，使之学会独立思考、客观判断和理性选择的能力。思想政治教育效果的实现不是简单的"刺激—反应"模式，是在复杂的多维结构中生成的，同时要维持教育效果不被负面信息而解构，要求全体教育者在教育教学和学生日常思想政治教育的全过程输出正能量的信息，以不断汲取维护先进思想观念的正能量。因此，推进"三全育人"工作，顺应了新时代思想政治工作的时代需求。

（二）推进新时代大学生红色文化"三全育人"工作的实践路径

1. 搭建全员育人平台

首先，育人为什么要"全员"？育人之"全员"是对思想政治教育过程规律的科学把握。在红色文化教育过程中，教育者如教师、高校辅导员、管理者、其他社会群体都会对教育对象施加影响，通常情况下，不同教育主体施加的影响是同向同行的，起到相互补充的作用，但某些情况下，不同教育主体所施加的影响可能出现差异，甚至对立和冲突。这就要求树立全员育人理念，避免对教育对象的正向影响相互抵触，发挥育人合力。比如，思政课程是育人的主渠道，也是大学生思想政治教育的主渠道，而"课程思政"也是"高校教育理念变革、思想政治教育自身复杂性本质和马克思主义教育思想发展的必然"[①]。这就要求无论是高校思想政治理论课教师，还是其他各门课教师，都能在红色文化教育课程中渗透德育教育，综合各种学科，提供丰富的教学资源和方法。

其次，高校"全员"包括哪些主体？这里的全员指高校全体教职工，

---

① 何红娟．"思政课程"到"课程思政"发展的内在逻辑及建构策略[J]．思想政治教育研究，2017（05）：60．

既包括思想政治理论课教师、哲学社会科学课教师、高校辅导员、班主任、高校党政干部、心理咨询教师等专、兼职思想政治工作者，也包括其他学科的教师和研究人员，乃至教辅人员和后勤服务人员，还包括学生干部队伍。全体教育主体都要强化育人意识，自觉在各自本岗位中对教育对象实施同向的思想价值引领。

最后，如何落实全员育人？全员育人要求全体教职工树立起育人责任感，充分发挥教师群体在育人协同中的引领力和话语权，形成教师队伍、思政工作队伍、行政人员的立体式育人模式，在不同岗位上发挥各自育人功能，相互补充，形成合力，齐心构建协同育人格局；通过选聘优秀青年教师担任班主任、教师晚自习辅导制度，加强对学生专业学习的指导；搭建平台，促进高年级的优秀本科生或研究生与低年级本科生的学业交流，充分发挥朋辈教育作用；建立日常沟通、寒暑假家访等多种形式的家校联系机制，加强学生成长引导。

2. 构筑全程育人体系

从时间维度看，任何人的思想品德都有其发生和发展的过程，有其自身的规律，积极向上的思想观念不是一天形成的，消极落后的思想观念也不是突然产生的，都有一个量变到质变的过程。全过程是一个系统的教育过程，其要求是把红色文化教育贯穿教育教学全过程和学生成长成才全过程，在这一过程中不断关注教育对象的思想观念变化，防止因某一阶段的疏忽而影响红色文化教育效果，形成长效育人机制。构筑全程育人体系，需要把握两个关键点：一是要将红色文化教育贯穿教育教学全过程。在这一过程中既要尊重人才成长规律，又要将红色文化教育工作放在突出的位置。如此一来，就要深度挖掘不同学科教育教学中的红色文化教育工作元素和功能，构建德育与智育协同的学生工作模式，实现德育与智育有机衔接。二是要将红色文化教育贯穿学生成长成才全过程。这一过程要从培养目标、培养体系、培养评价三个环节推进全过程育人，针对不同年级学生成长特点和规律，精心规划从低年级到高年级不同阶段育人的工作重点和方法措施，分年级、分时段有针对性进行教育，满足青年学生成长需求和发展期待。具体来讲，要认真做好新生入学教育、日常课堂教学、教育实习、社会实践和就业指导各个环节的教育和管理工作，使学生在大学期间的不同阶段都受到教育、提高素质。进一步讲，要融通大中小学红色文化教育工作、本科生与研究生红色文化教育工作、学生在校期间的思想道德修养与毕业后的职业伦理建设和终身学习品质之间的内在关联，形成持续性的育人机制。

3. 打造全方位育人空间

从空间维度看，作用于思想观念的信息不是特定于某个方面的，而是全方位的。育人之"全方位"就是要从空间维度加强对教育对象的思想引导，协同各方育人资源和力量，使教育对象的价值观不偏离正确的轨道。2017年12月，教育部印发的《高校思想政治工作质量提升工程实施纲要》要求各高校精心打造十大育人体系。这一要求就是从空间维度上协同各领域的育人资源和育人力量，让思想政治教育全方位渗透到课程教育、校园文化、日常实践和网络空间中，让学生不仅在课堂上接受教育，在生活中体会践行，而且在文化中滋养浸润，在实践中淬炼坚守，形成全方位的育人合力，如此才能不断培养勇担民族复兴大任的时代新人，为新时代大学生红色文化教育亲和力的构建和提升提供了政策指引和打造了全方位的育人空间。

参 考 文 献

[1] [英]杰弗里·N. 利奇. 语义学[M]. 李瑞华, 译. 上海：上海外语教育出版社, 1987.

[2] 袁贵仁. 马克思的人学思想[M]. 北京：北京师范大学出版社, 1996.

[3] [瑞士]让·皮亚杰. 发生认识论原理[M]. 北京：中国商务出版社, 1997.

[4] 边彦军, 王莉, 倪花. 毛泽东邓小平江泽民论教育[M]. 北京：中央文献出版社, 2002.

[5] 杜环欢, 甘杰. 思想政治工作的情感教育模式初探[J]. 理论探索, 2004（03）.

[6] 陈桂蓉, 练庆伟. 反思与重构：思想政治教育亲和力价值和定位[J]. 福建行政学院学报, 2006（05）.

[7] 张耀灿, 郑永廷, 吴潜涛, 骆郁廷, 等. 现代思想政治教育学[M]. 北京：人民出版社, 2006.

[8] 陈万柏, 张耀灿. 思想政治教育学原理[M]. 北京：高等教育出版社, 2007.

[9] 黄庭希. 心理学导论[M]. 北京：人民教育出版社, 2007.

[10] 夏晓红主编. 大学德育研究丛书——高校网络思想政治教育[M]. 威海：泰山出版社, 2008.

[11] [美]戴维·波普诺. 社会学（第十一版）[M]. 北京：中国人民大学出版社, 2008.

[12] 白和平. 地方党报"去报纸化"现象探析及对策研究[J]. 新闻知识, 2009（03）.

[13] 郑永廷主编. 思想政治教育方法论[M]. 北京：高等教育出版社, 2010.

[14] 国家教委思想政治工作司编. 思想政治教育方法论[M]. 北京：高等教

育出版社，2013.

[15] 王静. 当代西方社会思潮对大学生价值观的影响及对策研究[D]. 石家庄：河北师范大学，2014.

[16] 陈先达. 马克思主义和中国传统文化[M]. 北京：人民出版社，2015.

[17] 陈万柏，张耀灿. 思想政治教育学原理（第3版）[M]. 北京：高等教育出版社2015.

[18] 刘建军. 思想政治教育话语转换的三重基础[J]. 思想理论教育导刊，2016（05）.

[19] 王炳林，张泰城. 高校红色文化资源育人发展报告（2016）[M]. 北京：人民出版社，2017.

[20] 刘建军. 寻找思想政治教育的独特视角[M]. 北京：中国人民大学出版社，2017.

[21] 方世南，徐雪闪. 提升思想政治教育亲和力和针对性研究[J]. 思想政治课研究，2017（01）.

[22] 黄冬霞，吴满意，米华全. 长征精神：培育和践行社会主义核心价值观的强大动力[J]. 广西社会科学，2017（01）.

[23] 张正光. 提升思想政治教育亲和力的有效路径[J]. 思想政治教育研究，2017（05）.

[24] 何红娟. "思政课程"到"课程思政"发展的内在逻辑及建构策略[J]. 思想政治教育研究，2017（05）.

[25] 高燕. 课程思政建设的关键问题与解决路径[J]. 中国高等教育，2017（Z3）.

[26] 李建. 高校思想政治教育亲和力研究[D]. 重庆：西南大学，2018.

[27] 张士义，王祖强，沈传宝，编. 从一大到十九大——中国共产党全国代表大会史[M]. 北京：东方出版社，2018.

[28] 韩振峰. 新时代思想政治教育理论与实践问题研究[M]. 北京：社会科学文献出版社，2019.

[29] 石书臣，韩笑. 抗疫精神：新时代中国精神的生动体现[J]. 学校党建与思想教育，2020（15）.